文春文庫

学びなおし太平洋戦争 1

徹底検証「真珠湾作戦」

半藤一利監修
秋永芳郎・棟田 博著

文藝春秋

はじめに

本書は「ジュニア版　太平洋戦史」（集英社）として昭和三十七年から全四巻で刊行された戦史を復刊、文庫化したものです。著者は秋永芳郎、棟田博の両氏。そして単行本刊行時には戦史研究家の第一人者である伊藤正徳、高木惣吉の両氏が監修者として名を連ねておりました。

本書の刊行された昭和三十年代は、まだ太平洋戦争開戦から終戦までの栄光と悲惨の記憶が色濃く刻み込まれていた時代でした。振り返るならば、あの戦争があったのは約二十年前の出来事に過ぎません。平成二十九年の現代から昭和の終焉を遡るよりももっと〝身近〟な出来事に他なりません。それだけに戦争を知る生き証人がまだ多数ご存命で、貴重な証言を数々残し、手記や回想録も多数出版されていました。

そうした当事者による記録だけでなく、この太平洋戦争に関しては、その後もたくさんの著作が、様々な立場の方によって書かれてきましたし、二十一世紀の現代でも数々の研究書や検証本、さらには軍人・兵士を主人公としたノンフィクションが盛んに描かれています。

そうしたなか、私は本書には特筆すべき点が多々あることを強調しておきたいと思うのです。

第一に、太平洋戦争の「戦史」は数多くあれども、昭和十六年十二月の真珠湾攻撃から、二十年八月の敗戦までの足掛け五年間を、そして各方面での戦闘を網羅した「通史としての戦史」は、じつは多くありません。

歴史研究、歴史評論のジャンルでは全期間をカバーした著作もありますが、歴史ストーリーとしての戦史のジャンルにおいて、通史としての本書は非常に貴重な作品です。

これは、秋永芳郎・棟田博という著者のコンビが絶妙だったのでしょう。お二人は戦記作家として旺盛な作家活動を繰り広げられた私の先輩格ですが、それぞれ専門分野が異なります。秋永氏が主に海軍に材をとった著作が多いのに対して、棟田氏は自身が従軍記者としてインパール作戦に参加したように、陸軍がメインフィールドです。この「陸・海」コンビによって、本書では太平洋戦争における各地での戦闘の実態が克明に描き出されているのです。

第二に、当初「ジュニア版」と銘打たれていたように、子供でも読めるような平易な記述が貫かれていることです。大人の読者を対象とした戦史には、それを読み通す上での「予備知識」が求められることが多くあります。その点、本編をご覧いただければお分かりのように、微に入り細を穿《うが》つように一つ一つの戦闘を丁寧に描写していきます。本書を読み通すうえで、特段の予備知識は必要ありません。「戦争を知らない世代」が太平洋戦争の実相を知るうえで、欠かせない一冊となっています。

単行本での監修者であった伊藤正徳さんと高木惣吉さんのお二人と私は、深い関係があります。

伊藤さんは新聞記者から戦記研究家になった、当代きっての専門家です。戦史の開拓者です。私が駆け出しの編集者時代から戦史取材を通じて、数多くの教えを請うてきました。一方の高木さんは海軍少将まで登りつめた軍人であると同時に、戦後は優れた軍事研究を数多く遺されました。

私にとっては伊藤さんは師匠格、高木さんは知恵袋的な存在でした。そのお二人に代わって監修の任に当たるのは、面映《おもはゆ》いと同時に、お二人の薫陶《くんとう》を受けた者として身の引き締まる思いがします。

おそらく本書を手にとるのは大人の読者が多いと思います。しかし、戦後七十年の夏をすでに過ぎた現代の読者の中には、太平洋戦争は遠い昔の出来事になってしまっている人も多いはずです。

――太平洋戦争について詳しく知らないのは、ビジネスマンとしてカッコ悪いな。

――息子や娘に質問されたときに、何にも答えられないのも、親として面子が立たないな。

こんな不安を抱えている読者も多いことでしょう。今回の文庫化にあたって、不肖ながら私が監修者として読者の杖になるのだとすれば、そうした時間の経過、史実の記憶の風化の橋渡し役を務めること。タイトルを『学びなおし太平洋戦争』としたのも、そうしたことを念頭においてのことです。

第一巻の本書は、昭和十六年十二月の真珠湾開戦から、翌十七年三月のジャワ平定戦までです。「開戦百日の栄光」というフレーズもあるように、日本軍が連戦連勝をとげる幸先《さいさき》のいいエピソードが満載になっています。

半藤一利

学びなおし太平洋戦争 ❶

目次

3 マレー沖海戦

4 マレー航空撃滅戦

5 シンガポールへの道

6 香港・比島攻略戦

7 シンガポール総攻撃

太平洋戦争主要図

ミッドウェー島
太 平 洋
オアフ島
ハワイ諸島
（米）
サイパン島
マーシャル諸島
ワム島
ソロモン諸島
ラバウル
ガダルカナル島

ソビエト連邦
蒙古人民共和国
ノモンハン
満州国
奉天
ウラジオストク
天津
中華民国
朝鮮
東京
日本
ネパール
ブータン
インド
（英）
重慶
上海
長崎
小笠原諸
インパール
カルカッタ
沖縄島
台湾
広東
香港
硫黄
ビルマ
（英）
ハノイ
ラングーン
タイ
ルソン島
フィリピン諸島
バンコク
仏領インドシナ
マニラ
コレヒドール
マレー半島
サイゴン
レイテ島
ヤップ島
ダバオ
ミンダナオ島
パラオ島
パタニ
コタバル
ブルネイ
クアラルンプール
タラカン島
シンガポール
ボルネオ島
スマトラ島
バリクパパン
インド洋
セレベス島
パレンバン
オランダ領東インド
ニューギニア
バタビヤ
スラバヤ
ジャワ島
チモール島
ポートダーウィン
ウィンダム
ブルーム
オーストラリア

開戦時における陸軍部隊全般編成

「期」は陸軍士官学校・海軍兵学校の年次

- 関東軍　大将　梅津美治郎（15期）
  - 第三軍　中将　河辺正三（19期）
  - 第四軍　中将　横山　勇（21期）
  - 第五軍　中将　飯村　穣（21期）
  - 第六軍　中将　喜多誠一（19期）
  - 第二十軍　中将　関　亀治（19期）
  - 関東防衛軍　中将　草場辰巳（20期）
  - 航空兵団　中将　鈴木率道（22期）
- 支那派遣軍　大将　畑　俊六（12期）
  - 北支那方面軍　大将　岡村寧次（16期）
    - 第一軍　中将　岩松義雄（17期）
    - 第十二軍　中将　土橋一次（18期）
    - 駐蒙軍　中将　甘粕重太郎（18期）
  - 第十一軍　中将　阿南惟幾（18期）
  - 第十三軍　中将　沢田　茂（18期）
  - 第二十三軍　中将　酒井　隆（20期）

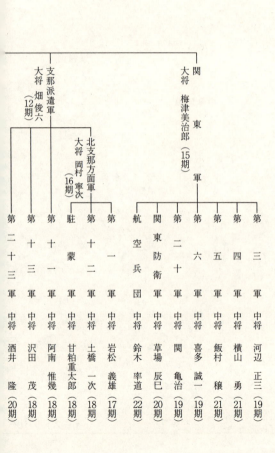

大本営
参謀総長
大将　杉山　元（12期）
参謀次長
中将　田辺　盛武（22期）

- 南方軍　大将　寺内　寿一（11期）
  - 第十四軍　中将　本間　雅晴（19期）
  - 第十五軍　中将　飯田祥二郎（20期）
  - 第十六軍　中将　今村　均（19期）
  - 第二十五軍　中将　山下　奉文（18期）
  - 第三飛行集団　中将　菅原　道大（21期）
  - 第五飛行集団　中将　小畑　英良（23期）
- 南海支隊　少将　掘井富太郎（23期）
- 第四師団　中将　北野　憲造（22期）
- 船舶輸送司令部　中将　佐伯　文郎（23期）
- 第一鉄道輸送司令部　少将　林　一造（21期）
- 防衛総司令部　大将　山田　乙三（14期）
- 北部軍　中将　浜本喜三郎（18期）
- 東部軍　中将　中村孝太郎（13期）
- 中部軍　中将　藤井　洋治（19期）
- 西部軍　中将　藤江　恵輔（18期）
- 朝鮮軍　中将　板垣征四郎（16期）
- 台湾軍　中将　安藤　利吉（16期）
- 第一飛行集団　中将　安部　定（22期）

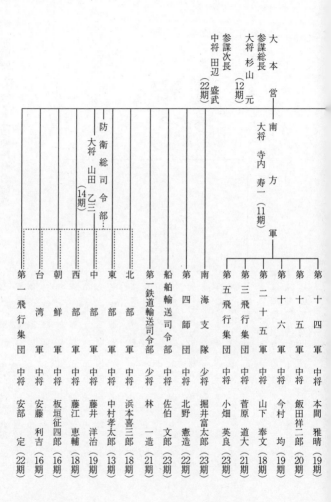

開戦時における海軍部隊全般編成

- 大本営
  - 軍令部総長 大将 永野 修身（28期）
  - 軍令部次長 少将 伊藤 整一（39期）
  - 連合艦隊 大将 山本五十六（32期）
    - 第一艦隊 中将 高須 四郎（35期）
    - 第二艦隊 中将 近藤 信竹（35期）
    - 第三艦隊 中将 高橋 伊望（36期）
    - 第四艦隊 中将 井上 成美（37期）
    - 第五艦隊 中将 細萱戊子郎（36期）
    - 第六艦隊 中将 清水 光美（36期）
    - 第一航空艦隊 中将 南雲 忠一（36期）
    - 第十一航空艦隊 中将 塚原二四三（36期）
    - 南遣艦隊 中将 小沢治三郎（37期）
  - 支那方面艦隊 大将 古賀 峯一（34期）
    - 第一遣支艦隊 中将 小松 輝久（37期）
    - 第二遣支艦隊 中将 新見 政一（36期）
    - 第三遣支艦隊 中将 杉山 六蔵（38期）
    - 海南警備府 中将 砂川 兼雄（36期）
  - 横須賀鎮守府 中将 平田 昇（34期）
  - 呉鎮守府 大将 豊田 副武（33期）
  - 舞鶴鎮守府 中将 小林宗之助（35期）
  - 佐世保鎮守府 中将 谷本馬太郎（35期）
  - 大阪警備府 中将 小林 仁（38期）
  - 大湊警備府 中将 大熊 政吉（37期）
  - 鎮海警備府 中将 坂本伊久太（36期）
  - 旅順警備府 中将 浮田 秀彦（37期）
  - 馬公警備府 中将 山本 弘毅（36期）

学びなおし
太平洋戦争

1

徹底検証「真珠湾作戦」

1

真珠湾に第一撃

南千島《みなみちしま》で勢《せい》ぞろい

南千島《みなみちしま》のエトロフ島《とう》の東岸《とうがん》にあるヒトカップ湾《わん》は、いま夜《よ》があけたばかりであった。

空《そら》にはうすいガスがながれ、そのガスのおくに青白《あおじろ》く光《ひか》る星《ほし》が、まだ消《き》えのこっていた。島《しま》は雪《ゆき》におおわれ、白《しろ》一色《しょく》のつめたい、さびしいけしきである。

司令長官南雲忠一中将《しれいちょうかんなぐもちゅういちちゅうじょう》は、その雪《ゆき》の島《しま》を、旗艦赤城《きかんあかぎ》の艦橋《かんきょう》にたって、じっと見《み》つめたままひとみを動《うご》かさなかった。

(ここからハワイまで、敵《てき》に見《み》つからずにいけるだろうか。)

南雲中将《なぐもちゅうじょう》の目《め》は、島《しま》のけしきを見《み》ているのではなかった。自分《じぶん》の心《こころ》を見《み》つめていたのだ。中将《ちゅうじょう》のひきいる三十一せきの機動部隊《きどうぶたい》は、無敵無敗《むてきむはい》を信《しん》じて、威風《いふう》どうどうと、いま、ヒトカップ湾《わん》をでていくのである。

昭和《しょうわ》十六年《ねん》(一九四一年《ねん》)十一月《がつ》二十六日午前《にちごぜん》六時《じ》のことであった。機動部隊《きどうぶたい》は、次《つぎ》の艦隊《かんたい》からなっていた。

(空襲部隊《くうしゆうぶたい》)第《だい》一航空戦隊《こうくうせんたい》、空母《くうぼ》赤城《あかぎ》・加賀《かが》。
第《だい》二航空戦隊《こうくうせんたい》、空母《くうぼ》飛竜《ひりゆう》・蒼竜《そうりゆう》。
第《だい》五航空戦隊《こうくうせんたい》、空母翔鶴《くうぼしようかく》・瑞鶴《ずいかく》。
(支援部隊《しえんぶたい》)第《だい》三戦隊《せんたい》、戦艦比叡《せんかんひえい》・霧島《きりしま》。
第《だい》八戦隊《せんたい》、重巡利根《じゆうじゆんとね》・筑摩《ちくま》。
(警戒部隊《けいかいぶたい》)第《だい》一水雷戦隊《すいらいせんたい》の駆逐艦《くちくかん》九せき、および軽巡阿武隈《けいじゆんあぶくま》。
(前路警戒部隊《ぜんろけいかいぶたい》)第《だい》二潜水隊《せんすいたい》、潜水艦《せんすいかん》伊19・伊《い》21・伊《い》23。
(補給部隊《ほきゆうぶたい》)給油船極東丸《きゆうゆせんきよくとうまる》ほか七せき。

日本《にほん》とアメリカは、まだ宣戦布告《せんせんふこく》をしていなかった。しかし、両国《りようこく》の関係《かんけい》は、もはや戦争《せんそう》はさけられない、ぎりぎりのところまできていた。

戦争《せんそう》になれば、日本《にほん》は「Z作戦《ゼットさくせん》」を実行《じつこう》にうつすよりほかはなかった。この作《さく》戦《せん》は、海軍《かいぐん》がひそかに研究《けんきゆう》し、準備《じゆんび》をしていたものであった。そのZ作戦《ゼットさくせん》というのは、

開戦《かいせん》と同時《どうじ》に第《だい》一航空艦隊司令長官《こうくうかんたいしれいちようかん》のひきいる航空母《こうくうぼ》艦《かん》六せきをもととし、水雷戦隊《すいらいせんたい》・潜水戦隊《せんすいせんたい》をくわえた機動部《きどうぶ》隊《たい》を編成《へんせい》し、ハワイの真珠湾《しんじゆわん》にいるア

メリカ主力艦隊《しゅりょくかんたい》を空襲《くうしゅう》する。このため機動部隊《きどうぶたい》は、開戦十数日前《かいせんすうにちまえ》に日本《にほん》を出《しゅっ》発《ぱつ》して、北《きた》の方《ほう》からハワイに近《ちか》づく。日《ひ》の出《で》一、二時間前《じかんまえ》にオアフ島《とう》の北《きた》およそ二百《ひゃく》カイリ付近《ふきん》で、航空母艦《こうくうぼかん》に積《つ》んでいる四百機《ひゃくき》を出発《しゅっぱつ》させ、いかりをおろしてとまっている敵航空母艦《てきこうくうぼかん》・戦艦《せんかん》ならびに飛行機《ひこうき》を奇襲攻撃《きしゅうこうげき》する。また第《だい》六艦隊司令長官《かんたいしれいちょうかん》のひきいる潜水艦《せんすいかん》二十七せき、その他《た》からなる先遣部《せんけんぶ》隊《たい》をもって、開戦数日前《かいせんすうじつまえ》からハワイにいるアメリカ艦隊《かんたい》のようすをさぐって、これを知《し》らせるとともに、特別攻撃隊《とくべつこうげきたい》をもって真珠湾内《しんじゅわんない》にもぐりこみ、機動《きどう》部隊《ぶたい》の空襲《くうしゅう》と同時《どうじ》に、アメリカ艦隊《かんたい》を奇襲《きしゅう》する。

というのであった。このZ作戦《ゼットさくせん》が決《き》まるまでには、いろいろのことがあった。連《れん》合艦隊司令長官山本五十六大将《ごうかんたいしれいちょうかんやまもといそろくたいしょう》は、あるとき、総理大臣近衛文麿《そうりだいじんこのえふみまろ》から、アメリカと戦争《せんそう》したら、勝《か》つ見《み》こみがあるかときかれたが、

「海軍《かいぐん》は、一年《ねん》や半年《はんとし》なら、おおいにあばれてお目《め》にかけますが、それからあとは自《じ》信《しん》がありません。」

と答《こた》えた。

山本大将《やまもとたいしょう》は、アメリカとたたかって勝《か》てる見《み》こみのないことを、よく知《し》ってい

た。それは大将《たいしょう》が、まだわかいころ、アメリカへ駐在武官《ちゅうざいぶかん》として行《い》っていたことがあり、アメリカの国力《こくりょく》をじゅうぶんに研究《けんきゅう》していたからである。

しかし、今《いま》の日本《にほん》は、戦争《せんそう》においこまれようとしている。戦争《せんそう》をする以上《いじょう》は、勝《か》たなければならない。そして日本《にほん》の国力《こくりょく》からみて、早《はや》く勝負《しょうぶ》をつけてしまわなければ不利《ふり》である。それには、開戦《かいせん》と同時《どうじ》に、敵地《てきち》にのりこんで、ぜんめつに近《ちか》い大損害《だいそんがい》をあたえる必要《ひつよう》がある、と大将《たいしょう》は思《おも》っていた。

つごうのいいことには、アメリカの太平洋艦隊《たいへいようかんたい》は、昭和《しょうわ》十五年《ねん》（一九四〇年《ねん》）から本国《ほんごく》の西岸《せいがん》をはなれて、ハワイの真珠湾《しんじゅわん》にうつり、ここをこんきょ地《ち》としていた。山本大将《やまもとたいしょう》は、まえに航空本部長《こうくうほんぶちょう》をしていたことがあるので、航空戦力《こうくうせんりょく》の偉《い》大《だい》なことをよく知《し》っていた。

（航空艦隊《こうくうかんたい》で、真珠湾《しんじゅわん》をたたこう。真珠湾《しんじゅわん》ならやれる。）

こういう作戦《さくせん》を、大将《たいしょう》は、しんけんに考《かんが》え、おもだった部下《ぶか》に、研究《けんきゅう》させていた。

戦争《せんそう》が、さけられないとわかったとき、山本大将《やまもとたいしょう》は、その作戦《さくせん》を軍令部《ぐんれいぶ》に進言《しんげん》した。が、軍令部《ぐんれいぶ》は、はじめ反対《はんたい》であった。また、第《だい》一航空艦隊司令長官《こうくうかんたいしれいちょうかん》南雲中《なぐもちゅう》将《じょう》も反対《はんたい》した。

東京《とうきょう》から真珠湾《しんじゅわん》までは三、三七九キロもある。その長《なが》いきょりを、敵《てき》にみつからないで行《い》けるかどうか。アメリカがわの不意《ふい》をつくためには、あまり船《ふね》の通《とお》らない、北太平洋《きたたいへいよう》のアリューシャン列島《れっとう》について、アメリカへいく航路《こうろ》を選《えら》ばなければならないが、冬《ふゆ》の北太平洋《きたたいへいよう》は波《なみ》があらく、洋上《ようじょう》で給油《きゅうゆ》することがむずかしい。ハワイまで往復《おうふく》できる空母《くうぼ》は、加賀《かが》ほか三せきしかないから、ほとんどの艦《かん》は給油《きゅうゆ》しなければならない。だからそれが心配《しんぱい》なのである。むしろ、アメリカ艦隊《かんたい》がせめてきたところを、たたきつぶす作戦《さくせん》のほうを、賛成《さんせい》する者《もの》が多《おお》かったのである。だが、山本大将《やまもとたいしょう》はどこまでもがんとして、自分《じぶん》の信念《しんねん》をまげなかった。

作戦参謀《さくせんさんぼう》のあいだには、火花《ひばな》をちらして議論《ぎろん》がたたかわされた。最後《さいご》に軍令部《ぐんれいぶ》総長永野修身大将《そうちょうながのおさみたいしょう》が断《だん》をくだした。

「山本《やまもと》にそれほどの自信《じしん》があるなら、やらせてみようじゃないか。」

Z作戦《ゼットさくせん》は、こうして決定《けってい》したのである。

そして、いま南雲中将《なぐもちゅうじょう》のひきいる機動部隊《きどうぶたい》は、南千島《みなみちしま》のヒトカップ湾《わん》をでて、遠《とお》く真珠湾《しんじゅわん》への出撃《しゅつげき》の朝《あさ》をむかえたのであった。

運命《うんめい》の十二月八日《がつようか》

「長官《ちょうかん》、電報《でんぽう》がまいりました。」

航空参謀源田中佐《こうくうさんぼうげんだちゅうさ》が南雲中将《なぐもちゅうじょう》に一通《つう》の電報《でんぽう》をわたした。

その電報《でんぽう》は、アメリカへいって、日米関係《にちべいかんけい》を平和《へいわ》に解決《かいけつ》しようと努力《どりょく》している野村《のむら》・来栖《くるす》の両大使《りょうたいし》が、ハル＝ノートといわれるアメリカがわの提案《ていあん》を受《う》けたことを、知《し》らせたものであった。

それは日本《にほん》としては、受《う》け入《い》れられない、むりな問題《もんだい》で、事実上《じじつじょう》の最後《さいご》の通牒《つうちょう》も同《おな》じであった。山本長官《やまもとちょうかん》はアメリカとの平和《へいわ》を望《のぞ》んでいたが、このハル＝ノートがわたされたことで、戦争《せんそう》はさけられない、と決心《けっしん》したのであった。

このハル＝ノートが、日本機動部隊《にほんきどうぶたい》の出撃《しゅつげき》の日《ひ》にわたされたのは、なんともひにくなことであった。

南雲長官《なぐもちょうかん》は、しずかに源田《げんだ》参謀《さんぼう》へいった。

「乗組員《のりくみいん》はどうかね。」

「はい、それぞれかくごはできたようであります。」

飛行機《ひこうき》の搭乗員《とうじょういん》には、十一月《がつ》二十三日《にち》の午後《ごご》、旗艦赤城《きかんあかぎ》に集合《しゅうごう》を命《めい》じて、Z作《ゼットさく》戦《せん》のことを知《し》らせ、長官《ちょうかん》みずから、そうれつな訓示《くんじ》をしている。搭乗員以外《とうじょういんいがい》の艦《かん》の乗組員《のりくみいん》には、まだ副長《ふくちょう》や機関長《きかんちょう》はもとより、一兵《ぺい》も真珠湾攻撃《しんじゅわんこうげき》のことは知《し》らせていなかった。それでヒトカップ湾出港《わんしゅつこう》ののち、それぞれ各艦長《かくかんちょう》から乗組員《のりくみいん》に知《し》らせたのであった。

南雲長官《なぐもちょうかん》は、そのことを源田《げんだ》参謀《さんぼう》にきいたのである。

もう太陽《たいよう》は、高《たか》くのぼっているはずなのに、ガスはちっともはれなかった。雲《くも》もひくくたれ、波《なみ》はあれていた。三四、三六四トンもある大《おお》きな旗艦赤城《きかんあかぎ》でさえ、波《なみ》をかぶって、大《おお》きくゆれている。あとからついてくる駆逐艦《くちくかん》は、まるで小犬《こいぬ》がかけるようにとびあがっていた。

出港《しゅつこう》して、五日《いつか》めの十一月《がつ》三十日《にち》、艦隊《かんたい》は東経百《とうけいひゃく》七十度《ど》の線《せん》をこえた。そこで第《だい》一回《かい》の給油《きゅうゆ》をした。

波《なみ》のあらい太平洋上《たいへいようじょう》で、給油船《きゅうゆせん》から軍艦《ぐんかん》にパイプで重油《じゅうゆ》を送《おく》りこむのは、むずかしい仕事《しごと》だった。が、さいわいに事故《じこ》はなかった。やがて十二月二日《がつふつか》、

ニイタカヤマノボレ

の電報《でんぽう》が、山本長官《やまもとちょうかん》から南雲長官《なぐもちょうかん》へとどいた。この日《ひ》宮中《きゅうちゅう》でおこなわれた御前《ごぜん》会議《かいぎ》で、ついに開戦《かいせん》にきまったので、山本長官《やまもとちょうかん》は、予定《よてい》どおり作戦《さくせん》を決行《けっこう》せよ、という暗号電報《あんごうでんぽう》を打《う》ったのである。

この日《ひ》が選《えら》ばれたのは、十二月八日《がつようか》にきめてあった。決行《けっこう》の日《ひ》は、十二月八日《がつようか》は月齢《げつれい》十九で、明《あ》け方《がた》の空《そら》には、下弦《かげん》の月《つき》がかかる。決行時間《けっこうじかん》は夜明《よあ》けであり、そのとき、月《つき》があったほうがいいからだった。しかも、ハワイの太平洋艦隊《たいへいようかんたい》は、土曜《どよう》に訓練《くんれん》からかえって、日曜日《にちようび》には、全《ぜん》艦隊《かんたい》が港《みなと》にいるならわしであったが、十二月八日《がつようか》はちょうどその日曜日《にちようび》にあたっていたからだった。

それにハワイからは、正確《せいかく》な情報《じょうほう》が送《おく》られてきていた。病気《びょうき》で海軍少尉《かいぐんしょうい》をやめた吉川猛夫《よしかわたけお》という人《ひと》が、ハワイ総領事館員《そうりょうじかんいん》としてもぐりこみ、毎日《まいにち》ようすをさぐっては、太平洋艦隊《たいへいようかんたい》の行動《こうどう》や、燈火管制《とうかかんせい》がおこなわれていないことや、軍艦《ぐんかん》には、まだ魚雷《ぎょらい》をふせぐ防潜網《ぼうせんもう》もつけていないことなどを、つぎつぎに知《し》らせていたのである。

といって、アメリカは手《て》ばなしで、日本《にほん》の奇襲《きしゅう》をまっていたわけではなかった。

アメリカ海軍《かいぐん》の情報部《じょうほうぶ》は、日本《にほん》が開戦《かいせん》を準備《じゅんび》し、輸送船団《ゆそうせんだん》がぞくぞくと仏印《ふついん》（そのころはフランス領《りょう》インドシナ）や台湾《たいわん》に向《む》かっていて、また艦隊《かんたい》も東南《とうなん》アジア方面《ほうめん》や、サイパン・トラック諸島《しょとう》などの南洋方面《なんようほうめん》に集《あつ》まっていることを知《し》っていた。

それにアメリカがわは、日本《にほん》の外務省《がいむしょう》が香港《ホンコン》・シンガポール・ワシントン・ロンドンの大《たい》・公使館《こうしかん》にたいして、暗号書《あんごうしょ》と重要書類《じゅうようしょるい》を、みんなやきすてるように命《めい》じた暗号電報《あんごうでんぽう》も読《よ》み取《と》っていた。日本《にほん》が戦争《せんそう》にとつにゅうすることは、これでよく、わかっていたわけである。

またアメリカがわは、グワム島《とう》の海軍部隊《かいぐんぶたい》に、重要書類《じゅうようしょるい》や暗号書《あんごうしょ》を、やくように命《めい》じていた。そのほかに空母《くうぼ》レキシントンは重巡洋艦《じゅうじゅんようかん》五せきとともに真珠湾《しんじゅわん》をでて、ミッドウェー島《とう》に飛行機《ひこうき》を輸送《ゆそう》し、また空母《くうぼ》エンタープライズは重巡《じゅうじゅん》二せき、駆逐艦《くちくかん》一二せきをもって、ウェーク島《とう》に増援部隊《ぞうえんぶたい》を送《おく》っていた。

十二月六日《がつむいか》、南雲部隊《なぐもぶたい》は、敵《てき》に発見《はっけん》されたら引《ひ》き返《かえ》すという、最後《さいご》の地点《ちてん》まで進《すす》んだが、さいわいにもまだ一せきの船《ふね》とも、一機《き》の飛行機《ひこうき》とも出合《であ》っていなかった。アメリカがわは、アリューシャン列島《れっとう》のダッチハーバーとミッドウェー島《とう》から、哨戒機《しょうかいき》（見《み》はりの飛行機《ひこうき》）をとばして、警戒《けいかい》していたが、それにも発見《はっけん》さ

日本機動部隊進攻図

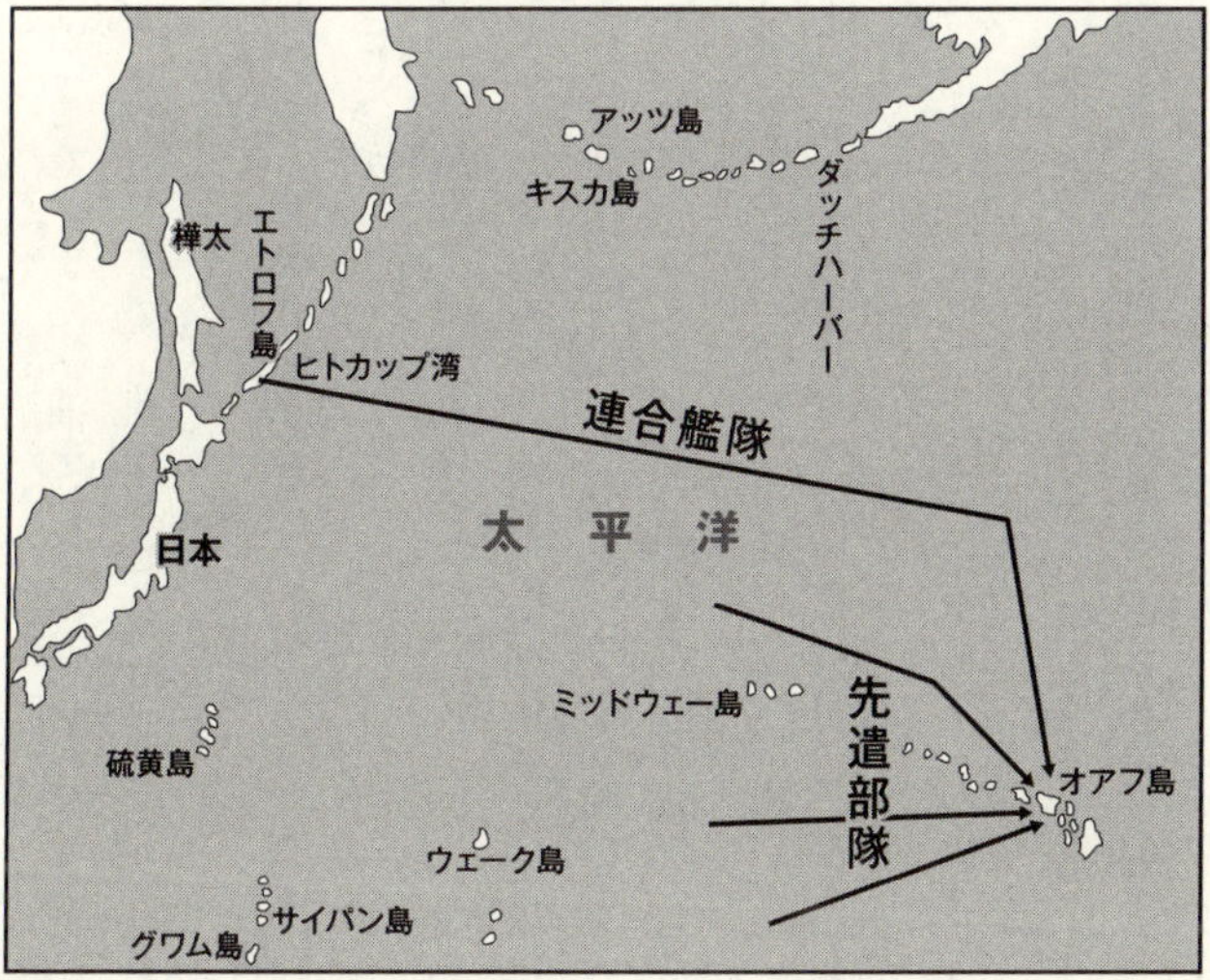
アッツ島
キスカ島
ダッチハーバー
樺太
エトロフ島
ヒトカップ湾
連合艦隊
太　平　洋
日本
ミッドウェー島
先遣部隊
オアフ島
硫黄島
ウェーク島
サイパン島
グワム島

れなかった。艦隊《かんたい》はここで、また給油《きゅうゆ》をし、南《みなみ》へ、ハワイへと走《はし》りつづけた。

「長官《ちょうかん》、ハワイ方面《ほうめん》の敵情《てきじょう》ですが、戦艦《せんかん》八せき、重巡《じゅうじゅん》一〇せき、軽巡《けいじゅん》六せきで、空母《くうぼ》はいないようですね。」

草鹿参謀長《くさかさんぼうちょう》は、長官室《ちょうかんしつ》の大きな長方形《ちょうほうけい》のテーブルの上《うえ》に、広《ひろ》げられてある真珠湾《しんじゅわん》の地図《ちず》を、ゆびさしながらいった。

「空母《くうぼ》がいなければ、戦艦全部《せんかんぜんぶ》をやればいいさ。」

航空参謀《こうくうさんぼう》は、くやしがっていたが、南雲中将《なぐもちゅうじょう》はあわてた顔色《かおいろ》もみせなかった。

それに作戦命令《さくせんめいれい》の第《だい》一目標《もくひょう》は、戦艦《せんかん》であった。その夜《よ》源田参謀《げんださんぼう》と、空中攻撃隊総《くうちゅうこうげきたいそう》指揮官淵田中佐《しきかんふちだちゅうさ》は作戦室《さくせんしつ》で夜《よる》おそくまで、最後《さいご》の攻撃計画《こうげきけいかく》をねりつづけた。

南雲長官《なぐもちょうかん》は、あと一日《にち》、時間《じかん》がたつのを、いのる気持《きも》ちでまっていた。あと一日《にち》たてば、この奇襲作戦《きしゅうさくせん》は、九分《ぶ》どおり成功《せいこう》するのだ。責任《せきにん》の重《おも》い長官《ちょうかん》にしてみれば、いのらないではいられなかっただろう。

ハワイ近海《きんかい》は、太平洋《たいへいよう》のまん中《なか》に、低気圧《ていきあつ》があって、北東《ほくとう》の風《かぜ》十七メートルの強風《きょうふう》がふきあれ、ときどき、低気圧《ていきあつ》のなごりのにわか雨《あめ》が、ザーと落《お》ちてきた。だが、猛訓練《もうくんれん》できたえられた乗組員《のりくみいん》と搭乗員《とうじょういん》は、元気《げんき》であった。

七日《なのか》の夜《よる》がきた。南《みなみ》へくだるにしたがって、気温《きおん》があがり、一まいずつ着《き》ているものをはいでいた乗組員《のりくみいん》たちは、今《いま》は防暑服《ぼうしょふく》（半《はん》そで・半《はん》ズボンの略服《りゃくふく》）に着《き》がえていた。

「早《はや》くねろよ。すこしでもからだを休《やす》めておくことだ。」

分隊長《ぶんたいちょう》や分隊士《ぶんたいし》は、部下《ぶか》たちを早《はや》くねむらせようとするが、艦内《かんない》はむしあつくて、ねぐるしかった。

それにあすの出撃《しゅつげき》を思《おも》うと、やはりわかい兵隊《へいたい》たちの血《ち》はもえてくる。

あすは十二月八日《がつようか》である。どんな運命《うんめい》がまっているのか。

全軍突撃《ぜんぐんとつげき》せよ

その日《ひ》、ハワイ諸島《しょとう》は、しずかな日曜日《にちようび》の朝《あさ》をむかえた。

ハワイ諸島《しょとう》はサンフランシスコから二、九〇八キロ、東京《とうきょう》から三、三七九キロの太平洋上《たいへいようじょう》にある、八つの大《おお》きな島《しま》と、たくさんの小島《こじま》からなっていた。この総《そう》面積《めんせき》は一万《まん》七千平方《せんへいほう》キロメートルで、人口《じんこう》五十六万《まん》。

真珠湾《しんじゅわん》のあるオアフ島《とう》は、ハワイ島《とう》につぐ二番《ばん》めに大《おお》きな島《しま》で、真珠湾《しんじゅわん》のとなりにあるホノルル市《し》は、ハワイ州《しゅう》の首都《しゅと》であった。

真珠湾《しんじゅわん》の入《い》り口《ぐち》の両《りょう》がわには、カメハメハと、ウエーバの二要塞《ようさい》があり、がっちりと軍港《ぐんこう》を守《まも》っていた。このほかに、島《しま》の東西南北《とうざいなんぼく》に、六つの陸海軍飛行場《りくかいぐんひこうじょう》があった。ホイラー陸軍飛行場《りくぐんひこうじょう》の二百機《ひゃくき》の戦闘機《せんとうき》をはじめ、ヒッカム陸軍飛行場《りくぐんひこうじょう》の爆撃機百《ばくげききひゃく》四十機《き》。そのほか、海軍《かいぐん》の飛行艇《ひこうてい》や飛行機《ひこうき》を合《あ》わせて、五百機《ひゃっき》がいた。

オアフ島《とう》の北《きた》のはしには、陸軍《りくぐん》のレーダー基地《きち》があった。午前《ごぜん》七時《じ》二分《ふん》、二つのレーダーに見《み》たこともない、大《おお》きなはん点《てん》があらわれた。

「飛行機《ひこうき》の大群《たいぐん》、北方《ほっぽう》より接近中《せっきんちゅう》。」

レーダー係《がかり》の兵隊《へいたい》は当直将校《とうちょくしょうこう》の中尉《ちゅうい》に電話《でんわ》で報告《ほうこく》した。当直将校《とうちょくしょうこう》は食事中《しょくじちゅう》であったが、B17の一隊《たい》が、アメリカ本土《ほんど》からとんでくることになっていたので、それかと思《おも》った。それにまた海軍《かいぐん》では、航空母艦《こうくうぼかん》が二せきとも出動中《しゅつどうちゅう》である。その飛行機《ひこうき》が、かえってきたのかもしれない。中尉《ちゅうい》は部下《ぶか》へいった。

「心配《しんぱい》しなくてもいいんだ。友軍機《ゆうぐんき》だろう。」

だが、このレーダーにとらえられた飛行機《ひこうき》の大群《たいぐん》こそ、日本《にほん》の南雲部隊《なぐもぶたい》からは

ハワイ諸島図

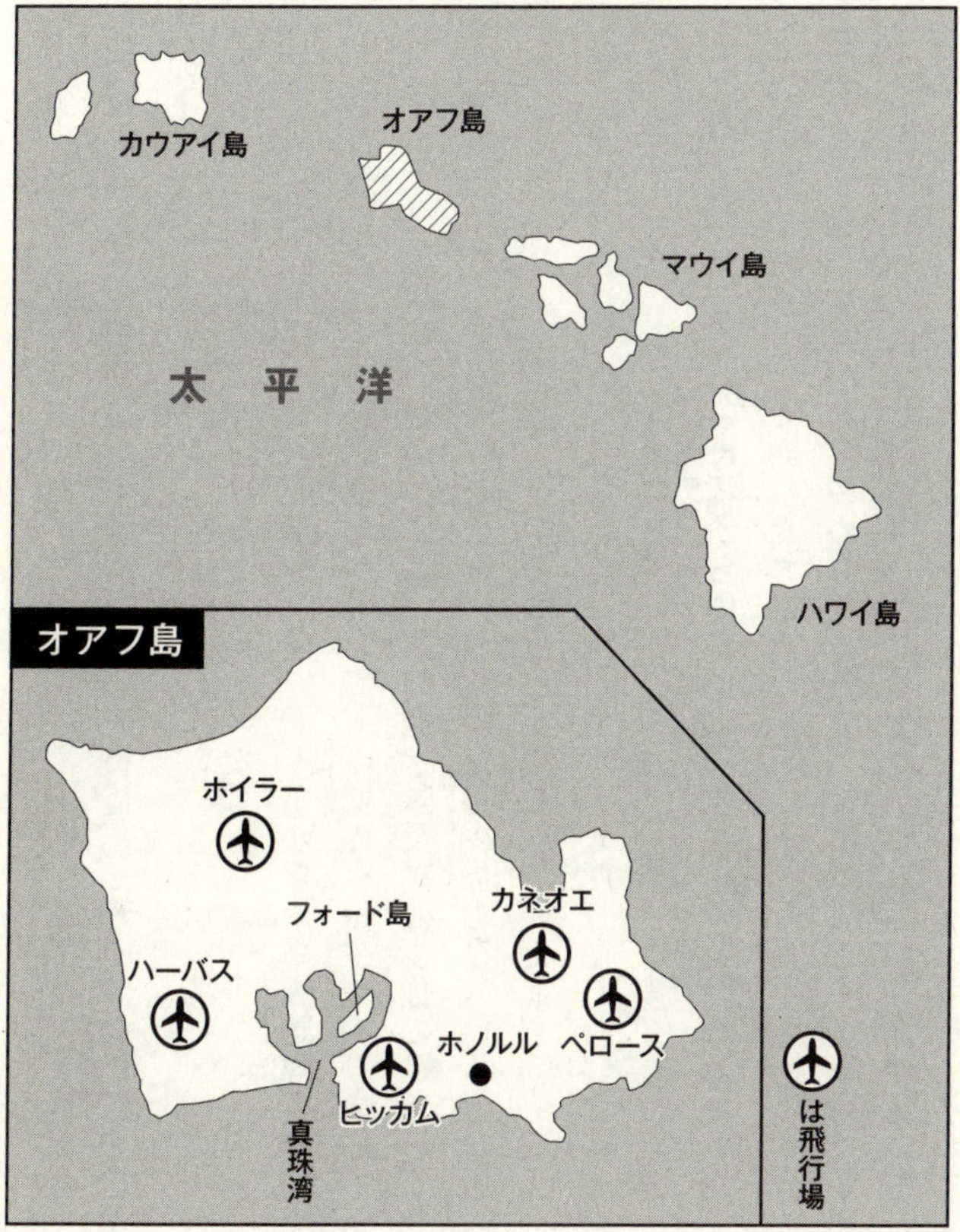
カウアイ島
オアフ島
マウイ島
太平洋
ハワイ島
オアフ島
ホイラー
フォード島
カネオエ
ハーバス
ペロース
ホノルル
ヒッカム
真珠湾
は飛行場

なたれた、第一次《だいいちじ》の攻撃隊《こうげきたい》であった。

この日《ひ》の夜明《よあ》けまえ、第一次《だいいちじ》攻撃隊《こうげきたい》の百《ひゃく》八十三機《き》は、それぞれの母艦《ぼかん》を発進《はっしん》し、旗艦《きかん》赤城《あかぎ》の上空《じょうくう》で勢《せい》ぞろいした。

赤城《あかぎ》のマストには、高《たか》くZ旗《ゼットき》がひるがえっていた。

総指揮官《そうしきかん》は赤城《あかぎ》飛行隊長《ひこうたいちょう》の淵田美津雄《ふちだみつお》中佐《ちゅうさ》で、みずから水平爆撃隊《すいへいばくげきたい》五十機《き》をひきいた。この右《みぎ》がわにはすこし高度《こうど》をおとして、赤城《あかぎ》の村田《むらた》少佐《しょうさ》のひきいる雷撃《らいげき》隊《たい》四十機《き》、そして、淵田隊《ふちだたい》の左《ひだり》がわには、翔鶴《しょうかく》飛行隊長《ひこうたいちょう》高橋《たかはし》少佐《しょうさ》のひきいる急降《きゅうこう》下爆撃隊《かばくげきたい》五十四機《き》、この三編隊《へんたい》の上空《じょうくう》を、赤城《あかぎ》の板谷《いたや》少佐《しょうさ》のひきいるゼロ戦隊《せんたい》四十五機《き》が三群《ぐん》にわかれて、警戒《けいかい》しながらつばさをつらねていた。

母艦《ぼかん》を発進《はっしん》するときは、波《なみ》があらくて、片《かた》がわが十五度《ど》もかたむいたが、全機《ぜんき》ぶじに発進《はっしん》した。

ふつう十度《ど》以上《いじょう》かたむくと、母艦《ぼかん》からの発進《はっしん》はむずかしいといわれていた。搭《とう》乗員《じょういん》のうでは、じつにみごとであったわけだ。

高度《こうど》三千《ぜん》メートル。密雲《みつうん》がたれこめているので、編隊《へんたい》は雲《くも》の上《うえ》をとんでいった。

三十分《ぷん》ばかりすると、かなた水平線《すいへいせん》の上《うえ》に、まっかな太陽《たいよう》が、波《なみ》のあいだからのぼってきた。

午前《ごぜん》三時《じ》十九分《ふん》(ホノルル時間《じかん》では十二月七日《がつなのか》午前《ごぜん》七時《じ》四十九分《ふん》)総指揮官《そうしきかん》淵田中佐《ふちだちゅうさ》は、

「全軍突撃《ぜんぐんとつげき》せよ。」

の命令《めいれい》をだした。

それまで、ずっと雲《くも》の上《うえ》をとびつづけてきていたが、天《てん》の助《たす》けか、オアフ島《とう》の近《ちか》くで、雲《くも》が切《き》れてきた。雲《くも》のすきまからみると、海《うみ》がみえ、長《なが》くつづく白《しろ》い一線《せん》があった。これこそオアフ島《とう》の、北岸《ほくがん》の海岸線《かいがんせん》であった。

雷撃隊《らいげきたい》の指揮官《しきかん》村田少佐《むらたしょうさ》は、ことしの夏《なつ》から秋《あき》にかけて、鹿児島《かごしま》ではげしく訓練《くんれん》したことを思《おも》い出《だ》していた。

真珠湾《しんじゆわん》の海《うみ》はあさい。今《いま》の日本海軍《にほんかいぐん》の魚雷《ぎょらい》は、敵艦《てきかん》に命中《めいちゅう》するまでに、海底《かいてい》につきあたって、爆発《ばくはつ》してしまうおそれがある。淵田中佐《ふちだちゅうさ》と村田少佐《むらたしょうさ》は、飛行機《ひこうき》から発射《はっしゃ》した魚雷《ぎょらい》が、あさい海《うみ》でも、敵艦《てきかん》に命中《めいちゅう》するように、魚雷《ぎょらい》を改造《かいぞう》して研究《けんきゅう》した。

それから、真珠湾《しんじゆわん》は水面《すいめん》がせまいうえに、後《うし》ろの山《やま》から、きゅうに市街《しがい》になり、高《たか》い建物《たてもの》が、にょきにょきと立《た》っている。そして、そのむこうに、めざす軍艦《ぐんかん》が、いかりをおろしているのだ。そこで、鹿児島《かごしま》の港《みなと》を、真珠湾《しんじゅわん》とみたてて、練習《れんしゅう》をしたのであった。それは、城山《しろやま》の上空《じょうくう》から岩崎谷《いわさきだに》にきて急降下《きゅうこうか》し、谷間《たにま》をぬい、山腹《さんぷく》を旋回《せんかい》し、海岸《かいがん》にでると、超低空《ちょうていくう》にまいおりて、魚雷《ぎょらい》を発射《はっしゃ》する演習《えんしゅう》であった。

鹿児島市民《かごしましみん》はこの空中《くうちゅう》サーカスを、おもしろがって見物《けんぶつ》していた。まさか真珠《しんじゅ》湾攻撃《わんこうげき》の猛訓練《もうくんれん》だとは、だれも知《し》らなかった。いや訓練《くんれん》を受《う》けている、搭乗員《とうじょういん》たちさえも知《し》らされてはいなかったのだ。

村田少佐《むらたしょうさ》はそんなことを、ちらりと、頭《あたま》の中《なか》で思《おも》いだしたが、かんがいむりょうであった。しかもいま、目《め》の前《まえ》には、ゆめにまでみた真珠湾《しんじゅわん》の青《あお》い海《うみ》があるのだ。

朝《あさ》もやがたちこめている、日曜日《にちようび》のしずかなけしきであった。しかし、湾内《わんない》には、ネバダ・アリゾナ・テネシー・ウエスト＝バージニアなど八せきの戦艦《せんかん》がいて、アメリカの軍艦《ぐんかん》どくとくのかごマストが、そびえたっているのだ。村田少佐《むらたしょうさ》の二つの目《め》は、きらきらとかがやいてきた。

「分散隊形《ぶんさんたいけい》をとれ。」

雷撃隊《らいげきたい》は攻撃《こうげき》をくわえるため、各隊《かくたい》ごとにちっていった。

水平爆撃隊《すいへいばくげきたい》も、急降下爆撃隊《きゅうこうかばくげきたい》も攻撃《こうげき》をはじめた。村田少佐《むらたしょうさ》は、八百《ぴゃく》キロの航空《こうくう》魚雷《ぎょらい》をいだいて、ウエスト＝バージニアに向《む》かって、つきすすんだ。海面《かいめん》すれすれに降下《こうか》したとき、

「うてっ！」

と命令《めいれい》した。魚雷《ぎょらい》は水《みず》をくぐって、進《すす》んだ。戦艦《せんかん》のすぐそばで、四、五十メートルもある、大《おお》きな白《しろ》い水柱《みずばしら》があがった。

敵《てき》の戦闘機《せんとうき》は、まだまいあがってこない。高角砲《こうかくほう》もならない。完全《かんぜん》に奇襲《きしゅう》は成《せい》功《こう》したのである。淵田総指揮官《ふちだそうしきかん》は電信兵《でんしんへい》に命《めい》じて、無電《むでん》のキイをたたかせた。

われ、奇襲《きしゅう》に成功《せいこう》せり。

東京時間《とうきょうじかん》の午前《ごぜん》三時《じ》二十三分《ぷん》であった。

真珠湾《しんじゅわん》は火《ひ》の海《うみ》

空母飛竜《くうぼひりゅう》の雷撃隊《らいげきたい》は、松村大尉《まつむらたいい》を指揮官《しきかん》として、本隊《ほんたい》をはなれ、島《しま》の西北端《せいほくたん》の方《ほう》から軍港《ぐんこう》をめざして、まいおりた。森少尉機《もりしょういき》は、その三番機《ばんき》であった。

もう、赤城《あかぎ》・加賀《かが》の雷撃機《らいげきき》は、さかんに魚雷《ぎょらい》をうちはじめている。魚雷《ぎょらい》があたるたびに三、四十メートルもある大《おお》きな水柱《みずばしら》がたちのぼり、じつにそうかんである。

指揮官機《しきかんき》も、二番機《ばんき》も海面《かいめん》すれすれまでおりていった。森機《もりき》もそれにつづいた。

「発射用意《はっしゃようい》。」

機長森少尉《きちょうもりしょうい》の声《こえ》が、雷撃手《らいげきしゅ》の吉川《よしかわ》二等兵曹《とうへいそう》の耳《みみ》に、伝声管《でんせいかん》をつたってどなってきた。機《き》はいつのまにか、射点《しゃてん》にきていたのだ。吉川兵曹《よしかわへいそう》は魚雷《ぎょらい》の落射機《らくしゃき》にしがみついていた。

戦艦《せんかん》が、みるみる大《おお》きくもりあがってきた。

「用意《ようい》、うてっ。」

吉川兵曹《よしかわへいそう》は落射機《らくしゃき》をひいた。戦艦《せんかん》のどうのあたりで、火花《ひばな》がパッパッと、とびちっているのが見《み》えた。敵《てき》は死《し》にものぐるいで、高角砲《こうかくほう》や機関銃《きかんじゅう》をうちはじめてきた。

吉川兵曹《よしかわへいそう》は、飛行機《ひこうき》もろとも一、二メートルほうりあげられ、そして、ガクンと前《まえ》にのめった。目《め》の前《まえ》には大《おお》きな艦橋《かんきょう》がまっ黒《くろ》になってせまってきた。あわやしょうとつかと思《おも》ったとき、機《き》は左《ひだり》に急旋回《きゅうせんかい》して、のがれた。

と、第《だい》二分隊《ぶんたい》の二番機《ばんき》が、高角砲弾《こうかくほうだん》をくらったらしく、黒《くろ》いけむりの尾《お》をひいている。しかし二番機《ばんき》はそのまま、戦艦《せんかん》のどうたいめがけてつっこみ、あわやしょうとつかと思《おも》ったとき、魚雷《ぎょらい》をはなった。高《たか》い水柱《みずばしら》がむくむくとふくれあがった。

もうエンジンは、火《ひ》をはいていた。二番機《ばんき》は、一度《ど》高《たか》くまいあがったが、ふたたび機首《きしゅ》をさげて、二せきずつならんだ戦艦《せんかん》の、右《みぎ》から二番《ばん》めのオクラホマ型《がた》の戦艦《せんかん》めがけて、火《ひ》の玉《たま》となって、つっこんだ。

「ああ！」

吉川兵曹《よしかわへいそう》は、思《おも》わず声《こえ》をはなった。

二番機《ばんき》には、たしか佐伯少尉《さえきしょうい》が、機長《きちょう》としてのっているはずだ。予科練《よかれん》の先《せん》ぱいで、吉川兵曹《よしかわへいそう》はかわいがってもらったものだった。しかし、それはちらりと頭《あたま》をかすめただけだった。

ピシッ！

と、いやな音《おと》をきいたように思《おも》った。

高角砲弾《こうかくほうだん》のかけらが、風防《ふうぼう》ガラスをつらぬいたのだ。が、吉川兵曹《よしかわへいそう》はピシッという音《おと》が、愛機《あいき》の爆音《ばくおん》にきこえた。

吉川兵曹《よしかわへいそう》は耳《みみ》が変《へん》になり、あたりを見《み》まわした。すさまじい弾幕《だんまく》（高角砲弾《こうかくほうだん》がはげしくて、まくのようになったじょうたい。）があたりを包《つつ》んでいた。

白《しろ》・黒《くろ》・赤《あか》、色《いろ》とりどりである。海上《かいじょう》はもうもうと黒煙《こくえん》が、いくつもふきあがっている。

「もえる、もえる。」

吉川兵曹《よしかわへいそう》はアメリカ艦隊《かんたい》の最期《さいご》を、自分《じぶん》の目《め》で見《み》たことをほこりに思《おも》った。

そのとき、吉川兵曹《よしかわへいそう》は左《ひだり》のほおを、パシッとなぐられた。なぐられたと思《おも》ったのは、高角砲弾《こうかくほうだん》の破片《はへん》か、機関銃《きかんじゅう》のたまがあたったのだ。ずうんと頭《あたま》がしびれて、目《め》が見《み》えなくなった。

（やられた。）

そう思《おも》った。からだが地《じ》ごくのあなへでも、引《ひ》きこまれるように落《お》ちていくのだ。飛行機《ひこうき》もろとも、ついらくしているのだろう。吉川兵曹《よしかわへいそう》は、自分《じぶん》の任務《にんむ》を思《おも》いだした。

雷撃手《らいげきしゅ》は偵察員《ていさついん》をかね、飛行機《ひこうき》の安定《あんてい》を、そうじゅう者《しゃ》に知《し》らせなければならない。だが、こう落《お》ちていくのでは、自爆《じばく》のほかあるまいと思《おも》っていると、計器盤《けいきばん》の青白《あおじろ》い文字《もじ》がぼうっと目《め》にうつった。高度計《こうどけい》は三千《ぜん》メートルをさしている。

飛行機《ひこうき》が落《お》ちていると思《おも》ったのは、目《め》がみえなくなった吉川兵曹《よしかわへいそう》の、かんちがいだったのだ。兵曹《へいそう》はどなった。

「おい、おれの魚雷《ぎょらい》は命中《めいちゅう》しただろうな。」

返事《へんじ》があったようだが、聞《き》こえない。何《なに》か手《て》にさわるので受《う》け取《と》ると、ほうたい包《づつ》みであった。前《まえ》の席《せき》の森少尉《もりしょうい》がわたしたのであろう。吉川兵曹《よしかわへいそう》は顔《かお》をおさえた。そのおさえた手《て》の指《ゆび》が、一本《ぽん》の歯《は》にさわった。敵弾《てきだん》は、ほおの肉《にく》をけずりとっていたのだ。もっとくわしくいえば、敵弾《てきだん》は、吉川兵曹《よしかわへいそう》の左耳《ひだりみみ》についていた伝《でん》声管《せいかん》のくだをこわし、兵曹《へいそう》の左《ひだり》ほおから右《みぎ》の鼻《はな》のあなに通《とお》りぬけていたのだ。ながれる血《ち》で、座席《ざせき》はまっかになっていた。いつのまにか吉川兵曹《よしかわへいそう》は、こんこんと、ねむりはじめた。血《ち》がたくさん出《で》たためである。

「ねむるな。ねむっては、だめだぞ。」

森少尉《もりしょうい》は、はげしくしかった。そして、後《うし》ろの座席《ざせき》にいた田中兵曹《たなかへいそう》が、頭《あたま》をたたいた。

このままねむってしまったら、死《し》んでしまうので、それを心配《しんぱい》して、吉川兵曹《よしかわへいそう》をはげましたのだった。それでも、吉川兵曹《よしかわへいそう》はねむりそうになる。田中兵曹《たなかへいそう》は後《うし》ろから、吉川兵曹《よしかわへいそう》をけりつけた。そんなことを、何度《なんど》もくりかえしているうちに、やっと母艦飛竜《ぼかんひりゅう》がみえてきた。

「負傷者《ふしょうしゃ》あり。」

森少尉《もりしょうい》は母艦《ぼかん》へ合図《あいず》をして、一直線《ちょくせん》に飛行《ひこう》かんぱんへすべりこんだ。

いっぽう、板谷少佐《いたやしょうさ》の指揮《しき》するゼロ戦隊《せんたい》は、爆撃隊《ばくげきたい》をアメリカの戦闘機《せんとうき》から守《まも》る役目《やくめ》であった。真珠湾《しんじゅわん》の上空《じょうくう》にでて、あたりを見《み》まわしたが、相手《あいて》の戦闘機《せんとうき》は、一機《き》もあがってこなかった。

それなら、すすんで飛行場《ひこうじょう》をおそって、息《いき》の根《ね》をとめてやろうと、六つの飛行《ひこう》場《じょう》に分散《ぶんさん》した。ホイラー飛行場《ひこうじょう》へは、菅野隊《すがのたい》がおそった。だが、そこは、友軍《ゆうぐん》の急降下爆撃隊《きゅうこうかばくげきたい》が爆撃《ばくげき》したあとで、いちめん黒煙《こくえん》に包《つつ》まれていた。格納庫《かくのうこ》も、たくさんならんでいる飛行機《ひこうき》も、おもしろいようにもえている。

（これじゃあ、なんのためにきたのかわかりゃあしない。）

菅野大尉《すがのたいい》はがっかりして、ぶつぶつこぼしていると、

「菅野隊《すがのたい》は、バーバス＝ポイント飛行場《ひこうじょう》を攻撃《こうげき》せよ。」

と、指揮官機《しきかんき》から命令《めいれい》を受《う》けた。

バーバス＝ポイント飛行場《ひこうじょう》は、海軍《かいぐん》の作業基地《さぎょうきち》であった。はじめは不意《ふい》をおそわれて、あわてふためいていたアメリカ軍《ぐん》も、今《いま》は必死《ひっし》となって、日本軍《にほんぐん》をむかえうっていた。

高射砲《こうしゃほう》や機関砲《きかんほう》のたまが、空中《くうちゅう》ではれつして、大《おお》きなワタの花《はな》をばらまいたように、真珠湾《しんじゅわん》の空《そら》をおおっていた。

飛行機《ひこうき》の近《ちか》くで、高射砲弾《こうしゃほうだん》がはれつすると、飛行機《ひこうき》はガクガクとゆれた。つばさに機関銃《きかんじゅう》のたまがあたると、カン、カンとひびいた。

菅野大尉《すがのたいい》は、中国《ちゅうごく》の戦線《せんせん》に出動《しゅつどう》したことがあったが、部下《ぶか》たちははじめての出陣《しゅつじん》であった。この中《なか》に松本三等飛行兵曹《まつもととうひこうへいそう》もくわわっていた。兵曹《へいそう》は大尉機《たいいき》につづいて、高《たか》い所《ところ》から、一気《き》にまいおり、銃撃《じゅうげき》をくわえた。地上《ちじょう》には、滑走路《かっそうろ》や引《ひ》きこみ線《せん》に、五十機《き》ばかりの飛行機《ひこうき》がならんでいたが、それがつぎつぎにもえていく。

飛行機《ひこうき》は燃料《ねんりょう》として、タンクにガソリンを、いれているので、焼夷弾《しょういだん》をくらうと、ぱっと火《ひ》がついて、ぼーっと黒《くろ》いけむりをふきだすのだ。菅野隊《すがのたい》は身《み》もかるがると、二度《ど》も三度《ど》も、低空銃撃《ていくうじゅうげき》をくりかえした。格納庫《かくのうこ》にも、火《ひ》がついた。アメリカ軍《ぐん》の戦闘機《せんとうき》はまいあがって、戦《たたか》いをいどむひまもなく、ただもえるばかりである。

二度《ど》めに、松本兵曹《まつもとへいそう》が急降下《きゅうこうか》したとき、ピューッと、きぬをさくような音《おと》がして、一弾《だん》が耳《みみ》をかすめてとんでいった。松本兵曹《まつもとへいそう》は、思《おも》わず首《くび》をすくめた。

そのとき、隊長機《たいちょうき》がつばさをふって、引《ひ》きあげの合図《あいず》をした。松本兵曹《まつもとへいそう》はスピードを早《はや》めて、隊長機《たいちょうき》につづいた。

(これでかえるのだなあ。)

と思《おも》うと、はりつめていた気持《きも》ちがゆるんだ。ふと足《あし》もとをみると、飛行服《ひこうふく》は血《ち》だらけになっている。右足《みぎあし》がきゅうにいたみだした。さっきはむちゅうだったので、負傷《ふしょう》したことも気《き》がつかなかったのであろう。松本兵曹《まつもとへいそう》はいそいで首《くび》にまいていたマフラをはずし、右《みぎ》の太《ふと》ももをしっかりとむすんだ。

隊長《たいちょう》、いいけしきですね

第《だい》一次攻撃隊《じこうげきたい》の攻撃《こうげき》は、成功《せいこう》のうちに終《お》わった。淵田総指揮官《ふちだそうしきかん》は、部下《ぶか》の飛行《ひこう》機《き》の集合《しゅうごう》を命《めい》じた。真珠湾《しんじゅわん》にとんできてから、一時間半《じかんはん》もたっていた。

各隊《かくたい》は、それぞれ母艦《ぼかん》へとかえっていったが、淵田中佐《ふちだちゅうさ》は最後《さいご》までのこって、戦果《せんか》をたしかめた。しかも、中佐《ちゅうさ》ののっていた九七式艦上攻撃機《しきかんじょうこうげきき》は、左《ひだり》のどうたいに大《おお》あなをあけられていた。

「どうたいの後部《こうぶ》に大《おお》あながあきました。そうじゅう索《さく》の一本《ぽん》が半分《はんぶん》ほど切《き》れています。」

後《うし》ろの席《せき》の水木兵曹《みずきへいそう》がさけんだ。

「松崎大尉《まつざきたいい》、だいじょうぶか。」

淵田中佐《ふちだちゅうさ》がきくと、大尉《たいい》は、

「だいじょうぶです。」

と、そのままとびつづけたのであった。

そのころ、第《だい》二次《じ》攻撃隊《こうげきたい》は、島崎少佐《しまざきしょうさ》を総指揮官《そうしきかん》として総数百《そうすうひゃく》七十一機《き》（水平《すいへい》爆撃機《ばくげきき》五四機《き》、急降下爆撃機《きゅうこうかばくげきき》八一機《き》、戦闘機《せんとうき》三六機《き》）が、どうどうたる編隊《へんたい》で、ハワイ上空《じょうくう》にせまってきた。

真珠湾《しんじゅわん》は、煙幕《えんまく》をはったように、もうもうと黒煙《こくえん》が、たなびいていた。第《だい》一次《じ》攻撃隊《こうげきたい》の攻撃《こうげき》で、撃沈《げきちん》・撃破《げきは》されたアメリカ太平洋艦隊《たいへいようかんたい》の主力艦《しゅりょくかん》が、大火災《だいかさい》をおこし、もえているけむりであった。

しかし、敵《てき》の防御砲火《ぼうぎょほうか》は前《まえ》よりもいっそうはげしかった。第《だい》二次《じ》攻撃隊《こうげきたい》はその弾幕《だんまく》をくぐって、えものに近《ちか》づいた。主力艦隊《しゅりょくかんたい》のほとんどは、ほのおとけむりに包《つつ》まれて、すがたがよく見《み》えなかった。

「目標《もくひょう》をよく見《み》さだめて、攻撃《こうげき》せよ。」

島崎少佐《しまざきしょうさ》は、全機《ぜんき》にそう命令《めいれい》した。

編隊《へんたい》は、すでに爆撃針路《ばくげきしんろ》にはいっていたが、目標《もくひょう》をさだめるのは、たいへんにむずかしかった。

江草少佐《えぐさしょうさ》のひきいる、急降下爆撃隊《きゅうこうかばくげきたい》の牧野隊《まきのたい》二十七機《き》は、ほのおに包《つつ》まれた数《すう》せきの主力艦《しゅりょくかん》の風上《かざかみ》に、火《ひ》をださないでいるカリフォルニア型《がた》・オクラホマ型《がた》・メリーランド型《がた》の三戦艦《せんかん》を、やっと見《み》つけて、急降下《きゅうこうか》していった。

火災《かさい》がおきているので、とても気流《きりゅう》が悪《わる》く、飛行機《ひこうき》はひどくゆれた。それに防《ぼう》空砲火《くうほうか》がものすごく、機《き》のまわりで、何度《なんど》もはれつした。そのたびに、機《き》はガクン、ガクンとつきあげられた。牧野大尉《まきのたいい》は、

「落《お》ち着《つ》け、落《お》ち着《つ》け。」

と、自分《じぶん》にいいきかせながら、砲火《ほうか》の中《なか》をゆうゆう旋回《せんかい》し、カリフォルニア型戦《がたせん》艦《かん》めがけて、二百《ひゃく》五十キロ爆弾《ばくだん》を投下《とうか》した。そして、反転《はんてん》したしゅんかん、ガクンと、ひどく機体《きたい》がゆれ、火《ひ》を発《はっ》した。牧野機《まきのき》はほのおの尾《お》をひきながら、いま爆撃《ばくげき》して、火災《かさい》をおこしている戦艦《せんかん》の大《だい》えんとつめがけて、つっこんでいった。

「あっ、隊長《たいちょう》。」

部下《ぶか》の各機《かくき》は、牧野大尉《まきのたいい》の自爆《じばく》を、目《め》の前《まえ》にみて、はっとしたが、すぐ気《き》をと

りなおした。そして、

「隊長《たいちょう》、かたきをうちます。」

と、のこりの三戦艦《せんかん》めがけて、攻撃《こうげき》をくわえた。

同《おな》じころ、進藤大尉《しんどうたいい》の指揮《しき》するゼロ戦隊《せんたい》の飯田大尉《いいだたいい》（蒼竜乗《そうりゅうの》り組《く》み）は、部下《ぶか》の九機《き》をひきいて、まず爆撃隊《ばくげきたい》を守《まも》りながら、真珠湾上空《しんじゅわんじょうくう》をとんでいたが、アメリカ軍《ぐん》の戦闘機《せんとうき》は、一機《き》もあがってこないので、オアフ島《とう》の東《ひがし》にあるカネオエ海《かい》軍飛行場《ぐんひこうじょう》へむかった。

この飛行場《ひこうじょう》には、飛行艇《ひこうてい》ばかりしかいないから、攻撃《こうげき》はあとまわしにされていたため、第《だい》一次《じ》攻撃隊《こうげきたい》の目《め》をのがれていた。

高度《こうど》をさげてよく見《み》ると、陸上機《りくじょうき》と大型飛行艇《おおがたひこうてい》が、それぞれ二十機《き》ばかり、滑《かっ》走路《そうろ》と、海岸《かいがん》の水上機発着場《すいじょうきはっちゃくじょう》にむきずのまま、ならんでいた。まるで、ねむっているようなしずけさだ。そのとき、黒《くろ》いかげが一つ、さっとまいおりてきた。

「敵機《てきき》だ！」

雲《くも》の中《なか》にかくれていたのだろう。七機《き》のカーチスP40戦闘機《せんとうき》が、戦《たたか》いをいどんできたのだ。

飯田隊《いいだたい》は、ただちに戦闘隊形《せんとうたいけい》にひらくと、いりみだれて、空中戦《くうちゅうせん》にうつった。ゼロ戦隊《せんたい》では、一流《りゅう》の飯田隊《いいだたい》である。カーチスP40は、ばたばたうち落《お》とされてしまった。

飯田大尉《いいだたいい》はバンク（つばさをふって合図《あいず》する。）して、地上攻撃《ちじょうこうげき》にうつった。味方機《みかたき》をうち落《お》とされて、いかりにもえた地上部隊《ちじょうぶたい》は、機関銃《きかんじゅう》を雨《あめ》のようにあびせてきた。

それにもひるまず、飯田隊《いいだたい》は地上《ちじょう》五、六十メートルにまいおりて、ならんでいる飛行機《ひこうき》を風下《かざしも》の方《ほう》から、焼夷弾《しょういだん》の攻撃《こうげき》をくわえて、全部《ぜんぶ》やいてしまった。風上《かざかみ》からいくと、けむりで風下《かざしも》の飛行機《ひこうき》が見《み》えなくなる。それで風下《かざしも》の方《ほう》から攻撃《こうげき》をくわえたのである。大尉《たいい》はそれほど沈着《ちんちゃく》であったのだ。

隊長機《たいちょうき》は、任務《にんむ》を終《お》わると、雲《くも》の上《うえ》にかけあがった。部下《ぶか》の各機《かくき》も、隊長機《たいちょうき》につづいた。ふと見《み》ると、隊長機《たいちょうき》からガソリンが噴水《ふんすい》のようにとび出《で》ている。部下《ぶか》たちはこれを見《み》て、はっとした。しかし、機上《きじょう》の大尉《たいい》は、一番近《ばんちか》い二番機《ばんき》の方《ほう》をふりかえって、手《て》をふった。

先《さき》にかえれ。

という合図《あいず》である。

部下《ぶか》の飛行機《ひこうき》がかえりはじめると、大尉《たいい》はいまきた方《ほう》に引《ひ》き返《かえ》し、あっというまもなく、雲《くも》の上《うえ》から急降下《きゅうこうか》して、まっすぐに格納庫《かくのうこ》の上《うえ》に自爆《じばく》していった。

「生《い》きるか死《し》ぬかのさかいにたったら、捕虜《ほりょ》になるな。りっぱに死《し》ね。燃料《ねんりょう》がなくなったら、死《し》ね。」

大尉《たいい》は出発《しゅっぱつ》のまえに、部下《ぶか》へそういって、訓示《くんじ》した。その教《おし》えを、大尉《たいい》はいま、身《み》をもってしめしたのであった。

空中戦《くうちゅうせん》は、さきに第《だい》一次《じ》攻撃隊《こうげきたい》の板谷《いたや》少佐《しょうさ》が、ゼロ戦隊《せんたい》をひきいて、真珠湾《しんじゅわん》上空《くう》を守《まも》っているあいだに、まいあがってきたアメリカ戦闘機《せんとうき》四機《き》と交戦《こうせん》し、これを全部《ぜんぶ》うち落《お》とした。それにつづいて、二度《ど》めの空中戦《くうちゅうせん》であったが、そのあとアメリカの戦闘機《せんとうき》はついにあらわれなかった。

攻撃《こうげき》一時間《じかん》ののち、第《だい》二次《じ》攻撃隊《こうげきたい》指揮《しき》官《かん》島崎《しまざき》少佐《しょうさ》は、部下《ぶか》の各編隊《かくへんたい》をまとめて、母艦《ぼかん》へかえっていった。

指揮官機《しきかんき》にのっていた岩田《いわた》中尉《ちゅうい》が、とつぜん伝声管《でんせいかん》から感《かん》きわまったような声《こえ》でいった。

「隊長《たいちょう》、いいけしきですね。」

そのけしきはそうぜつそのものであった。ほのおは真珠湾《しんじゅわん》をおおい、黒煙《こくえん》はえんえんとはてしなく、三十キロのかなたまでたなびいていた。

こうして各隊《かくたい》は、それぞれの母艦《ぼかん》へ引《ひ》きあげていったが、母艦《ぼかん》は発進《はっしん》のときと、位置《いち》を変《か》えていた。アメリカ軍《ぐん》の攻撃《こうげき》の目《め》をくらませるためであった。その位置《いち》は、搭乗員《とうじょういん》の頭《あたま》の中《なか》におぼえさせ、航法図《こうほうず》には記入《きにゅう》させなかった。それでも大部《だいぶ》分《ぶん》は、ぶじかえりついたが、中《なか》には、負傷《ふしょう》のため、飛行《ひこう》かんぱんにつくと同時《どうじ》に、気《き》を失《うしな》った者《もの》や、また飛行機《ひこうき》の脚《きゃく》をやられて、母艦《ぼかん》に帰着《きちゃく》できず、海上《かいじょう》に着水《ちゃくすい》して、駆逐艦《くちくかん》に助《たす》けられた者《もの》もあった。

瑞鶴《ずいかく》の江間保《えまぼ》大尉《たいい》は、尾輪《びりん》に二十メートルほどの電線《でんせん》をひっかけて帰艦《きかん》し、

「アメリカさんから、どろぼうしてくるとは思《おも》わなかったなあ。」

と、にがわらいした。

翔鶴《しょうかく》の熊倉《くまくら》一等飛行兵曹《とうひこうへいそう》・岩槻《いわつき》一等飛行兵曹《とうひこうへいそう》のふたりが、のっていた艦上爆撃《かんじょうばくげき》機《き》は、ついに母艦《ぼかん》を発見《はっけん》できず、

われ不時着《ふじちゃく》す。〇八三七。

の無電《むでん》を発《はっ》したまま、ハワイ沖《おき》の海中《かいちゅう》にのまれていった。

真珠湾《しんじゅわん》をわすれるな

この真珠湾攻撃《しんじゅわんこうげき》で、日本《にほん》がわの損害《そんがい》は、戦闘機《せんとうき》九、急降下爆撃機《きゅうこうかばくげきき》一五、雷撃機《らいげきき》五、計《けい》二九で、五五名《めい》の搭乗員《とうじょういん》が、戦死《せんし》した。

アメリカがわの発表《はっぴょう》による損害《そんがい》は、次《つぎ》のとおりである。

一、沈没《ちんぼつ》、戦艦《せんかん》ウエスト＝バージニア・オクラホマ・アリゾナ・カリフォルニア・ネバダ、ほかに巡洋艦《じゅんようかん》六せき。

二、大《たい》・中破《ちゅうは》、戦艦《せんかん》メリーランド・テネシー、ほかに巡洋艦《じゅんようかん》四せき。（のこりの軍艦《ぐんかん》は小破《しょうは》。）

三、飛行機《ひこうき》、二一九機《き》。

四、戦死者《せんししゃ》、三、三〇三名《めい》。（陸海空軍合《りくかいくうぐんあ》わせて）

五、負傷者《ふしょうしゃ》、一、二七二名《めい》。（同《どう》）

なお、アメリカがわでは、日本《にほん》にあたえた損害《そんがい》として、飛行機《ひこうき》四十八機《き》をうち落《お》としたといっている。それにしても、この真珠湾《しんじゅわん》の第《だい》一撃《げき》は、いろいろの意味《いみ》で世界《せかい》の戦史《せんし》にのこることであろう。その第《だい》一は、三千《ぜん》カイリの長《なが》い海上《かいじょう》を、発《はっ》見《けん》されずにしのびよって、成功《せいこう》したことである。

それから、母艦《ぼかん》から真珠湾上空《しんじゅわんじょうくう》までは、一時間《じかん》五十分前後《ぷんぜんご》かかるが、アメリカの基地《きち》防衛隊《ぼうえいたい》は、六台《だい》のレーダーをそなえていたから、そのレーダーにとらえられたら、日本《にほん》がわの損害《そんがい》は、もっと大《おお》きかったことだろう。じじつ、一つのレーダーは、わが編隊《へんたい》をとらえて報告《ほうこく》したが、上官《じょうかん》の一中尉《ちゅうい》は、とこの中《なか》でねぼけながら、それを読《よ》み、信《しん》じきれないでおきなかったのである。そしてちょうど、そのじぶんに本国《ほんごく》からとんでくるはずの、B17の一隊《たい》があることを思《おも》い出《だ》し、たぶんそれだろうと、ほうっておいたのであった。

日本軍《にほんぐん》は、まったく運《うん》がよかったのである。またこの日《ひ》は母艦《ぼかん》からの出発《しゅっぱつ》は、ふだんならできないほど、波《なみ》があらかった。それができたのは、搭乗員《とうじょういん》のりっぱなうでまえで、これも運《うん》を助《たす》けているのである。ふつう、母艦《ぼかん》の飛行《ひこう》かんぱんは艦《かん》がかたむいて、十度《ど》をこすと、とびたてないが、この日《ひ》は波《なみ》があらく、十五度《ど》もかたむいていた。しかし、全部《ぜんぶ》の飛行機《ひこうき》がみごとに、事故《じこ》一つおこさず出撃《しゅつげき》していったのである。

さらにまた、この作戦《さくせん》には、航空部隊《こうくうぶたい》のほかに、特殊潜航艇《とくしゅせんこうてい》五せきが参加《さんか》していたことも、つけくわえておかねばならない。これは特別攻撃隊《とくべつこうげきたい》とよばれ、佐々木大佐《ささきたいさ》を指揮官《しきかん》として、伊《い》16・伊《い》18・伊《い》20・伊《い》22・伊《い》24の五せきの大型潜水艦《おおがたせんすいかん》からなっていた。各艦《かくかん》はそれぞれ一せきの特殊潜航艇《とくしゅせんこうてい》を積《つ》み、十一月二十日《がつにち》ごろ、第六艦隊司令長官清水中将《だいかんたいしれいちょうかんしみずちゅうじょう》にひきいられ、第《だい》一・第《だい》二・第《だい》三潜水戦隊《せんすいせんたい》の諸艦《しょかん》とともに、横須賀《よこすか》・佐伯《さえき》・呉《くれ》をこっそり出航《しゅっこう》して、ハワイへ向《む》かったのであった。

特殊潜航艇《とくしゅせんこうてい》は、長《なが》さ二四メートル、直径約《ちょっけいやく》二メートル、排水量《はいすいりょう》四六トン、潜航時間《せんこうじかん》五時間《じかん》という豆潜水艦《まめせんすいかん》であった。

魚雷《ぎょらい》二本《ほん》をいだいて出撃《しゅつげき》し、敵艦《てきかん》をうちしずめるもので、これを考《かんが》えだした者《もの》は、そのころ、中尉《ちゅうい》であった岩佐直治《いわさなおじ》（真珠湾《しんじゅわん》で戦死《せんし》。）松尾敬宇《まつおけいう》（シドニー港《こう》で戦死《せんし》。）たち、青年士官《せいねんしかん》であった。

しかし山本大将《やまもとたいしょう》は肉弾攻撃《にくだんこうげき》も同《おな》じで、生《い》きてかえる見《み》こみがないので、この豆潜水艦《まめせんすいかん》をつかうことをゆるさなかった。

だが、忠義《ちゅうぎ》いちずの青年《せいねん》たちは、豆潜水艦《まめせんすいかん》に改良《かいりょう》をくわえて、航海時間《こうかいじかん》を十六時間《じかん》にまし、何度《なんど》もねがいでた。ついに長官《ちょうかん》も、青年士官《せいねんしかん》たちの愛国心《あいこくしん》に負《ま》けて、これをゆるした。

この特殊潜航艇《とくしゅせんこうてい》で出撃《しゅつげき》したのは岩佐大尉《いわさたいい》(進級《しんきゅう》)、古野《ふるの》・横山両中尉《よこやまりょうちゅうい》、広尾《ひろお》・酒巻《さかまき》の両少尉《りょうしょうい》、佐々木《ささき》・横山《よこやま》・上田《うえだ》・片山《かたやま》・稲垣《いながき》の五兵曹《へいそう》など十名《めい》で、一せきにふたりずつ乗《の》り組《く》み十二月八日《がつようか》午前《ごぜん》三時《じ》から、三分《ぷん》おきのあいだをおいて、つぎつぎに真珠湾口《しんじゅわんこう》へ出撃《しゅつげき》していった。

そして、攻撃《こうげき》は空襲《くうしゅう》が終《お》わったあとか、夜《よる》を選《えら》び、ラナイ島西方《とうせいほう》七カイリの海上《かいじょう》でまっている潜水艦《せんすいかん》へ、かえりつく計画《けいかく》であったが、一せきもかえってこなかった。

このうち、酒巻少尉《さかまきしょうい》と稲垣兵曹《いながきへいそう》のふたりがのった潜航艇《せんこうてい》は攻撃中《こうげきちゅう》に機関《きかん》にこしょうをおこしたので、やむをえず、艇《てい》に自爆《じばく》の装置《そうち》をして、ふたりは艇外《ていがい》にのがれでた。しかし、稲垣兵曹《いながきへいそう》は力《ちから》がつきて、波《なみ》にのまれてしまった。酒巻少尉《さかまきしょうい》は気《き》を失《うしな》って、オアフ島《とう》の北東海岸《ほくとうかいがん》にうちあげられているのを、アメリカ人《じん》に助《たす》けられ、捕虜《ほりょ》一号《ごう》となった。

このようなありさまだったから、その戦闘《せんとう》のもようは、よくわからないが、アメリカがわの記録《きろく》によると、その日敷設艦《ひふせつかん》ブリーズが、特殊潜航艇《とくしゅせんこうてい》を水中《すいちゅう》で発見《はっけん》している。

また、水上機母艦《すいじょうきぼかん》カーチス、工作艦《こうさくかん》メズーサ、駆逐艦《くちくかん》モナハンの三せきもみている。豆潜航艇《まめせんこうてい》は上《じょう》かんぱん線《せん》まで水上《すいじょう》にあらわしてせまり、モナハンとカーチスに向《む》かって、一本《ぽん》ずつ魚雷《ぎょらい》をはなったが、命中《めいちゅう》せず、海岸《かいがん》で爆発《ばくはつ》した。

モナハンは爆雷《ばくらい》を投《な》げ、カーチスは機関銃《きかんじゅう》を司令塔《しれいとう》にあびせ、豆潜航艇《まめせんこうてい》をうちしずめたが、モナハンの爆雷《ばくらい》では、艦上《かんじょう》の味方《みかた》の者《もの》までふきとばされて、負傷者《ふしょうしゃ》をだし、火災中《かさいちゅう》の起重機船《きじゅうきせん》にしょうとつした。

このほか、空襲中《くうしゅうちゅう》に「機雷注意《きらいちゅうい》」の警報《けいほう》がさかんに出《で》ていたから、湾《わん》の口《くち》の防潜網《ぼうせんもう》をくぐって、かつやくした艇《てい》も、あったものと思《おも》われる、おそらく敵艦《てきかん》をしずめた魚雷《ぎょらい》の中《なか》には、決死《けっし》の隊員《たいいん》がたましいをこめてうちこんだ、豆潜航艇《まめせんこうてい》の魚《ぎょ》雷《らい》も、何本《なんぼん》かがあったことであろう。

このように真珠湾攻撃《しんじゅわんこうげき》は、日本《にほん》にとっては大成功《だいせいこう》であった。山本大将《やまもとたいしょう》は、航空《こうくう》母艦《ぼかん》二せきぐらいは、失《うしな》うかくごだった。

それが、全艦《ぜんかん》ぶじに、午前《ごぜん》八時《じ》三十分《ぷん》、かえってくるという報告《ほうこく》を受《う》けたのだ。

予期《よき》したよりも大《おお》きい戦果《せんか》に、大将《たいしょう》はまんぞくのようであった。連合艦隊参謀長《れんごうかんたいさんぼうちょう》宇垣少将《うがきしょうしょう》の日記《にっき》には、こんな一節《せつ》が書《か》かれてある。

だいたい大成功《だいせいこう》と称《しょう》しうべし。これ先制奇勝《せんせいきしょう》（先手《せんて》を打《う》って大勝《たいしょう》する。）なり、参謀総長《さんぼうそうちょう》（陸軍《りくぐん》）などより夜《よる》にいりて、かくかくたる戦果《せんか》にたいし祝電《しゅくでん》あり、これくらいにて、なんの祝電《しゅくでん》か、と返事《へんじ》は入港後《にゅうこうご》にだすこととせり。

いっぽう、アメリカがわは、ルーズベルト大統領《だいとうりょう》の命《めい》により、ロバーツ判事《はんじ》を委員長《いいんちょう》として、調査委員会《ちょうさいいんかい》をひらき、

アメリカ海軍《かいぐん》または、アメリカ陸軍《りくぐん》のどちらかが、義務《ぎむ》をおこたるか、もしくは判断《はんだん》をあやまるかしたために、日本軍《にほんぐん》の奇襲《きしゅう》を成功《せいこう》させたのではないか。

ということについて、調査《ちょうさ》をさせた。この結果《けっか》、

奇襲《きしゅう》を受《う》けた責任《せきにん》は、ハワイ陸海軍司令官《りくかいぐんしれいかん》が義務《ぎむ》をおこたり、判断《はんだん》をまちがったのである。ふたりの司令官《しれいかん》は、じゅうぶんな時間《じかん》がありながら、しなければならぬ、またはなしうべき戦備《せんび》をせず、警戒《けいかい》をしなかったからである。

と、ロバーツ委員会《いいんかい》は結論《けつろん》した。が、アメリカ国民《こくみん》は、日本軍《にほんぐん》の不意打《ふいう》ちをたい

へんにいかった。そして、
　真珠湾《しんじゆわん》をわすれるな。
という合《あ》いことばが生《う》まれ、全国民《ぜんこくみん》が一つとなって、日本《にほん》とたたかい、日本《にほん》を打《う》ち負《ま》かそうと決心《けっしん》した。
　軍艦《ぐんかん》マーチのなりものいりで、第一撃《だいげき》の戦果《せんか》によった日本国民《にほんこくみん》と、真珠湾《しんじゆわん》をやられて、歯《は》をくいしばり、いまにみろと敵《てき》がい心《しん》をあおられたアメリカ国民《こくみん》の気《き》持《も》ちとは、まったく天《てん》と地《ち》のちがいがあった。

■もっと知りたい①■

「暗号」「隠語」「当て字」が躍る秘密電報

「ニイタカヤマノボレ」

連合艦隊司令長官・山本五十六大将から第一航空艦隊司令長官・南雲忠一中将に宛てて送られたこの電報が、真珠湾攻撃の作戦実行を告げる号砲となったことは、本書を待たずとも有名な逸話でしょう。この電報、正確には「ニイタカヤマノボレ　ヒトフタマルハチ」。後半は「1208」、つまり十二月八日決行を伝えるメッセージでした。

開戦間近の時期になって、軍部のみならず日本政府の極秘電報も、軍事的暗号化を施した電文、いわゆる隠語電報に替わっていました。

戦況が悪化したら最悪の場合には、大使館や公使館などの在外公館が敵国に占領される危険性があります。在外公館には本国との連絡を担う様々な通信機器が設置され、数多《あまた》の公電が保管されていますが、不測の危機に襲われた場合は、機械を自ら破壊し、暗号書や公電を燃やして、敵国に情報を盗まれないようにするよう、予《あらかじ》め指示が出ていました。

そうした最悪の事態を見越して、外務省では天気予報を装うことで極秘通信を行なう準備をしていたのです。これは、ウィンドウ・メッセージと称されていました。

たとえば「東の風、雨」は「日米の外交関係はもはや断絶の危機」を示し、したがって暗号機を破壊し、暗号電文をすべて燃やして破棄する、という行動が求められます。これが「西の風、晴れ」の場合は日英関係が、「北の風、曇」は日ソ関係が、それぞれ同様の危機に瀕したことを意味するのです。

NHKの海外向け短波放送でニュースを流すときに、最後に二回繰り返します。この天気予報暗号は、見破られませんでした。

この短波放送は駐米日本大使館でも聴取していて、在ワシントンの駐在武官だった実松譲が回想しています。

〈私共の事務室の隣りの部屋には受信機が備えられ、荻本兵曹は十一月二十六日以来「天気予報」を聞きもらすまじと耳をすまして海外放送に全神経を集結していた。すると十二月初めの或日の午後おそく、ついに其の電波をキャッチした。彼は直ちに「天気予報がありました！」と大声で報告した〉（『幻の最後通牒』実松譲、五月書房、平成七年）

秘密電報を平文《ひらぶん》のモールス信号で送っていたら、敵国のアメリカに傍受されるのは必至ですので、こうした符牒を使った暗号電文を事前に決めていたのです。この嚆矢《こうし》は日露戦争のときで、秋山真之の発案だとされています。

一方、海軍の「ニイタカヤマノボレ」に対して、陸軍の電文は「ヒノデハヤマガタ」でした。このポイントは、「ヤマガタ」が八日を示していることです。十二月上旬に戦闘が開始されることは決まっていましたが、詳細な日取りは未確定だったので、日付を地名に置き換える暗号にしていたのです。1から10までの数字を、それぞれ広島、福岡、宮崎、横浜、小倉、室蘭、名古屋、山形、久留米、東京と決めましたが、これも、ヒフミヨ……と数える数字に、地名の頭文字を当てていました。（半藤一利）

2

マレー電撃戦

マレー人《じん》にばけて

もしも、アメリカとイギリスを敵《てき》にまわして、戦争《せんそう》をしなければならないはめになった場合《ばあい》は、どんな手《て》を打《う》ったらよいだろう。

太平洋戦争《たいへいようせんそう》がはじまるまえ、大本営《だいほんえい》では、多《おお》くの参謀《さんぼう》たちが集《あつ》まって、この問《もん》題《だい》について研究《けんきゅう》に研究《けんきゅう》をかさねていた。

もしも、この作戦《さくせん》をあやまったら、日本《にほん》は、ほろびてしまうかもしれないのだ。だからそれはしんけんで、あんまり研究《けんきゅう》にうちこみすぎて、病気《びょうき》になる参謀《さんぼう》たちもでるくらい、必死《ひっし》に作戦《さくせん》はねられた。

そしてようやく、陸《りく》・海軍《かいぐん》の大《おお》きなほうしんが決《き》まった。

宣戦布告《せんせんふこく》と同時《どうじ》に、海軍《かいぐん》は、真珠湾《しんじゅわん》を奇襲《きしゅう》して、アメリカ太平洋艦隊《たいへいようかんたい》をたたきつぶす。同時《どうじ》に陸軍《りくぐん》は、アメリカ軍《ぐん》のいるフィリピンと、イギリス領《りょう》の香港《ホンコン》とマレー半島《はんとう》に進撃《しんげき》して、シンガポールをせめとり、さらに、ジャワ・スマトラ・ボルネオなどを占領《せんりょう》し、油田地帯《ゆでんちたい》を手《て》にいれる。

思《おも》いきっただいたんなこの大作戦《だいさくせん》の中《なか》で、陸軍《りくぐん》にとって、一番《ばん》むずかしいと思《おも》われたのは、シンガポールをせめとるという作戦《さくせん》である。

イギリスの東洋《とうよう》のこんきょ地《ち》シンガポール島《とう》は、面積《めんせき》は、たったの五百《ひやく》八十平方《へいほう》キロだが、全島《ぜんとう》が大要塞《だいようさい》で、しかも、その軍港《ぐんこう》セレターは、世界《せかい》でも指《ゆび》おりの大軍港《だいぐんこう》として、名高《なだか》いのだ。

この軍港《ぐんこう》は、イギリスがばくだいな費用《ひよう》をつかって、一九二三年《ねん》から十五年間《ねんかん》もかかってこしらえあげたもので、港《みなと》をとりまく岬《みさき》と、島《しま》じまには、砲台《ほうだい》がきずかれ、そこには、三八・一センチの巨砲《きよほう》が、でんとすえつけられてあった。港湾《こうわん》は、イギリスの主力艦隊《しゆりよくかんたい》を全部収容《ぜんぶしゆうよう》できる広《ひろ》さだ。それに、世界《せかい》一をほこる五万《まん》トンの浮《う》きドックがうかべてある。

いかなる大艦隊《だいかんたい》でも、海《うみ》の正面《しようめん》からせめようとすれば、港《みなと》に近《ちか》づくまえに、海底《かいてい》のもくずにされてしまうだろう。

とすれば、背面《はいめん》の陸地《りくち》から、せめるよりほかはない。幅《はば》一マイルのジョホール水道《すいどう》のがわだけは、わりあいに、そなえが手《て》うすになっている。

ところが、ジョホールからせめるためには、マレー半島《はんとう》をじゅうだんしなけれ

マレー攻略作戦図

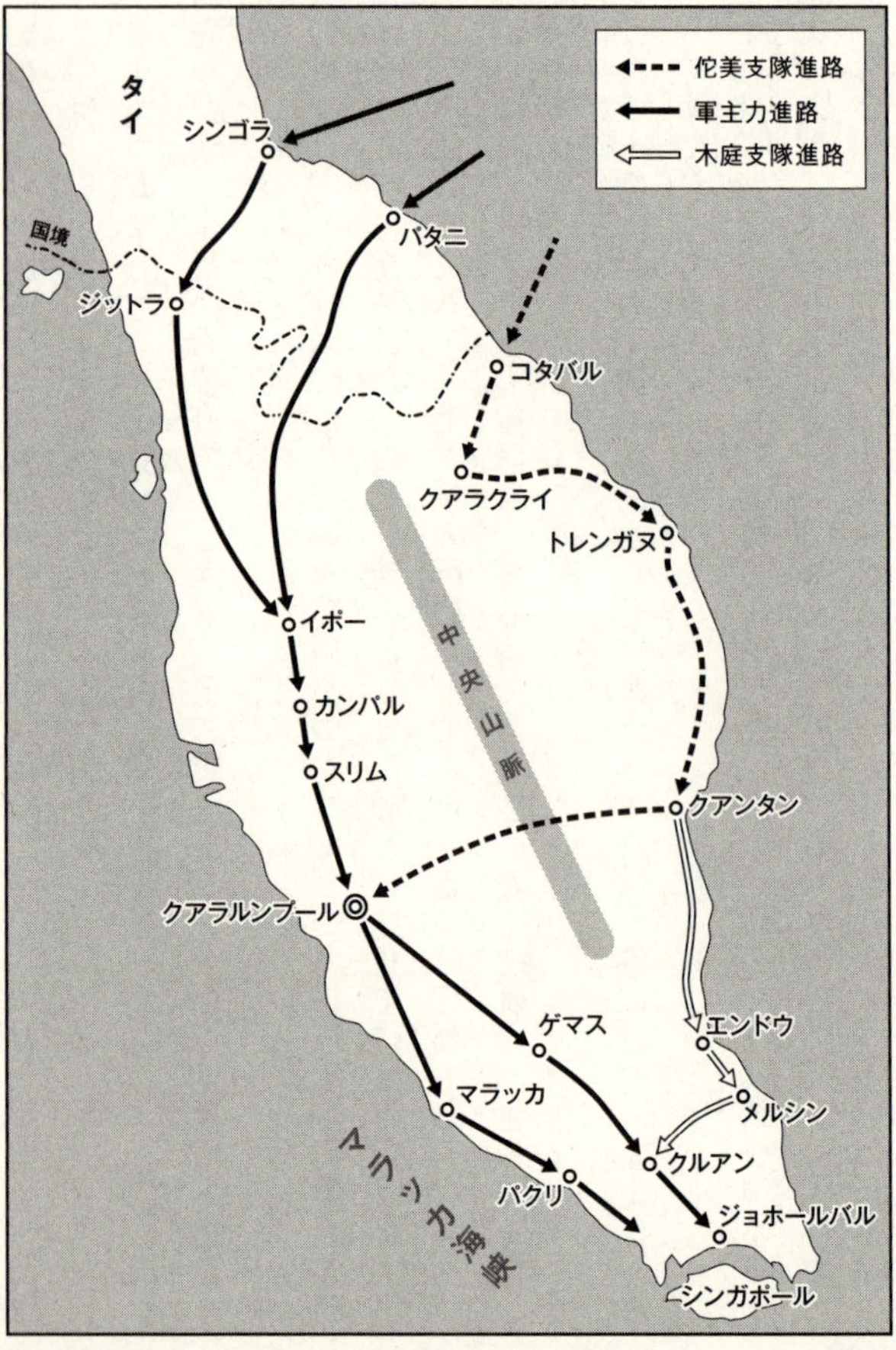
佗美支隊進路
軍主力進路
木庭支隊進路
タイ
シンゴラ
パタニ
国境
ジットラ
コタバル
クアラクライ
トレンガヌ
中央山脈
イポー
カンパル
スリム
クアンタン
クアラルンプール
ゲマス
エンドウ
メルシン
マラッカ
クルアン
パクリ
ジョホールバル
マラッカ海峡
シンガポール

ばならないわけだった。

イギリス軍《ぐん》が、後《うし》ろのそなえを手《て》うすにしているのは、半島《はんとう》のじゅうだんなど、どこの国《くに》の軍隊《ぐんたい》といえども、そうやすやすとは、できっこないと思《おも》っていたからである。

日本軍《にほんぐん》の作戦《さくせん》は、そのうらをかこうというのであった。

「それには、マレー半島《はんとう》のじっさいの地理《ちり》をよく知《し》らなければならんが、その調《ちょう》査《さ》をどうするか。」

大本営《だいほんえい》の参謀《さんぼう》たちは、まずそれを問題《もんだい》にした。

「自分《じぶん》が行《い》きましょう。」

「いや、わたしも行《い》かせてください。」

陸軍参謀部《りくぐんさんぼうぶ》のわかい参謀《さんぼう》たちが、われもわれもと、志願《しがん》を申《もう》し出《で》た。

何人《なんにん》かの軍事《ぐんじ》探偵《たんてい》が、シンガポールへと、つぎつぎに送《おく》りこまれて行《い》くことになった。貿易会社《ぼうえきがいしゃ》の社員《しゃいん》とか、領事館員《りょうじかんいん》などに、変《へん》そうしてである。

ところが、シンガポールのイギリスがわは、日本人《にほんじん》の行動《こうどう》に、いつもするどい目《め》を光《ひか》らせていた。

ジョホール水道《すいどう》をわたって、半島内《はんとうない》へもぐりこもうとする日本軍事探偵《にほんぐんじたんてい》は、スパイのうたがいで、つぎつぎと、とらえられてしまうのだ。

そうした報告《ほうこく》の暗号電報《あんごうでんぽう》を、受《う》け取《と》る大本営《だいほんえい》の作戦課《さくせんか》の表情《ひょうじょう》はくらかった。

「ああ、だれか成功《せいこう》してくれないか。さもないと、開戦《かいせん》までに作戦《さくせん》のたてようがないではないか。」

いらいらしているときであった。また、暗号電報《あんごうでんぽう》が、シンガポールの日本領事館《にほんりょうじかん》からはいった。

「国武少佐《くにたけしょうさ》が、もう十日《とおか》も前《まえ》から行《ゆ》くえ不明《ふめい》だそうです。」

「えっ、あの国武《くにたけ》がか……。」

国武輝人少佐《くにたけてるひとしょうさ》は、外務省書記官《がいむしょうしょきかん》に身分《みぶん》を変《か》えて、シンガポールにわたって行《い》った軍事探偵《ぐんじたんてい》のひとりであった。

落《お》ち着《つ》いて、しかも勇気《ゆうき》のある、頭《あたま》のよくきれる参謀《さんぼう》なのであった。

「ああ、国武《くにたけ》もやっぱりイギリスがわにつかまったのか。」

ほうっと、ため息《いき》がもれた。

国武《くにたけ》なら、成功《せいこう》してくれるかもしれないと、希望《きぼう》をかけていただけに、みんなは、がっかりしてしまったのである。

ところが、そのころ、国武少佐《くにたけしょうさ》は、マレー人《じん》の服《ふく》そうに変《か》えて、イギリス軍《ぐん》の目《め》をごまかして、まんまと、ジョホール水道《すいどう》をこえ、マレー半島《はんとう》にはいりこんでいたのであった。

マレー半島《はんとう》の南端《なんたん》は、ジョホールバルだ。そこから、北方《ほっぽう》のタイ国境《こっきょう》をめざして、ただひとりで、道路《どうろ》と河《かわ》と山《やま》やまの地《ち》形《けい》を、実地《じっち》に歩《ある》いて調査《ちょうさ》しながら、冒険旅行《ぼうけんりょこう》をつづけていったのである。

このにせマレー人《じん》の少佐《しょうさ》は、何度《なんど》かとちゅうであやしまれては、とっつかまりそうになった。が、そのたびに、いつも少佐《しょうさ》がにげこんだのは、密林《みつりん》の中《なか》だ。

マレーの密林《みつりん》の特色《とくしょく》は、ヘビのように大木《たいぼく》にからみつく、てんめん性植物《せいしょくぶつ》の多《おお》いことである。ことにフジが多《おお》い。それから、ランと羊歯類《ようしるい》がしげっている。

そしてそこは、トラ・サイ・ダイジャ・バク・ヤギュウ・ノブタ・サルといった動物《どうぶつ》たちの住《す》み家《か》なのであった。だから、密林《みつりん》のおくふかくにげこめば、追《お》っ手《て》は、おそれをなして、ふか追《お》いしてこなかった。

少佐《しょうさ》はまた、たびたび、ワニの住《す》む河《かわ》を泳《およ》いでわたらなければならなかった。

いくつかの橋《はし》には、検問所《けんもんじょ》がもうけられてあって、通行人《つうこうにん》の取《と》り調《しら》べをおこなっていたからである。

マレーの河《かわ》の水《みず》は、ほとんどにごっていて、河口《かこう》に近《ちか》い所《ところ》は、水辺《すいへん》にマングローブがおいしげり、ワニのかっこうの、かくれ場所《ばしょ》になっているのだ。そんな所《ところ》を、少佐《しょうさ》は泳《およ》いでわたったのであった。

けがをしたり、熱病《ねつびょう》にかかったり、それは冒険《ぼうけん》とスリルにみちた、つらい苦《くる》しい長《なが》い旅《たび》であった。が、とうとう少佐《しょうさ》はがんばりぬいた。

そして、はじめて、マレー半島内部《はんとうないぶ》の実状《じつじょう》を、くわしく正《ただ》しく、大本営《だいほんえい》につたえたのである。

道《みち》は一千百《せんひやく》十キロ

大本営陸軍参謀部《だいほんえいりくぐんさんぼうぶ》が、まずおどろいたのは、地図《ちず》の上《うえ》では大陸《たいりく》からちょっぴりつきでた、ほそながい半島《はんとう》にしか見《み》えないマレー半島《はんとう》が、じっさいには、東京《とうきょう》から下関《しものせき》までよりも、まだ遠《とお》いきょりがあるということだった。

上陸予定地《じょうりくよていち》の一つに決《き》めている、マレー半島東北端《はんとうとうほくたん》のコタバルからシンガポールまでは、じつに、千百《せんひゃく》キロという道《みち》のりなのであった。しかも、これをつなぐ道路《どうろ》は、たった一本《ぽん》きりで、その両《りょう》がわは、ゴム林《りん》と密林《みつりん》だというのだ。

地図《ちず》では、マレーの河川《かせん》は、東海岸《ひがしかいがん》では、北《きた》から南《みなみ》へ、ケランタン河《がわ》・トレンガヌ河《がわ》・パハン河《がわ》・クアンタン河《がわ》・エンドウ河《がわ》。西海岸《にしかいがん》では、ケダ河《がわ》・ペラ河《がわ》・セランゴール河《がわ》・クラン河《がわ》と計《けい》九つほどしか、書《か》きこまれていないが、じっさいには、大小《だいしょう》の川《かわ》の数《かず》は、二百《ひゃく》五十二もあるというのである。だから、マレー半《はん》島《とう》をじゅうだんするためには、それらの河川《かせん》にかかっている二百《ひゃく》五十二の橋《はし》をわたらなければならないわけだ。

ところが、その橋《はし》の一つ一つに、イギリス軍《ぐん》は万《まん》一の場合《ばあい》にそなえて、爆破装《ばくはそう》置《ち》をほどこしているのであった。

「なるほどなあ。これでは、ジョホール水道《すいどう》がわの防備《ぼうび》は、手《て》うすにしていて、安心《あんしん》なわけだ。」

参謀部長《さんぼうぶちょう》は、ほうっとため息《いき》をついた。

マレー半島《はんとう》をじゅうだんする作戦《さくせん》が、どんなに困難《こんなん》なことかがわかったのである。けれども、いかに困難《こんなん》であっても、やっぱり、シンガポールをせめ取《と》るためには、マレー半島《はんとう》をじゅうだんするよりほかはないのである。

このむずかしい作戦《さくせん》を、成功《せいこう》にみちびくものは、いさましい名将《めいしょう》と、りこうな参謀《さんぼう》と、そして、勇《ゆう》かんな兵士《へいし》とが、一心《しん》一体《たい》となってこそ、はじめてできる。

いさましく強《つよ》く、そして、人望《じんぼう》のある名将《めいしょう》として、この人《ひと》よりほかにはないと、大本営《だいほんえい》が思《おも》ったのは、山下奉文中将《やましたともゆきちゅうじょう》であった。

山下中将《やましたちゅうじょう》を司令官《しれいかん》にいただき、参謀《さんぼう》には鈴木宗作中将《すずきそうさくちゅうじょう》をすえる。その下《した》に池谷《いけたに》参謀《さんぼう》・辻政信参謀《つじまさのぶさんぼう》・国武輝人参謀《くにたけてるひとさんぼう》たちが集《あつ》められたのであった。

そして、山下軍団《やましたぐんだん》の兵力《へいりょく》は、近衛《このえ》・第五《だい》・第十八《だい》師団《しだん》の三個《こ》師団《しだん》で編成《へんせい》されて、第二十五軍《だいぐん》と命名《めいめい》されたのである。

戦争《せんそう》をくいとめようとする、外交《がいこう》こうしょうは、日本《にほん》とアメリカとのあいだで、ずうっと熱心《ねっしん》につづけられていたのであったが、昭和《しょうわ》十六年《ねん》（一九四一年《ねん》）夏《なつ》のころから、両国《りょうこく》のあいだがらは、目《め》にみえて悪《わる》くなっていくようであった。

そのころ、日本《にほん》は、不幸《ふこう》にして戦争《せんそう》になった場合《ばあい》のことを考《かんが》えに入《い》れて、ひそかに、その準備《じゅんび》をすすめていた。

開戦《かいせん》に先《さき》だつ五か月前《げつまえ》、第《だい》二十五軍《ぐん》は、熱帯《ねったい》の気候《きこう》と風土《ふうど》になれておくために、こっそりと海南島《かいなんとう》にわたって、そこで日夜《にちや》、訓練《くんれん》にはげんでいた。なかでも、架橋隊《かきょうたい》（橋《はし》をかける工兵隊《こうへいたい》。）の訓練《くんれん》は、はげしかった。

まんいち戦争《せんそう》になれば、マレーのイギリス軍《ぐん》は日本軍《にほんぐん》の進撃《しんげき》をくいとめるために、二百《ひゃく》五十二の橋《はし》を、かたっぱしからこわすにちがいないのである。

歩兵《ほへい》は、川《かわ》を泳《およ》いで行《い》ってもわたれるが、大砲《たいほう》や戦車《せんしゃ》やその他《た》の車輌部隊《しゃりょうぶたい》は、立往生《たちおうじょう》することになる。一刻《こく》も早《はや》く、爆破《ばくは》された橋《はし》をかけなくては、歩兵《ほへい》だけでは、戦争《せんそう》に負《ま》けてしまう。

木材《もくざい》は、さいわい密林《みつりん》にいくらでもある。そこから、切《き》り出《だ》せばよい。問題《もんだい》は、いかにして早《はや》くかけるかだ。

のこぎりと、おのと、かすがいと、五寸《すん》くぎとワイヤー。それだけの道具《どうぐ》を、どのようにたくみに早《はや》くつかうかが、訓練《くんれん》の目的《もくてき》なのだった。

くる日《ひ》もくる夜《よ》も、工兵隊《こうへいたい》が架橋訓練《かきょうくんれん》にあせをふりしぼっている一方《ぽう》では、あとにマレー電撃戦《でんげきせん》の花形《はながた》となった銀輪部隊《ぎんりんぶたい》が、猛訓練《もうくんれん》にいそしんでいた。

銀輪部隊《ぎんりんぶたい》というのは、日本《にほん》の陸軍《りくぐん》では、はじめてのこころみの自転車隊《じてんしゃたい》のことである。

この部隊《ぶたい》の目的《もくてき》は、快足《かいそく》にものをいわせることにあった。それから、どんなほそい道《みち》でも、かけぬけることができることだ。

斥候《せっこう》にも、もってこいだし、敵陣《てきじん》に不意《ふい》打ちをかけるにもつごうがよい。道《みち》なき山《やま》や密林《みつりん》を、こえなくてはならない場合《ばあい》は、解体《かいたい》してかついで行《い》けるようにしてあるから、便利《べんり》である。

この部隊《ぶたい》は、自転車《じてんしゃ》も軍服《ぐんぷく》も緑色《みどりいろ》だった。これは保護色《ほごしょく》である。

そのほか、砲兵《ほうへい》・戦車《せんしゃ》などの訓練《くんれん》も、きびしくおこなわれていた。

そうした諸兵《しょへい》の訓練《くんれん》の総《そう》しあげとして、大《おお》がかりな演習《えんしゅう》が実戦《じっせん》にもとづいておこなわれたのは、十一月《がつ》のはじめであった。

「海南島《かいなんとう》の周辺《しゅうへん》は、約《やく》一千《せん》キロであります。それは、コタバルからシンガポールまでと、ほぼ同《おな》じです。」

と、演習《えんしゅう》に先《さき》だって、各部隊長《かくぶたいちょう》が集《あつ》まった席上《せきじょう》、辻作戦主任参謀《つじさくせんしゅにんさんぼう》は説明《せつめい》した。

「暑熱《しょねつ》も、マレー半島《はんとう》のそれとあまり変《か》わらないし、この島《しま》にも密林《みつりん》はあるし、川《かわ》もいくつかあります。ですから、実戦場《じっせんじょう》とやや同《おな》じ条件《じょうけん》のもとに、演習《えんしゅう》ができるわけです。そのつもりで、実戦的《じっせんてき》な演習《えんしゅう》をしていただきたい。」

その実戦演習《じっせんえんしゅう》のはじまるすこしまえ、軍《ぐん》からたのまれた中央気象台長《ちゅうおうきしょうだいちょう》の藤原咲《ふじわらさく》平博士《へいはくし》が、上陸予定地《じょうりくよていち》マレー東海岸《ひがしかいがん》の気象《きしょう》じょうきょうの調査《ちょうさ》のために、海南島《かいなんとう》にわたっていた。

いっぽう、台湾気象台長西村博士《たいわんきしょうだいちょうにしむらはくし》の一行《こう》は、もう三か月《げつ》も前《まえ》から、現地《げんち》の気候《きこう》と天候《てんこう》の統計《とうけい》をとっていたのである。

第《だい》二十五軍《ぐん》が、上陸《じょうりく》するはずの地点《ちてん》は、東海岸《ひがしかいがん》の三か所《しょ》であった。

タイ領《りょう》のシンゴラとパタニ、それからマレー領東北部《りょうとうほくぶ》のコタバルである。

タイ領《りょう》のシンゴラとパタニには、イギリス軍《ぐん》はいないが、コタバルには、イギリス軍《ぐん》は陣地《じんち》をかためて、守《まも》りについているにちがいないのである。だから、コタバルだけは、敵前上陸《てきぜんじょうりく》ということになる。

ふつう、敵前上陸《てきぜんじょうりく》の方法《ほうほう》としては、前《まえ》もって、艦砲射撃《かんぽうしゃげき》や航空機《こうくうき》による爆撃《ばくげき》をおこない、敵《てき》の軍事施設《ぐんじしせつ》をたたきつぶしておいてから、つぎに上陸用舟艇《じょうりくようしゅうてい》で、のりつけるという順序《じゅんじょ》である。

が、山下中将《やましたちゅうじょう》は、その方法《ほうほう》をとらなかった。

「奇襲上陸《きしゅうじょうりく》だ。不意《ふい》をついて、敵《てき》にふせぐひまをあたえず、一気《き》にシンガポールにせまるほうがよい。」

いかにも山下中将《やましたちゅうじょう》らしい、だいたんな戦法《せんぽう》であった。

一発《ぱつ》の砲撃《ほうげき》もおこなわず、一発《ぱつ》の爆弾《ばくだん》もあびせず、そっとしのびよって、わあっと一気《き》に上陸《じょうりく》しようというのである。

「参謀長《さんぼうちょう》。コタバル奇襲上陸《きしゅうじょうりく》は、佗美《たくみ》旅団《りょだん》に命《めい》じよう。佗美《たくみ》なら、きっと成功《せいこう》してくれるだろう。」

山下中将《やましたちゅうじょう》が、そう指名《しめい》した佗美浩少将《たくみひろししょうしょう》のひきいているのは、九州男児《きゅうしゅうだんじ》ばかりで編成《へんせい》された、五千名《せんめい》の一個旅団《こりょだん》であった。

台湾気象台長西村博士《たいわんきしょうだいちょうにしむらはくし》から、気象統計《きしょうとうけい》の報告書《ほうこくしょ》が第《だい》二十五軍司令部《ぐんしれいぶ》にとどいた。

それによると、マレー東海岸《ひがしかいがん》は、十二月上旬《がつじょうじゅん》から、翌年《よくねん》四月《がつ》までは、北東季《ほくとうき》節風期《せつふうき》にはいり、毎日《まいにち》、強風《きょうふう》がふき、海《うみ》はしけて、波《なみ》の高《たか》さは、二メートルをこえるであろうという。

つづいて、藤原咲平博士班《ふじわらさくへいはくしはん》の天気予想表《てんきよそうひょう》もできあがった。それによると、開戦《かいせん》予定日前後《よていびぜんご》のマレー東海岸《ひがしかいがん》の天気《てんき》は、こんなぐあいであった。

十二月六日《がつむいか》　晴《はれ》で微風《びふう》。
十二月七日《がつなのか》　雲多《くもおお》く、風《かぜ》やや強《つよ》まる。
十二月八日《がつようか》　雲《くもり》、小雨《こさめ》あり。
十二月九日《がつここのか》　雲《くもり》、雨《あめ》。この日《ひ》より天候《てんこう》しだいにくだり坂《ざか》、風強《かぜつよ》まる。

これでみると、十二月八日《がつようか》という日《ひ》は、季節風期《きせつふうき》にはいるぎりぎりの最後《さいご》の日《ひ》ということになる。この日《ひ》をむざむざにがしたら、来年《らいねん》の四月《がつ》までは、風《かぜ》と波《なみ》にさまたげられて、上陸《じょうりく》はできないというわけだ。

第《だい》二十五軍《ぐん》の船団護衛《せんだんごえい》にあたる小沢治三郎《おざわじさぶろう》海軍中将《かいぐんちゅうじょう》のひきいる南遣艦隊《なんけんかんたい》が、海南島沖《かいなんとうおき》にすがたをあらわしたのは、十二月二日《がつふつか》であった。それは、山本連合艦隊《やまもとれんごうかんたい》司令長官《しれいちょうかん》が、太平洋上《たいへいようじょう》の南雲艦隊《なぐもかんたい》に、「ニイタカヤマノボレ。」の電報《でんぽう》を送《おく》った日《ひ》にあたる。

波高《なみたか》しマレー海岸《かいがん》

ときに、昭和《しょうわ》十六年《ねん》（一九四一年《ねん》）十二月四日《がつよっか》、午前《ごぜん》六時《じ》三十分《ぷん》。

海南島三亜港《かいなんとうさんあこう》の、朝《あさ》なぎのコバルト色《いろ》の波《なみ》をけたてて、第《だい》二十五軍《ぐん》の大船団《だいせんだん》は、世紀《せいき》の大作戦《だいさくせん》にのりだそうと、いまなつかしい海南島《かいなんとう》をあとにするのだった。

船上《せんじょう》の兵士《へいし》の顔《かお》は、大作戦《だいさくせん》を前《まえ》にして、ひきしまっていた。もしも、マレーに行《い》きつかないうちに、イギリス軍《ぐん》にさとられることになったら、五万《まん》の将兵《しょうへい》ののる船団《せんだん》は、たたかう方法《ほうほう》もなく、イギリス空軍《くうぐん》の爆撃《ばくげき》にさらされて、海《うみ》のもくずにされてしまうであろう。

真珠湾《しんじゅわん》に向《む》かった南雲艦隊《なぐもかんたい》と、思《おも》いは同《おな》じだ。

（どうか、とちゅうで、イギリスの船《ふね》や、飛行機《ひこうき》に出《で》くわすことのないように……。）

四日《よっか》がくれた。五日《いつか》の朝《あさ》をむかえる。その日《ひ》もぶじにくれた。あしたも、きょうのようであってくれとねがいながら、六日《むいか》の朝《あさ》をむかえた。その日《ひ》の午後《ごご》三時《じ》ごろだ。

船団《せんだん》は、そのとき仏印南端《ふついんなんたん》のカモウ岬《みさき》の沖合《おきあい》を、マレー半島《はんとう》に向《む》かって、航行《こうこう》していたのである。

「あっ。前方上空《ぜんぽうじょうくう》に、英軍機《えいぐんき》一機《き》。」

敵空監視哨《てきくうかんししょう》が、さけんだのだ。

「な、なにい、英軍機《えいぐんき》だと。」

報告《ほうこく》をきくなり、参謀《さんぼう》たちは、ばらばらっとかんぱんにとびだして行《い》った。

それは、もっともおそれていた悪《わる》い知《し》らせだ。参謀《さんぼう》たちの顔色《かおいろ》の変《か》わったのも、無理《むり》はなかった。

ふるえる手《て》で、双眼鏡《そうがんきょう》を目《め》にあてると、遠《とお》く広《ひろ》びろとした積雲《せきうん》の上空《じょうくう》に飛行機《ひこうき》がみえる。一機《き》だが、つばさにまぎれもなく、イギリス空軍《くうぐん》のマークをつけている。大型《おおがた》の哨戒機《しょうかいき》であった。

哨戒機《しょうかいき》は、じいっと船団《せんだん》の進《すす》む方向《ほうこう》を見《み》さだめているらしく、ゆっくりと上空《じょうくう》を旋回《せんかい》している。

「しまった。」

おそらくもう、哨戒機《しょうかいき》の無電《むでん》は、シンガポールへ第《だい》一信《しん》を発《はっ》しているにちがいなかった。

われ　日本軍《にほんぐん》の大船団《だいせんだん》を発見《はっけん》せり……。

山下奉文《やましたともゆき》と鈴木参謀長《すずきさんぼうちょう》だけが、落《お》ち着《つ》いていた。

こうした場合《ばあい》のことを、中将《ちゅうじょう》と参謀長《さんぼうちょう》は、計算《けいさん》にいれて、作戦《さくせん》を用意《ようい》していたのである。

命令一下《めいれいいっか》。全船団《ぜんせんだん》は、いっせいに方向《ほうこう》を北北西《ほくほくせい》に変《か》えた。こうすれば、船団《せんだん》は、タイ国《こく》のバンコックをめざすことになるのだった。

おりから、スコールがおそってきたが、なおしばらくのあいだは、哨戒機《しょうかいき》は船団上空《せんだんじょうくう》をとんでいた。が、おそらく、

日本軍《にほんぐん》の大船団《だいせんだん》は「バンコック」に向《む》けて、進《すす》みつつあり。

という第二信《だいにしん》を、シンガポールに打《う》ったのであろう。任務《にんむ》は終《お》わったとみえて、積雲《せきうん》のかなたに、すがたを消《け》して行《い》ったのだった。

(ああ、よかった。が、まだまだ油断《ゆだん》はできない。)

船団《せんだん》は、タイランド湾《わん》を、バンコックへと航路《こうろ》をとったまま、あくる七日《なのか》の正午《しょうご》まで進《すす》んだのであった。

もう、ここまでくればだいじょうぶだ。正午《しょうご》、船団《せんだん》は三つに別《わか》れると、いっせいに、南南西《なんなんせい》にと方向《ほうこう》を切《き》り変《か》えた。

「さあ、いそげ。」

三つの船団《せんだん》は、上陸地《じょうりくち》のシンゴラと、パタニと、コタバルに、それぞれへさきを向《む》けると、全速力《ぜんそくりょく》で進撃《しんげき》を開始《かいし》した。

季節風期《きせつふうき》にはいろうとする、マレー東海岸《ひがしかいがん》一たいには、十五メートルの強風《きょうふう》が、ふきあれていた。波《なみ》は、三角波《かくなみ》となり白《しろ》い歯《は》をむきだしにして、ドドドドーンとはげしく、船腹《せんぷく》をたたきつけてくる。

七日《なのか》の夜《よる》、三つの船団《せんだん》は、それぞれの上陸地《じょうりくち》の沖合《おきあい》に、しのびよった。

パタニの燈台《とうだい》の火《ひ》が、あら海《うみ》をてらしている。シンゴラの部落《ぶらく》に、火《ひ》がちらちらまたたいている。そして、コタバルのイギリス軍兵舎《ぐんへいしゃ》の火《ひ》もみえる。

コタバル沖《おき》の船団《せんだん》は、一万《まん》トン級《きゅう》の綾戸丸《あやとまる》と佐倉丸《さくらまる》、それから、淡路山丸《あわじさんまる》であった。

佗美旅団長《たくみりょだんちょう》は、淡路山丸《あわじさんまる》にのっていた。

「波《なみ》があらいが、上陸用舟艇《じょうりくようしゅうてい》はだいじょうぶかな。」

波《なみ》の高《たか》さ、現在《げんざい》二メートルという報告《ほうこく》を受《う》けて、佗美旅団長《たくみりょだんちょう》は、みずからかんぱんに出《で》た。海面《かいめん》をながめて、参謀《さんぼう》をふり返《かえ》った。

「はい。よほど気《き》をつけなければ、波《なみ》にのまれるおそれがあります。それに、波《なみ》がはげしく上下《じょうげ》していますから、うまくのりうつらないと……。」

佗美旅団長《たくみりょだんちょう》は、うでどけいを見《み》る。こくこくと、太平洋戦争《たいへいようせんそう》にとつにゅうする時刻《じこく》がせまっている。

みあげれば、南海《なんかい》の夜空《よぞら》は、うつくしく晴《は》れわたり、東方海面《とうほうかいめん》から、今《いま》にも楕円形《だえんけい》の月《つき》がさしのぼろうとして、あたりの空《そら》を、ぼうっと明《あか》るくしているのだった。

あれくるう波《なみ》とたたかいながら、船舶工兵《せんぱくこうへい》の必死《ひっし》のはたらきで、舟艇《しゅうてい》はつぎつぎとおろされていき、将兵《しょうへい》の乗《の》りこみがはじまる。

兵士《へいし》は、救命具《きゅうめいぐ》をつけ、五日分《いつかぶん》の食糧《しょくりょう》をせおい、そして、銃《じゅう》をもっているのだ。その目方《めかた》は、およそ四十キロに近《ちか》い重《おも》さだ。

強風《きょうふう》にあおられる、なわばしごをふみはずして、あっというさけびをのこして、海中《かいちゅう》に落《お》ちる兵《へい》がいる。舟艇《しゅうてい》は、大《おお》ゆれにゆれつづけている。

いつのまにか、晴《は》れていた空《そら》に、うすずみ色《いろ》の雲《くも》が走《はし》り、シャアーッと、スコールがおそいかかってきた。

うでどけいに、じいっと目《め》をあてていた佗美旅団長《たくみりょだんちょう》のかた手《て》がさっとあがった。

とけいのはりは、一時《じ》をさしていた。すなわち十二月八日《がつようか》午前《ごぜん》一時《じ》であった。

淡路山丸《あわじさんまる》のマストに、ぽっと青い火《あおひ》がともった。

全軍突撃《ぜんぐんとつげき》せよ。

の青信号《あおしんごう》だ。

「そら、突撃《とつげき》だ。」

「さあ、行《い》こうぜ。」

船舶兵《せんぱくへい》は、人間《にんげん》にでもいうように舟艇《しゅうてい》にいって、エンジンレバーを引《ひ》く。

ふきすさぶ風《かぜ》の音《おと》と、たけりくるう波《なみ》の音《おと》をおさえて、全舟艇《ぜんしゅうてい》のエンジンがゴオー、ゴオーとうなりだし、海岸《かいがん》めざして、まっしぐらの進撃《しんげき》がはじまった。

かんぱんに立《た》って、舟艇《しゅうてい》を見送《みおく》っている侘美旅団長《たくみりょだんちょう》の視界《しかい》から、舟艇《しゅうてい》のすがたが消《き》え去《さ》ると、あとはただすさまじい風《かぜ》と波《なみ》の音《おと》ばかり、このとき、スコールは遠《とお》くに去《さ》っていき、ふたたび、かすんだ月《つき》があらわれて、海《うみ》をにぶく光《ひか》らせはじめた。

あなをほって進《すす》め

佗美旅団長《たくみりよだんちょう》は、またたきをわすれたまなざしを、海岸《かいがん》のやみにじっと向《む》けている。何《なに》かを一心《しん》にいのっている表情《ひょうじょう》だった。舟艇《しゅうてい》がやみにのまれてから、もう、十分《ぷん》たった。十五分《ふん》たった。

（まだか。まだ、上陸《じょうりく》はできないのか……。）

沖《おき》でも、このようなあら波《なみ》である。海岸《かいがん》の近《ちか》くは、どのようであろう。二十分《ぷん》たった。二十五分《ふん》……。

と、とつぜん、海岸《かいがん》のやみの中《なか》に、ぱっぱっぱっ……と、ほとばしるように、赤《あか》い火《ひ》がひらめいたかと思《おも》うと。

タッ、タッ、タッ、タタ……、ダ、ダ、ダ……。

すさまじい銃声《じゅうせい》だった。海岸線《かいがんせん》のイギリス軍陣地《ぐんじんち》から、うちだされる小銃《しょうじゅう》と、機関銃《きかんじゅう》の音《おと》である。

「おお。」

はっとしたそのときだ。暗黒《あんこく》の空《そら》に高《たか》だかと、ぱあーっとともったのは、赤吊《あかつり》星《ぼし》であった。

われ、上陸《じょうりく》に成功《せいこう》す。

の赤信号弾《あかしんごうだん》があがったのだ。

「ばんざい……。」

「第一回上陸部隊《だいかいじょうりくぶたい》は、あがったぞ。」

船上《せんじょう》の将兵《しょうへい》たちが、思《おも》わずおどりあがって、よろこびの声《こえ》をあげる。が、しかしイギリス軍《ぐん》の銃声《じゅうせい》は、いよいよ、はげしさをくわえているのだ。じつにものすごい音《おと》だ。

「第二回上陸部隊《だいかいじょうりくぶたい》。移乗開始《いじょうかいし》。」

佗美旅団長《たくみりょだんちょう》は、そう命《めい》じると、みずからまっさきに、なわばしごをつたい、舟《しゅう》艇《てい》へとのりうつった。

(早《はや》く、一刻《こく》も早《はや》く海岸《かいがん》にたどりついて、第《だい》一回部隊《かいぶたい》を助《たす》けなければならぬ。)

イギリス軍陣地《ぐんじんち》から、うち出《だ》されている銃砲声《じゅうほうせい》の、あのすさまじさは、きっと

第《だい》一回部隊《かいぶたい》を、波《なみ》うちぎわにくぎづけにして、苦《くる》しめているにちがいない。

「さあ、早《はや》くのれ、早《はや》くのりうつれ。」

そのときであった。

「空襲《くうしゅう》！」

「上空《じょうくう》に敵機《てきき》多数《たすう》！」

けたたましい、そのさけびをおさえつけて、ぐうーっとせまる爆音《ばくおん》。コタバル飛行場《ひこうじょう》をとびたってきた、イギリス空軍《くうぐん》の一隊《たい》であった。

バリ、バリ、バリ、バリ……と、銃撃《じゅうげき》をくわえては、ひらりとひるがえり、ふたたびまた、おそいかかってくる。

「舟艇《しゅうてい》は発進《はっしん》せよ。いそぎ発進《はっしん》せよ！」

ダダアーン、ダダアーン。

爆弾投下《ばくだんとうか》だった。海面《かいめん》にサアーッとふとい水柱《みずばしら》がわきあがる。

第《だい》二回上陸部隊《かいじょうりくぶたい》の舟艇《しゅうてい》は、あれくるう波《なみ》にいどみながら、必死《ひっし》に海岸《かいがん》へと向《む》かっていく。

「ああ、淡路山丸《あわじさんまる》が！」

というさけびに、佗美旅団長《たくみりよだんちよう》がふりかえると、おお、爆弾《ばくだん》が命中《めいちゆう》したのか、淡路《あわじ》山丸《さんまる》は、まっかなほのおに包《つつ》まれているではないか。

だが、淡路《あわじ》山丸《さんまる》の高角砲《こうかくほう》は、そのほのおの中《なか》にがんばって、さかんに応戦《おうせん》している。しかし、みるみるかんぱんは、一面《めん》の火《ひ》の海《うみ》になっていくようだ。そして、しだいにかたむいていく。

佐倉丸《さくらまる》と綾戸丸《あやとまる》は、どうなっているだろう。遠《とお》い海面《かいめん》に、黒《くろ》いすがたがぼんやり見《み》える。イギリスの空軍機《くうぐんき》は、その上空《じようくう》にもおそいかかっている。

あたりの海《うみ》が、にわかに明《あか》るくなり、波《なみ》がまっかにそまった。淡路《あわじ》山丸《さんまる》の最期《さいご》であった。船舶兵《せんぱくへい》や乗組員《のりくみいん》たちが、ボートにのりうつって、本船《ほんせん》からはなれて行《い》くのが見《み》える。

と、淡路《あわじ》山丸《さんまる》が、船首《せんしゆ》から海中《かいちゆう》にしずみはじめたときだ。

ボートから、「君《きみ》が代《よ》」がうたいだされ、それはしだいに大《おお》きな合唱《がつしよう》になっていくのであった。

コタバル海岸《かいがん》は、ずうっと砂《すな》はまであった。イギリス軍《ぐん》は波《なみ》うちぎわから五十メートルの所《ところ》に、第《だい》一線《せん》の鉄条網《てつじようもう》をはりめぐらせていた。その後《うし》ろ三十メートルの所《ところ》には、第《だい》二線《せん》として、がんじょうな屋根型鉄条網《やねがたてつじょうもう》をもうけ、そして、その後《こう》方《ほう》のヤシ林《ばやし》に、ずらりとトーチカ陣地《じんち》をきずいていたのである。

コタバル上陸部隊《じょうりくぶたい》の先陣《せんじん》は、那須連隊《なすれんたい》であった。さかまく波《なみ》におどりこみ、ずぶぬれとなって、たどりつく水《みず》ぎわに、トーチカの機関銃《きかんじゅう》の銃口《じゅうこう》は、ぴたりとつけられていたのである。

バタ、バタ……と、なぎたおされる。

「とまるなっ。進《すす》め。ここにとまっていてはぜんめつだぞ。」

砂《すな》に足《あし》をとられながら、かけて行《い》くと、第《だい》一線鉄条網《せんてつじょうもう》だ。決死《けっし》の鉄条網破壊班《てつじょうもうはかいはん》が、これを切《き》りひらく、と、次《つぎ》は、屋根型《やねがた》の鉄条網《てつじょうもう》だった。左右《さゆう》と正面《しょうめん》のトーチカが、ごうぜんと火《ひ》をはき、夕立《ゆうだち》のように、機銃弾《きじゅうだん》がふりそそぐ、からだをかくす所《ところ》のない砂上《さじょう》である。

「中隊長《ちゆうたいちょう》どの、戦死《せんし》。」

「小隊長《しょうたいちょう》どの、負傷《ふしょう》。」

の悲壮《ひそう》な声《こえ》がきこえる。

「あなをほれい。あなをほれい。」

鉄《てっ》かぶとが、シャベルのかわりだった。砂《すな》をほり、からだをうめながら、じりじり、じりじりと、すこしずつ進《すす》んでいく。そして、鉄条網《てつじょうもう》をこわしにかかるのだった。

イギリス機《き》は、砂《すな》はまの上空《じょうくう》にもあらわれた。あなをほって進《すす》む兵士《へいし》の上《うえ》に、銃撃《じゅうげき》をバリ、バリ、バリと、くわえるのである。

このままでは、ぜんめつよりほかはない。そのとき、第《だい》二回上陸部隊《かいじょうりくぶたい》があがってきたのであった。

佗美旅団長《たくみりょだんちょう》は剣《けん》をぬいて、全軍《ぜんぐん》に命令《めいれい》をくだした。

「突撃《とつげき》！　突撃《とつげき》！」

もはや、日本軍《にほんぐん》とくいの銃剣突撃《じゅうけんとつげき》よりほかには、方法《ほうほう》はないと思《おも》ったのである。

「つっこめい！」

佗美旅団長《たくみりょだんちょう》は、みずから部隊《ぶたい》の先頭《せんとう》にたった。

「うわーっ。」

「うわーっ。」

いっせいに、あがったときの声《こえ》は、イギリス軍陣地《ぐんじんち》をおびやかした。戦友《せんゆう》のかばねをとびこえ、傷兵《しょうへい》のからだをのりこえて、そうぜつな突撃《とつげき》が開始《かいし》された。それはイギリス軍《ぐん》のきもをひやした。トーチカの守《まも》りをすてて、ばらばらにげはじめるのだった。

侘美支隊《たくみしたい》は、コタバル上陸《じょうりく》に成功《せいこう》せり。これより敗敵《はいてき》を追《お》い、コタバル市《し》街《がい》および、コタバル飛行場占領《ひこうじょうせんりょう》のため前進《ぜんしん》す。

その夜明《よあ》け、たどりついたヤシ林《ばやし》から、侘美旅団長《たくみりょだんちょう》は、そのような報告文《ほうこくぶん》を、山下軍司令官《やましたぐんしれいかん》に発信《はっしん》した。

鉄《てつ》ぺきのジットラ陣地《じんち》

山下軍司令官《やましたぐんしれいかん》と第《だい》二十五軍《ぐん》の主力《しゅりょく》は、シンゴラとパタニに無血上陸《むけつじょうりく》した。だが、風速《ふうそく》二〇メートル、波《なみ》の高《たか》さ、二・五メートルという、あらしの中《なか》での上陸《じょうりく》は、たやすくなかった。

この主力《しゅりょく》の中《なか》で、タイ領《りょう》からマレー領内《りょうない》へ、一番《ばん》のりをしたのは、シンゴラに上陸《じょうりく》した佐伯静夫大佐《さえきしずおたいさ》のひきいる、佐伯捜索連隊《さえきそうさくれんたい》である。連隊長《れんたいちょう》は第《だい》一回《かい》に上陸《じょうりく》した五百名《ひゃくめい》の部下《ぶか》をひきつれると、ただちに進撃《しんげき》を開始《かいし》したのだった。そして、十日《とおか》午後《ごご》三時《じ》、マレー国境《こっきょう》をつきやぶった。

イギリス軍《ぐん》は、国境陣地《こっきょうじんち》をたくさんの戦車《せんしゃ》と装甲車《そうこうしゃ》とで、かためていたのであったが、守備兵《しゅびへい》たちは、おりからのはげしいスコールをさけて、道路《どうろ》の両《りょう》がわのゴム林《りん》の中《なか》にはいって、雨《あま》やどりをしていたのである。

「しめた。それ、通《とお》りぬけろ。」

連隊長《れんたいちょう》が先頭《せんとう》に立《た》って、いだてんのように走《はし》りだした。五百名《ひゃくめい》がそれにつづく。おどろいたのは、雨《あま》やどりしていた守備兵《しゅびへい》であった。日本軍《にほんぐん》は、自分《じぶん》たちの後《うし》ろにまわったと思《おも》った。まごまごしていると、はさみ打《う》ちにされるぞ。かれらもにげだした。敵味方《てきみかた》いりみだれてのマラソン競走《きょうそう》だった。

「にげるやつにはかまうな。われわれの任務《にんむ》は、主力《しゅりょく》をみちびくための、突破口《とっぱこう》をつくることにある。ただしゃにむに進《すす》むのみだ。」

佐伯連隊《さえきれんたい》の先頭《せんとう》は、戦車《せんしゃ》一個小隊《こしょうたい》である。その後《うし》ろから五百名《ひゃくめい》が走《はし》るのだ。

休《やす》みなしの進撃《しんげき》のうちに、十日《とおか》がくれ、十一日《にち》もまたくれた。その夜《よ》十時《じ》ごろであった。とつぜん、先頭《せんとう》を進《すす》む戦車《せんしゃ》めがけて、はげしい砲火《ほうか》がどこからかとんできた。たちまち一台《だい》がもえあがりだした。

そのほのおで、あたりが明《あか》るくなると、今度《こんど》は後《うし》ろにつづいてくる五百名《ひゃくめい》の上《うえ》にも、砲弾《ほうだん》が落《お》ちはじめたのである。すごい砲撃《ほうげき》だ。

（さては……。）

と、佐伯連隊長《さえきれんたいちょう》は気《き》がついた。

「もしや、ここはジットララインではないか。」

副官《ふくかん》がきいて、一しゅん青《あお》くなった。

「えっ、ジットラライン。」

その防禦陣地《ぼうぎょじんち》の名《な》まえは有名《ゆうめい》だった。

マレーのイギリス軍《ぐん》がほこる、この陣地《じんち》は、左右《さゆう》と前面《ぜんめん》の平原《へいげん》に、地雷《じらい》をびっしりとうずめ、いたる所《ところ》に、対戦車壕《たいせんしゃごう》を作《つく》り、二重《じゅう》三重《じゅう》の鉄条網《てつじょうもう》をはりめぐらし、トーチカ陣地《じんち》をならべ、その後方《こうほう》に、ずらりと砲兵陣地《ほうへいじんち》をおくという、鉄《てっ》ぺきのそなえだった。

シンガポールのイギリス軍司令部《ぐんしれいぶ》は、このいたれりつくせりの防禦線《ぼうぎょせん》をきずいて、いかなる大軍《たいぐん》がせめよせても、三か月《げつ》は、らくにもちこたえるという自信《じしん》をもっていた。

このとき、難攻不落《なんこうふらく》の陣地《じんち》を守《まも》るイギリス軍《ぐん》は、六千名《せんめい》だった。戦車《せんしゃ》が九〇台《だい》、大砲《たいほう》は七〇門《もん》、重機関銃《じゅうきかんじゅう》が一〇〇挺《ちょう》というしかめしさ。

それにひきかえ、佐伯連隊《さえきれんたい》は、五八一名《めい》、戦車《せんしゃ》は一八台《だい》、大砲《たいほう》はたったの二門《もん》だったのだ。さすがの快足連隊《かいそくれんたい》の足《あし》も、この陣地《じんち》の前《まえ》には、くいとめられてしまった。

はげしい砲火《ほうか》の中《なか》で、夜《よ》が明《あ》けてきた。連隊《れんたい》は、道路《どうろ》の両《りょう》がわのゴム林《りん》の中《なか》に散開《さんかい》したまま、動《うご》きがとれなくなった。

夜明《よあ》けとともに、イギリス軍《ぐん》の砲撃《ほうげき》は、いよいよものすごくなる。二門《もん》の大砲《たいほう》も、あっというまに打《う》ちこわされ、戦車《せんしゃ》も十台《だい》あまりが、つかいものにならなくなった。

「太陽《たいよう》がしずむのをまとう。くらくなってから、敵陣《てきじん》の一角《かく》になぐりこみをかけよう。」

死傷者《ししょうしゃ》が出《で》るが、どうしてやることもできない。しかし、連隊長以下《れんたいちょういか》、一歩《ぽ》も出《で》たいきゃくせず、ゴム林《りん》の中《なか》に身《み》をひそめ、イギリス軍《ぐん》の戦車《せんしゃ》が、のこのこ出てくるのを見《み》ると、これをうった。

長《なが》い日《ひ》がようやくくれてくる。そこいらいちめん、爆風《ばくふう》が木《き》のえだや土砂《どしゃ》をはねとばし、もうもうとけむりがうずまいている。くれてくると、イギリス軍《ぐん》のうちだす赤《あか》や黄色《きいろ》の曳光弾《えいこうだん》と、照明弾《しょうめいだん》が、まるでしかけ花火《はなび》のようにひらめく。

「おい、一中隊《ちゅうたい》は、右《みぎ》にまわりこんで、あのトーチカにつっこめ。二中隊《ちゅうたい》は、左《ひだり》がわから行《い》け。」

やがて、右《みぎ》の方《ほう》から、

「うわあーっ、うわあーっ。」

と、突撃《とつげき》の声《こえ》が聞《き》こえてきた。伝令《でんれい》がとんできて報告《ほうこく》した。

「中隊長《ちゅうたいちょう》どのは、戦死《せんし》されましたが、中隊《ちゅうたい》は小隊長《しょうたいちょう》どのを先頭《せんとう》に、トーチカにつっこみ、これを占領《せんりょう》。そこにがんばっています。」

「よし、ご苦労《くろう》。がんばるんだ。がんばっているうちには、主力《しゅりょく》がきてくれる。」

ジットラインの守備隊長《しゅびたいちょう》のインド第六旅団長《だいりょだんちょう》は、少数《しょうすう》の日本軍《にほんぐん》が、砲火《ほうか》の雨《あめ》の中《なか》にあっても、一歩《ぽ》もひかず、むしろ右翼《うよく》のトーチカ陣地《じんち》の一つを占領《せんりょう》したのをしると、不安《ふあん》になってきた。

（これは、どうやら、日本軍《にほんぐん》の大部隊《だいぶたい》が、かれらのすぐ後《うし》ろに、やってきているのにちがいない。そういえば、日本軍《にほんぐん》は右《みぎ》と左《ひだり》とに夜襲《やしゅう》をしかけてきている。これは、われわれを両《りょう》がわから、はさみうちにしようとしているのだ。）

佐伯連隊長《さえきれんたいちょう》は、まるでキツネにつままれる思《おも》いだった。にわかに、イギリス軍《ぐん》の射撃《しゃげき》が、小《こ》やみになってきたからである。連隊長《れんたいちょう》は、密林《みつりん》の中《なか》へ将校斥候《しょうこうせっこう》をだして、敵陣《てきじん》のようすをうかがわせた。

「連隊長《れんたいちょう》どの！」

もどってきた斥候《せっこう》の顔《かお》が、にこにこわらっている。

「敵《てき》さん、陣地《じんち》をすててたいきゃくしています。すたこら、すたこら、にげています。」

「えっ。」

佐伯連隊長《さえきれんたいちょう》は、びっくりした。

三か月間《げつかん》は、いかなる大軍《たいぐん》もくいとめられるはずのジットラインを、わずか一日《にち》で、しかも五百《ひゃく》八十一名《めい》の佐伯連隊《さえきれんたい》がせめ取《と》った、という報告《ほうこく》を受《う》けた第《だい》二十五軍《ぐん》の司令部《しれいぶ》は、

「まさか。それは何《なに》かのまちがいだろう。」

と、だれもはじめのうち、本気《ほんき》にしなかったそうである。

そして、それは、シンガポールのイギリス軍司《ぐんし》令部《れいぶ》でも同《おな》じであった。司令官《しれいかん》パーシバル将軍《しょうぐん》は、ジットラインが、たった一日《にち》で敵《てき》の手《て》におちた、という報《ほう》告《こく》を受《う》けたとき、

「信《しん》じられない、いったい日《に》本軍《ほんぐん》は、どういう奇蹟《きせき》をあらわしたというのか。」

と、首《くび》をかしげたという。

侘美旅団《たくみりょだん》のコタバル敵前上陸《てきぜんじょうりく》の成功《せいこう》と、佐伯連隊《さえきれんたい》のジットライン突破《とつぱ》は、マレー電撃戦《でんげきせん》の第《だい》一ページをかざる、かがやかしい武勲《ぶくん》であった。

「さいさきよし。」

山下軍司《やましたぐんし》令官《れいかん》は、主力部隊《しゅりょくぶたい》の先頭《せんとう》にウマを進《すす》めて、十三日《にち》には、ケダー州《しゅう》の首《しゅ》府《ふ》アロルスター市《し》に入城《にゅうじょう》、ここに全軍《ぜんぐん》をととのえ、電撃戦《でんげきせん》をもって、

「一千《せん》キロを突破《とっぱ》せよ。」

と、命令《めいれい》をくだしたのであった。

■もっと知りたい②■

兵力五割減でも「戦闘続行」の奇跡

マレー半島上陸作戦での日本軍の上陸地は、シンゴラ、コタバル、パタニの三地点でした。ですが連合国側、つまり敵国領土だったのは英領マレーのコタバルだけで、ここには防備陣地が築かれていて、敵前上陸するには困難が予想されます。一方、シンゴラとパタニはタイ国の領土ですが、中立国であるタイへ日本軍の部隊を上陸させるためには本来、両国政府間で了解交渉が必要です。

しかし日本は、タイに事前了承を求めると情報漏洩の恐れありとして、事後了解を取り付けるという方針を固めてしまいます。ですので、シンゴラとパタニへの上陸はじつは無断上陸であり、国際法に反する行動です。開戦の詔勅から「国際法を遵守し」という文言を東条英機首相が削ってしまったのも、この上陸作戦を見据えてのこととされています。その結果、のちに日本は侵略国家という汚名を着せられてしまったのです。

さて、このマレー半島は南北に約一一〇〇キロという長さで、これは東京―門司間に匹敵する距離です。しかし、陸路は限られていて、半島の西側に一つ、そして東側の海岸線沿いに一つの計二本しか通っておらず、二つの幹線路に挟まれた半島中央部はゴムの木の大密林が生い茂っている悪状況です。

ここへ大兵力を投入することは難しい。日本軍の編成では一個師団は一万八千人から二万人ですので、二個師団の投入で精一杯、しかも一本道の悪路を踏破して半島南端のシンガポールを目指すのですから、戦況が困難を極めるのは必至でした。

シンゴラから上陸した先のタイとマレーの国境近くのジットラにはイギリス軍が強固な要塞を築いていましたが、ここを陥落させる重責を担った戦車連隊長の佐伯静夫大佐に、私はインタビューしたことがあります。

佐伯さんが振り返るに、この戦闘では全滅寸前の危機に瀕していたそうです。夜襲を命じたときのエピソードは凄惨を極めます。

〈敵の砲弾は益々激しく、前後左右に隙なく落下、弾道は伸び、部隊の後方から砲弾を加えていた野砲中隊にも集中した。忽ち野砲陣地は閃光に覆われ、二門の砲は全く沈黙してしまった。（中略）やがて、夜襲中隊の負傷兵が後送されてきた。

「中隊長殿戦死、小隊長殿重傷、なお死傷者続出すれど陣地を確保」

報告は悲惨を極めた。しかし、佐伯連隊長の決断は変らなかった。《本隊到着まで、全滅するまで戦闘続行》（『人物太平洋戦争』文藝春秋新社、昭和三十六年）

この時、佐伯連隊は兵力の五〇％近くを失っていました。戦史の教科書によれば、兵力の七～一〇％を失うと攻撃は頓挫し、三〇％を超えたら攻撃中止、五〇％以上なら退却が戦場の常識です。でも、佐伯さんは敢えて「戦闘続行」を命じます。部下の労を思いやりながら、こう回顧した言葉が印象に残りました。

「あの時以来、私の人生観は『一慮断行』です」

生死の瀬戸際に立たされたときには「熟慮断行」では通用しない、とい

う佐伯さんの人生観は、戦後、印刷会社の経営というご自身の商売にも活かされたそうです。（半藤一利）

3　マレー沖海戦

英不沈戦艦出撃《えいふちんせんかんしゅつげき》

昭和《しょうわ》十六年《ねん》（一九四一年《ねん》）十二月二日《がつふつか》、イギリスは東洋艦隊《とうようかんたい》の新《あたら》しい勢力《せいりょく》として、不沈戦艦《ふちんせんかん》をほこるプリンス＝オブ＝ウェールズと戦艦《せんかん》レパルスを、シンガポールのセレター軍港《ぐんこう》にまわしたことを発表《はっぴょう》した。

シンガポールに住《す》んでいるイギリス人《じん》たちは、

「これでシンガポールは、いよいよ、難攻不落《なんこうふらく》の要塞《ようさい》になった。」

といって、大《おお》よろこびし、かんぱいをした。

戦争《せんそう》になったら、マレーに敵前上陸《てきぜんじょうりく》し、電撃作戦《でんげきさくせん》をやろうと、ひみつのうちに作戦《さくせん》をねっていた日本《にほん》の軍部《ぐんぶ》は、このニュースを知《し》ると、これはたいへんだとおどろいた。

プリンス＝オブ＝ウェールズはその年《とし》の四月《がつ》にできあがったばかりの新式戦艦《しんしきせんかん》で、三五、〇〇〇トン、速力《そくりょく》二八・五ノット、三五・五センチ砲《ほう》一〇門《もん》、一三・三センチ高角砲《こうかくほう》一六門《もん》、ほかにポンポン砲《ほう》とよばれる八連装《れんそう》（一台《だい》に八つの銃口《じゅうこう》をもったもの。）の対空砲《たいくうほう》と二〇連装《れんそう》の機関砲《きかんほう》を、たくさん積《つ》んでいた。

また、レパルスは三万《まん》二千《せん》トンで、すこし旧式《きゅうしき》だが、速力《そくりょく》は三十ノットで、装《そう》備《び》はプリンス＝オブ＝ウェールズと、あまり変《か》わらなかった。

日本《にほん》で、両戦艦《りょうせんかん》と正面《しょうめん》からたたかえるのは、戦艦陸奥《せんかんむつ》・長門級《ながときゅう》だけだが、日本《にほん》が南方作戦《なんぽうさくせん》につかう予定《よてい》の戦艦《せんかん》は、旧式《きゅうしき》の金剛《こんごう》・榛名《はるな》の二艦《かん》だけだったから、おどろくのも無理《むり》はなかった。

プリンス＝オブ＝ウェールズは、できてまもない昭和《しょうわ》十六年《ねん》五月《がつ》二十四日《にち》、戦《せん》艦《かん》フッドとともに、大西洋《たいせいよう》でドイツ戦艦《せんかん》ビスマルクと、巡洋艦《じゅんようかん》プリンツ＝オイゲンと、大砲戦《だいほうせん》をまじえ、フッドはビスマルクの、三十八センチ砲弾《ほうだん》によってごう沈《ちん》され、プリンス＝オブ＝ウェールズも艦橋《かんきょう》に命中弾《めいちゅうだん》をくって、たくさんの死傷《ししょう》者《しゃ》をだした。新戦艦《しんせんかん》は、このときからくらい運命《うんめい》を、せおっていたようである。

その後《ご》、ドイツ戦艦《せんかん》ビスマルクは、イギリス空軍《くうぐん》の雷撃機《らいげきき》の攻撃《こうげき》を受《う》けたが、沈没《ちんぼつ》せず、戦艦《せんかん》ロドネーとジョージ五世《せい》の砲弾《ほうだん》によって、撃沈《げきちん》された。

イギリス海軍《かいぐん》も、首相《しゅしょう》のチャーチルも、この海戦《かいせん》の教訓《きょうくん》として、戦艦《せんかん》は飛行機《ひこうき》によって、打《う》ちしずめられない、という考《かんが》えをふかめたのだった。

しかし、近代海戦《きんだいかいせん》に航空母艦《こうくうぼかん》はかくことのできない、たいせつなものである。

そこで、新鋭《しんえい》の空母《くうぼ》インドミタブルも、シンガポールにまわすつもりであったが、同艦《どうかん》は中部《ちゅうぶ》アメリカのジャマイカ島付近《とうふきん》で訓練中《くんれんちゅう》、暗礁《あんしょう》にのりあげてしまったので、やむなく戦艦《せんかん》二せきだけを、出発《しゅっぱつ》させたのであった。

そして、新《あたら》しい司令長官《しれいちょうかん》には、チャーチルのしんらいあつい軍令部次長《ぐんれいぶじちょう》トーマス=フィリップ中将《ちゅうじょう》が選《えら》ばれたのであった。このとき、チャーチルは、

「戦艦《せんかん》二せきもあれば、アジア人《じん》の海軍《かいぐん》を、そうこわがることもないだろう。」

といっている。いかに、かれらが自信《じしん》をもっていたかがうかがわれる。

日本《にほん》の南方作戦《なんぽうさくせん》の総指揮官《そうしきかん》は、第《だい》二艦隊司令長官近藤信竹中将《かんたいしれいちょうかんこんどうのぶたけちゅうじょう》であった。この指揮下《しきか》に小沢治三郎中将《おざわじさぶろうちゅうじょう》の南遣艦隊《なんけんかんたい》がはいった。

また仏印《ふついん》のサイゴン・ツドウム・ソクトランの三つの飛行基地《ひこうきち》には、艦隊攻撃《かんたいこうげき》の猛訓練《もうくんれん》をつづけてきた鹿屋航空隊《かのやこうくうたい》（鹿児島《かごしま》）が、新鋭《しんえい》の一式陸上攻撃機《しきりくじょうこうげきき》三六機《き》をもって前進《ぜんしん》し、元山《げんざん》（朝鮮《ちょうせん》）美幌《みほろ》（北海道《ほっかいどう》）の両航空隊《りょうこうくうたい》も飛来《ひらい》し、偵察機《ていさつき》六、戦闘機《せんとうき》三九、攻撃機《こうげきき》九九、合計《ごうけい》一四四機《き》をもって、第《だい》一航空部隊《こうくうぶたい》を編成《へんせい》した。

第《だい》一航空部隊《こうくうぶたい》は開戦前《かいせんまえ》から、ひそかにシンガポールを偵察《ていさつ》しはじめていたが、

プリンス＝オブ＝ウェールズとレパルスは、セレター軍港《ぐんこう》にいて動《うご》かなかった。

やがて開戦《かいせん》の日《ひ》の八日《ようか》午前零時《ごぜんれいじ》、海軍《かいぐん》は、六十四機《き》の大編隊《だいへんたい》により、シンガポールを初空襲《はつくうしゅう》した。セレター軍港《ぐんこう》、センバワン・テンガーの両飛行場《りょうひこうじょう》そのほかの軍事施設《ぐんじしせつ》を爆撃《ばくげき》したのである。はじめは赤《あか》あかと電燈《でんとう》をつけていた市街《しがい》も、空襲《くうしゅう》警報《けいほう》がなると、まっくらになり、八十本《ぽん》ばかりの探照燈《たんしょうとう》が大空《おおぞら》に向《む》けられた。高《こう》射砲《しゃほう》も、はげしく空《そら》ではじけた。さすがに、イギリスがほこる東洋《とうよう》の大要塞《だいようさい》で、その守《まも》りはかたかった。

そのころ陸軍《りくぐん》は、山下兵団《やましたへいだん》によりマレー上陸戦《じょうりくせん》を開始《かいし》していた。

すると、十二月九日午《がっここのかご》後《ご》五時《じ》十分伊《ぷんい》65潜水艦《せんすいかん》の第《だい》三十潜水戦隊司《せんすいせんたいし》令《れい》から、

敵《てき》レパルス型戦艦《がたせんかん》二せきみゆ、プロコンドル島《とう》の西《にし》一九六度《ど》二二五カイリ、
針路《しんろ》三四〇度《ど》、速力《そくりょく》一四ノット。

と、報告《ほうこく》がきた。おそらくイギリス東洋艦隊《とうようかんたい》は、日本《にほん》の山下兵団《やましたへいだん》をおそうために出撃《しゅつげき》し、マレー東海岸《ひがしかいがん》トレンガヌ沖《おき》を北《きた》へ向《む》かっているものと思《おも》われた。

南方部隊《なんぽうぶたい》の指《し》揮官近藤中将《きかんこんどうちゅうじょう》は旗艦愛宕《きかんあたご》から無電《むでん》を発《はっ》し、シンゴラ・コタバル方《ほう》面《めん》にいた輸送船《ゆそうせん》は、すぐにタイ国沿岸《こくえんがん》にのがれるように指令《しれい》した。いっぽう、飛《ひ》

行機《こうき》と潜水艦《せんすいかん》でイギリス東洋艦隊《とうようかんたい》をさがして、十日《とおか》の夜明《よあ》け、航空部隊《こうくうぶたい》の全力《ぜんりょく》をあげて攻撃《こうげき》し、同時《どうじ》に艦隊《かんたい》の全部《ぜんぶ》が、海上《かいじょう》から攻撃《こうげき》するという苦肉《くにく》の作戦《さくせん》をたてた。まともにぶつかる昼間《ひるま》の海戦《かいせん》では勝《か》ちめがないと思《おも》われたからである。

「おかしいな。きょう、シンガポールの偵察《ていさつ》に行《い》ったときはたしかに、セレター軍港《ぐんこう》にいたという報告《ほうこく》であったが……。」

第《だい》一航空部隊《こうくうぶたい》司令部《しれいぶ》は、潜水艦《せんすいかん》の報告《ほうこく》が、信《しん》じられなかった。飛行隊長柴田少佐《ひこうたいちょうしばたしょうさ》は、

「偵察写真《ていさつしゃしん》をもってこい。」

と、部下《ぶか》に命《めい》じた。偵察写真《ていさつしゃしん》は、高度《こうど》八千《せん》メートルからうつしたものをのばしたものだった。柴田少佐《しばたしょうさ》は、拡大鏡《かくだいきょう》で調《しら》べていたが、

「こりゃあ、浮《うき》ドックだ、戦艦《せんかん》はおりませんよ。司令《しれい》。」

セレター軍港《ぐんこう》には、東洋《とうよう》一の浮《うき》ドックがあった。それを戦艦《せんかん》と見《み》ちがえたようだ。

「すると、潜水艦《せんすいかん》の報告《ほうこく》がほんとうだな。」

司令近藤大佐《しれいこんどうたいさ》は、ただちに偵察機《ていさつき》四、爆撃機《ばくげきき》一八、雷撃機《らいげきき》一五機《き》を出動《しゅつどう》させ、

夜間攻撃《やかんこうげき》を命《めい》じた。

サイゴン・ツドウムの飛行場《ひこうじょう》は夜間飛行《やかんひこう》の準備《じゅんび》で、全員《ぜんいん》があせにまみれてはたらいた。魚雷格納庫《ぎょらいかくのうこ》からは、一トン魚雷《ぎょらい》をはこぶために、係《かかり》の兵隊《へいたい》は、大《おお》わらわである。

しかし、この日《ひ》の天候《てんこう》は、よくなかった。海上《かいじょう》には、はい色《いろ》の雲《くも》がたれこめ、ときどきスコールが、ザアーッと大《おお》つぶの雨《あめ》をふらせた。

攻撃隊《こうげきたい》はプロコンドル島《とう》の上空《じょうくう》まできたが、島《しま》のすがたは見《み》えない。そのとき、第《だい》二艦隊《かんたい》の戦艦金剛《せんかんこんごう》から、

われ夜戦《やせん》に向《む》かう。

と、電報《でんぽう》がはいった。戦場《せんじょう》へ急行《きゅうこう》している旗艦鳥海《きかんちょうかい》以下《いか》の南遣艦隊《なんけんかんたい》に力《ちから》を合《あ》わせようというのだ。だが相手《あいて》は、名《な》だたる不沈戦艦《ふちんせんかん》二せきである。

「味方《みかた》を苦戦《くせん》におとしいれては、申《もう》しわけがない。」

航空部隊《こうくうぶたい》の搭乗員《とうじょういん》は、目《め》を血《ち》ばしらせて、くらい海《うみ》の上《うえ》をさがしまわった。

帆《ほ》足機《あしき》の大《おお》てがら

ごう雨《う》のため、飛行難航《ひこうなんこう》。

先発《せんぱつ》していた武田大尉《たけだたいい》の指揮《しき》する照明隊《しょうめいたい》からは、悲痛《ひつう》な電報《でんぽう》が、第《だい》一航空部《こうくうぶ》隊《たい》の司令部《しれいぶ》へはいった。

「全機引《ぜんきひ》き返《かえ》せ。」

司令部《しれいぶ》はおりかえし、そう命《めい》じた。攻撃隊《こうげきたい》は、一トン魚雷《ぎょらい》や、五百《ひゃく》キロ爆弾《ばくだん》を積《つ》んでいるので、天候《てんこう》の悪《わる》い夜半《やはん》の飛行《ひこう》で、事故《じこ》でもおこしたら、たいへんである。戦争《せんそう》はいまはじまったばかりだ。ここで、だいじな飛行機《ひこうき》を失《うしな》いたくなかったのだ。

あくる十日《とおか》午前《ごぜん》三時《じ》四十分《ぷん》、今度《こんど》は伊《い》58潜水艦《せんすいかん》が、シンガポールへ引《ひ》き返《かえ》している、南下中《なんかちゅう》のプリンス＝オブ＝ウェールズとレパルスを発見《はっけん》した。ただちに追《お》いかけたが、四時《じ》にはまた見失《みうしな》ってしまった。第《だい》二艦隊《かんたい》も、南遣艦隊《なんけんかんたい》も、ついに追撃《ついげき》をあきらめて、午前《ごぜん》八時《じ》十五分《ふん》、こんきょ地《ち》へかえって行《い》った。だが、第《だい》一航空部隊《こうくうぶたい》は索敵《さくてき》（敵《てき》をさがすこと。）をあきらめなかった。

まず午前《ごぜん》六時《じ》二十五分《ふん》、索敵機《さくてきき》九機《き》が九方面《ほうめん》にわかれて、サイゴンからとびたち、八時《じ》十五分《ふん》宮内少佐《みやうちしょうさ》指揮《しき》の雷撃中隊《らいげきちゅうたい》三十機《き》を先頭《せんとう》に、午前《ごぜん》九時《じ》四十五分《ふん》ツドウムを出発《しゅっぱつ》した高橋大尉《たかはしたいい》指揮《しき》の、雷撃中隊《らいげきちゅうたい》を最後《さいご》として、合計《ごうけい》八十五機《き》を出撃《しゅつげき》させた。

ほとんどの搭乗員《とうじょういん》は、七日《なのか》いらいろくにねむっていなかった。美幌隊《みほろたい》の高橋大《たかはしたい》尉《い》など、九日夜《ここのかよる》も午前《ごぜん》三時《じ》に着陸《ちゃくりく》し、飛行服《ひこうふく》を着《き》たまま二時間《じかん》あまりまどろんだだけである。

午前《ごぜん》十一時《じ》四十分《ぷん》、帆足正音少尉《ほあしまさねしょうい》を機長《きちょう》とする三番索敵機《ばんさくてきき》（副《ふく》そうじゅう田中《たなか》一飛曹《ひそう》、偵察員鷲田《ていさついんわしだ》飛兵曹長《ひへいそうちょう》ほか五名《めい》乗《の》り組《く》み。）は、かなたにマレー半島《はんとう》のみえる所《ところ》までとんできていた。

帆足少尉《ほあししょうい》は目《め》をさらのようにして、海上《かいじょう》をにらみつけていたが、その目《め》はまっかにはれたようになっていた。強《つよ》い熱帯《ねったい》の太陽《たいよう》が、ぎらぎらてりつける海《うみ》を、長《なが》いあいだ見《み》つめていると、そうなるのだ。

もう予定《よてい》された六百《ぴゃく》カイリの線《せん》をはるかにこえていた。かなたにうすく見《み》えるのは、マレー南部《なんぶ》の要港《ようこう》クアンタンであろう。

つばさの下《した》には、大《おお》きなちぎれ雲《ぐも》があった。そこを出《で》たとたんに、少尉《しょうい》の目《め》にとびこんできたのは、小《ちい》さな五つの黒《くろ》い点《てん》であった。

「おい、あれを見《み》ろ。」

「あ、敵艦《てきかん》です。敵艦《てきかん》です。機長《きちょう》。」

偵察員鷲田飛兵曹長《ていさついんわしだひへいそうちょう》の声《こえ》は、はずんでいる。

「まちがいないか。もうすこし近《ちか》づこう。」

少尉《しょうい》は、ぐんぐん高度《こうど》をさげていった。

帆足機《ほあしき》は、高度《こうど》三千《ぜん》メートルでとんでいた。三千《ぜん》五百《ひやく》メートル以上《いじょう》は、雲《くも》がいっぱいはりつめていて、下《した》が見《み》えないからである。しかし、千《せん》五百《ひやく》メートルから二千《せん》メートルにかけても、ちぎれ雲《ぐも》がいっぱいうかんでいて、見《み》とおしは、あまりよくない。それで高度《こうど》をさげて行《い》ったのだが、この場合《ばあい》、なるべく敵《てき》にさとられないようにしたほうがいい。帆足機《ほあしき》はちぎれ雲《ぐも》にかくれながら、敵艦隊《てきかんたい》の頭上《ずじょう》にせまって行《い》った。

イギリス海軍《かいぐん》もさるもの、しのびよってきた帆足機《ほあしき》を見《み》つけ、プリンス＝オブ＝ウェールズにのっていた司令長官《しれいちょうかん》トーマス＝フィリップ中将《ちゅうじょう》は、ただちにこれをうち落《お》とせ、と命《めい》じた。

イギリス艦隊《かんたい》は、いっせいに高角砲《こうかくほう》をうちあげた、八連装《れんそう》のポンポン砲《ほう》と二十連装《れんそう》の機《き》関砲《かんほう》がまるで夕立《ゆうだち》をさかさまにしたように、帆足機《ほあしき》をねらって、うちあげてきた。機《き》のまわりは、たちまちワタ畑《ばたけ》のように、弾雲《だんうん》でいっぱいになった。

帆《ほ》足少尉《あししょうい》は、そうじゅうを副《ふく》そうじゅう員《いん》の田中《たなか》一飛曹《ひそう》にまかせると、自分《じぶん》は双眼鏡《そうがんきょう》をとって、海上《かいじょう》を偵察《ていさつ》した。

駆逐艦《くちくかん》三せきを先頭《せんとう》に、大戦艦《だいせんかん》二せきが、一列《れつ》にならび、まっ白《しろ》い波《なみ》のあとを、のこしながら走《はし》っている。

「まちがいなく敵《てき》だ。敵《てき》の主力艦隊《しゅりょくかんたい》だ。」

帆《ほ》足少尉《あししょうい》のむねはおどった。熱《あつ》い血《ち》が、からだの中《なか》をかけめぐった。

このイギリス東洋艦隊《とうようかんたい》をもとめて、五時間《じかん》あまりも、がんばってきたのだ。もうだめかとあきらめて、かえろうとしたが、いやまて、もう一度《ど》と、最後《さいご》の努力《どりょく》をつづけて、やっと見《み》つけたプリンス＝オブ＝ウェールズとレパルスなのだ。

「電信員《でんしんいん》、いいか。」

「はい。」

「一一四五、敵主力《てきしゆりよく》みゆ。北緯《ほくい》四度《ど》、東経《とうけい》一〇三度《ど》五四分《ぷん》、針路《しんろ》六〇度《ど》とうて。」

帆《ほ》足機《あしき》の報告《ほうこく》は、仏印《ふついん》の基地《きち》へ電波《でんぱ》となってとんだ。まだイギリス艦隊《かんたい》をもとめて、飛行中《ひこうちゆう》であった第《だい》一航空部《こうくうぶ》隊《たい》の各隊《かくたい》がそれを聞《き》き取《と》った。

帆《ほ》足機《あしき》は、報告《ほうこく》を終《お》わっても、イギリス艦隊《かんたい》からうちだす砲火《ほうか》をものともせず、上空《じようくう》をとびまわり、イギリス艦隊《かんたい》からはなれなかった。

「機長《きちよう》おめでとうございます。」

偵察員《ていさついん》鷲田《わしだ》飛兵曹長《ひへいそうちよう》が、うれしそうにいった。

「よかったなあ。運《うん》がよかったんだなあ、このまま見張《みは》りをつづけて、攻撃部《こうげきぶ》隊《たい》がくるのをまとう。」

帆《ほ》足少尉《あししようい》はそういいながらも、ゆうべ牧野隊長《まきのたいちよう》から、命令《めいれい》を受《う》けたときのことを思《おも》いだしていた。

「どうせ出撃《しゆつげき》するなら、魚雷《ぎよらい》をだいて行《い》きたいですね。索敵《さくてき》なんていやですよ。」

敵艦隊《てきかんたい》があらわれたと聞《き》くと、牧野《まきの》隊《たい》の将兵《しようへい》はいさみたって、索敵《さくてき》の仕事《しごと》にぶつぶついい出《だ》した。この隊《たい》は、もともと偵察《ていさつ》だけが、任務《にんむ》ではなかったからである。

牧野大尉《まきのたいい》は、不平《ふへい》をいう部下《ぶか》たちをなぐさめた。

「おれだって、魚雷《ぎょらい》をだいて行《い》きたいさ。だから、みんなの気持《きも》ちはよくわかる。しかし戦争《せんそう》は、ひとりでできるものではない。索敵《さくてき》もまた、敵艦《てきかん》を撃沈《げきちん》するのと同《おな》じように、たいせつな任務《にんむ》なのだ。」

それを聞《き》くと、まっさきに帆足少尉《ほあししょうい》が、

「よくわかりました。わたしもみなの気持《きも》ちと同《おな》じですが、これも何《なに》かのいんねんでしょう。よろこんで索敵《さくてき》にでます。」

といって、ほほえんだ。

帆足少尉《ほあししょうい》は、大分県《おおいたけん》のお寺《てら》の子《こ》で、京都《きょうと》の竜谷大学《りゅうこくだいがく》を卒業《そつぎょう》し、海軍予備学生《かいぐんよびがくせい》として、霞《かすみ》が浦航空隊《うらこうくうたい》に入隊《にゅうたい》したのだから（これも、何《なに》かのいんねん。）とさとるのも、早《はや》かったのであろう。

帆足少尉《ほあししょうい》のことばで、みなは（そうだ。これも何《なに》かのいんねんんだ。）と、明《あか》るい顔《かお》になって、牧野隊長《まきのたいちょう》の命令《めいれい》を、こころよく引《ひ》き受《う》けたのであった。こうして、牧野隊《まきのたい》はけさも早《はや》くから、広《ひろ》い海《うみ》にでて、索敵《さくてき》にしたがっていたのだが、敵艦隊《てきかんたい》を発見《はっけん》したのが、帆足機《ほあしき》であったことも、また何《なに》かのいんねんであったかもしれない。

戦艦《せんかん》に魚雷命中《ぎょらいめいちゅう》

帆足機《ほあしき》の報告《ほうこく》は時《とき》をうつさず、わが攻撃機隊《こうげききたい》の無電《むでん》にもはいっていた。そのとき、宮内少佐《みやうちしょうさ》の指揮《しき》する雷撃機隊《らいげききたい》は六百《ぴゃく》五十キロの地点《ちてん》で、イギリス艦隊《かんたい》をさがすのをあきらめて、かえろうと、機首《きしゅ》を北《きた》に向《む》けていた。そこへ、

一一四五、敵主力艦《てきしゅりょくかん》みゆ。

と、電波《でんぱ》を受《う》けたのである。宮内少佐《みやうちしょうさ》はかたごしに、その電文《でんぶん》をみると、暗号書《あんごうしょ》をつかみ取《と》って、ほんやくした。

「敵《てき》がみつかったぞ、敵《てき》が。」

機内《きない》はわあっといさみたった。

編隊《へんたい》の先頭《せんとう》にいた指揮官宮内少佐《しきかんみやうちしょうさ》は、ただちに機首《きしゅ》を北西《ほくせい》に向《む》けた。第《だい》一中《ちゅう》隊長鍋田大尉《たいちょうなべたたいい》の機《き》が、それにつづく。須藤機《すどうき》は四番機《ばんき》で、またそれにつづいた。

「まだいてくれると、いいがなあ。」

「いるとも。いてくれなきゃあ、こまるんだ。」

イギリス艦隊《かんたい》が、行《い》き先《さき》を変《か》えていてはたいへんだと、攻撃隊《こうげきたい》の全員《ぜんいん》は、それを心配《しんぱい》しているのである。

しかし敵《てき》のいる所《ところ》は、意外《いがい》にも近《ちか》かった。マレー半島東岸《はんとうとうがん》のクアンタン沖《おき》だったのである。

宮内隊《みやうちたい》は高度《こうど》二千《せん》五百《ひゃく》メートルでとんだ。雲《くも》はしだいに広《ひろ》がって、西《にし》の方《ほう》が、すこし明《あか》るく、雲《くも》がやっと切《き》れている。そこから、西《にし》の海面《かいめん》に小《ちい》さく走《はし》っている、白《しろ》い線《せん》がみえた。双眼鏡《そうがんきょう》でみると、それは一せきの駆逐艦《くちくかん》だけで、プリンス＝オブ＝ウェールズも、レパルスも見《み》えない。宮内隊《みやうちたい》は、予定海面以上《よていかいめんいじょう》とんでいるので、かえりの燃料《ねんりょう》のことも心配《しんぱい》だし、早《はや》くみつけないと、攻撃《こうげき》を中止《ちゅうし》しなければならないのだ。

あとでわかったのだが、このイギリス駆逐艦《くちくかん》は燃料《ねんりょう》が切《き》れてきたので、前夜《ぜんや》、主力《しゅりょく》からはなれ、シンガポールへいそいでいたものであった。

時刻《じこく》はすでに、午後《ごご》一時《じ》四十分《ぷん》になっていた。

　そのとき、編隊《へんたい》のまっ正面《しようめん》に、きらりと光《ひか》ったものがあった。指揮官機《しきかんき》はすわっと雲《くも》の切《き》れ間《ま》をぬって雲《くも》の下《した》へでた。そこには三、四千《せん》トン級《きゆう》のイギリス貨物《かもつ》船《せん》が一せき、シンガポールへ向《む》けて走《はし》っていた。貨物船《かもつせん》はふいに、雲《くも》のあいだから出《で》てきた大編隊《だいへんたい》を見《み》て、あわてふためき、死《し》にものぐるいでジグザグ運動《うんどう》をはじめた。

「きょうは、おまえなんか、相手《あいて》にしないよ。」

　編隊《へんたい》は、なおも突進《とつしん》して行《い》った。と、たれさがった雲《くも》の下《した》に、黒《くろ》ぐろとした巨《きよ》艦《かん》が二せき。これぞイギリス東洋艦隊《とうようかんたい》の主力戦艦《しゆりよくせんかん》二せきなのだ。宮内少佐《みやうちしようさ》は、キーンとからだの中《なか》にすじがねがつきさされたように、きんちょうした。

「突撃用意《とつげきようい》！」

　指揮官宮内少佐《しきかんみやうちしようさ》は命令《めいれい》した。

　きょりは二万《まん》五千《せん》メートルもあろうか。先頭《せんとう》の大《おお》きいのが明《あき》らかにプリンス＝オブ＝ウェールズだ。レパルスは、そのあとにつづき、三せきの駆逐艦《くちくかん》が左右《さゆう》についている。迷彩《めいさい》をしているせいか、うすぎたなく見《み》えた。迷彩《めいさい》というのは、いろいろな色《いろ》をぬって、相手《あいて》の目《め》をくらますことをいう。

きゅうに、雲《くも》が切《き》れてきた。今《いま》までは、この雲《くも》にかくれて行動《こうどう》すれば、敵《てき》は射《しゃ》撃《げき》のねらいをじゃまされるので、こちらにとっては、かくれみのだとよろこんでいたのに、雲《くも》が切《き》れると、あたりはすっかり青空《あおぞら》であった。

こちらもよく見《み》えるが、相手《あいて》からもよく見《み》える。はたして、イギリス艦隊《かんたい》の高《こう》角砲《かくほう》が、どっと火《ひ》をふいた。

「全軍突撃《ぜんぐんとつげき》せよ。」

指揮官機《しきかんき》が、大《おお》きくつばさをふった。午後《ごご》一時《じ》四十八分《ふん》であった。

不沈戦艦《ふちんせんかん》をほこるプリンス＝オブ＝ウェールズとレパルスの弾幕《だんまく》はものすごかった。ポンポン砲《ほう》も二十連装機《れんそうき》関砲《かんほう》も、うなりをあげて発射《はっしゃ》しているのであろう。あたりはまるで雨《あめ》がふっているように、弾丸《だんがん》がさくれつしている。あたらないのが不思議《ふしぎ》だ。いや、つばさや胴体《どうたい》には、そうとうに命中弾《めいちゅうだん》があるのだ。こげくさい火薬《かやく》のにおいが飛行機《ひこうき》の中《なか》にただよい、機体《きたい》をこすっていくたまの音《おと》が、ぶきみに聞《き》こえる。

「落《お》ち着《つ》け、落《お》ち着《つ》け。」

このとき、鍋田中隊《なべたちゅうたい》の四番機《ばんき》須藤中尉《すどうちゅうい》は、自分《じぶん》にいいきかせながら、つっこん

マレー沖海戦図

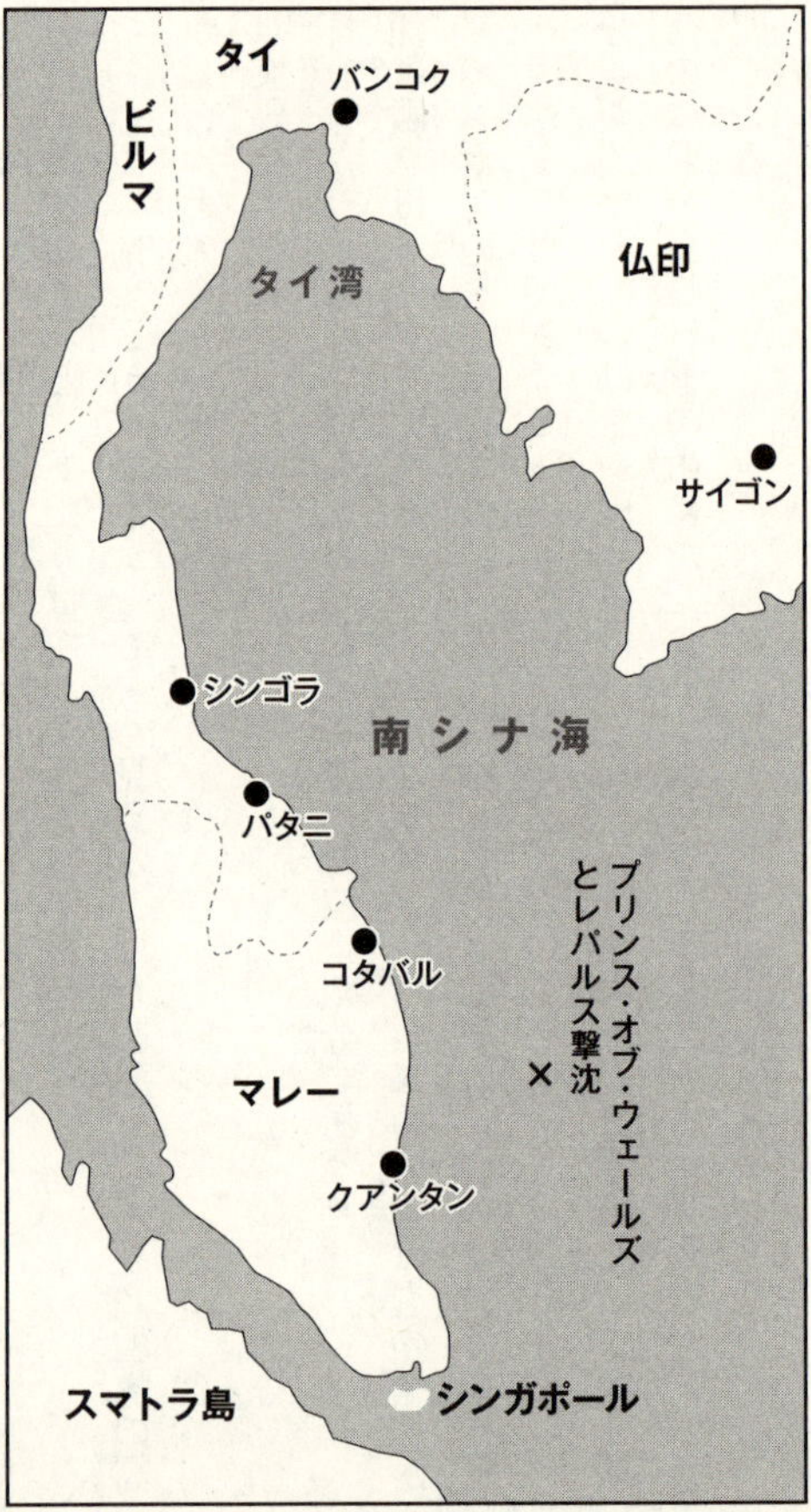
タイ
バンコク
ビルマ
タイ湾
仏印
サイゴン
シンゴラ
南シナ海
パタニ
コタバル
プリンス・オブ・ウェールズとレパルス撃沈
マレー
クアンタン
スマトラ島
シンガポール

で行《い》った。からだがこわばり、胃《い》ぶくろが、上《うえ》まであがってくるような感《かん》じだ。

見《み》ると、二せきのイギリス戦艦《せんかん》は、大《おお》きくまわりはじめている。プリンス＝オブ＝ウェールズは外《そと》の方《ほう》へ、レパルスは内《うち》がわへと、方向《ほうこう》を変《か》えたのである。きよりは五、六千《せん》メートルだ。もうぐずぐずしておれない。

鍋田《なべた》大尉機《たいいき》と、それにつづく二機《き》が、ウェールズの方《ほう》へ向《む》かって、つっこんで行《い》った。

「よし、おれたちは、レパルスをやっつけよう。」

須藤中尉《すどうちゅうい》は、そう決心《けっしん》した。

敵弾《てきだん》はますますもうれつになって、曳光弾《えいこうだん》（光《ひかり》をひいてとぶ弾丸《だんがん》。）が、こちらにすいよせられるようにとんでくる。それは、機体《きたい》の鼻先《はなさき》をながれていった。

「あの大《おお》きな戦艦《せんかん》となら、いつでもこうかんしてやるぞ。」

須藤中尉《すどうちゅうい》は、ふしぎに、死《し》にたいするおそれをわすれていた。

レパルスは、二十ノット以上《いじょう》の早《はや》さで、左《ひだり》に大《おお》きくかたむきながら、右《みぎ》にまわっている。ちょうど、その艦首《かんしゅ》が、須藤機《すどうき》のまっ正面《しょうめん》に向《む》いたとき、

「発射用意《はっしゃようい》、うてっ。」

高度《こうど》は一〇〇メートル、射《しゃ》きょりは一、三〇〇メートル。

重《おも》い魚雷《ぎょらい》が、さっと機体《きたい》をはなれた。そのはずみに、ガクンとからだがゆれた。海面《かいめん》すれすれにつっこんで、上《じょう》しょうしようとしたときには、レパルスとのきょりは、百《ひゃく》五十メートル。大《おお》きな横《よこ》っぱらが、機《き》の右《みぎ》にのしかかるようになり、はい色《いろ》のヘルメットをかぶったイギリス海兵《かいへい》が、高角砲《こうかくほう》をうっているのが見《み》えた。ふしぎと砲弾《ほうだん》はあたらなかった。

「やったぞ！」

そのとき、機内《きない》でさけぶ声《こえ》が聞《き》こえた。ふりむくと、レパルスの艦尾《かんび》から、はい色《いろ》の大《おお》きな水柱《みずばしら》が、むくむくともりあがっている。そして、さらにまた一本《ぽん》、今度《こんど》は左《ひだり》がわのまん中《なか》あたりに、大入道《おおにゅうどう》のような水柱《みずばしら》がつったった。

「おれたちのだ、まぎれもなく、おれたちのだ。」

艦尾《かんび》に命中《めいちゅう》したのは、たしかにそうだと、機内《きない》には、どっとよろこびの声《こえ》があがった。

東大尉《あずまたいい》の第《だい》二中隊《ちゅうたい》、壺崎大尉《つぼさきたいい》の第《だい》三中隊《ちゅうたい》も、はげしい弾幕《だんまく》をくぐりぬけて、ウエールズとレパルスへ、決死《けっし》の攻撃《こうげき》をかけていた。

と、ウェールズに向《む》かっていた一機《き》が、ぴかりと黄白色《おうはくしょく》の火《ひ》の玉《たま》となったとみるまに、ゆるく半円《はんえん》をえがいて、海面《かいめん》へ消《き》えていった。と、また一機《き》、ついらくしていく。

ウェールズもレパルスも、魚雷《ぎょらい》を何本《なんぼん》もくらっていた。ことにレパルスは、艦《かん》尾《び》の方《ほう》からしずみかけ、大《おお》きな白《しろ》いうずがまいている。敵《てき》の駆逐艦《くちくかん》一せきがいそいで、レパルスの方《ほう》へ、横《よこ》づけするようなかっこうになった。それでも、防空砲《ぼうくうほう》火《か》はまだはげしく、さすがにしぶといジョンブルだましいをはっきりしている。

攻撃《こうげき》を終《お》わると、宮内隊《みやうちたい》は高度《こうど》をあげて旋回《せんかい》し、高角砲弾《こうかくほうだん》のとどかぬ所《ところ》へでた。朝《あさ》から六時間以上《じかんいじょう》とびつづけているので、燃料《ねんりょう》はのこりすくなくなっていた。敵《てき》艦隊《かんたい》の最期《さいご》を、みとどけたいと思《おも》うが、そんな時間《じかん》はない、宮内少佐《みやうちしょうさ》はあきらめて、機首《きしゅ》を基地《きち》の方《ほう》へ向《む》けた。

そのとき、レパルスはとつぜんに、大《おお》きなまっ黒《くろ》いけむりのかたまりをふき出《だ》して、海面《かいめん》から消《き》え去《さ》った。日本海軍航空部隊《にほんかいぐんこうくうぶたい》の勝利《しょうり》であった。

チャーチルの悲《かな》しみ

レパルスが沈没《ちんぼつ》したのは二時《じ》二十分《ぷん》、ウェールズは、それから二十五分《ふん》おくれて、二時《じ》四十五分《ふん》に沈没《ちんぼつ》した。ここには宮内隊《みやうちたい》の奮戦《ふんせん》を書《か》いたが、無電《むでん》を受《う》けて、第《だい》一番《ばん》に攻撃《こうげき》に向《む》かったのは、白井隊《しらいたい》（美幌隊《みほろたい》）であった。白井隊《しらいたい》は爆撃隊《ばくげきたい》で爆《ばく》撃《げき》をはじめたのが、十二時《じ》十四分《ぷん》であるから、じつに二時間《じかん》三十一分《ぷん》の死闘《しとう》であったわけである。

プリンス＝オブ＝ウェールズをおそったのは、十五機《き》の雷撃機《らいげきき》と、十機《き》の爆弾《ばくだん》を積《つ》んだ中型攻撃機《ちゅうがたこうげきき》で、レパルスには雷撃機《らいげきき》三十五機《き》と、中型攻撃機《ちゅうがたこうげきき》二十四機《き》が攻撃《こうげき》をくわえた。そして、ウェールズには七本《ほん》、レパルスには十四本《ほん》の魚雷《ぎょらい》が命《めい》中《ちゅう》したのである。

だがウェールズは、なかなかしずまず、もう動《うご》けないようになってから、三十分間《ぷんかん》もうかんでいた。最後《さいご》の攻撃隊長《こうげきたいちょう》武田大尉《たけだたいい》の爆撃機隊《ばくげききたい》が、五百《ひゃく》キロ爆弾《ばくだん》三発《ぱつ》を命中《めいちゅう》させ、それが火薬庫《かやくこ》を爆発《ばくはつ》させた。ほのおと黒煙《こくえん》に包《つつ》まれながら、なお三十分《ぷん》もしずまなかったのは、さすが不沈戦艦《ふちんせんかん》といわれただけのことはあった。このときイギリス東洋艦隊司令長官《とうようかんたいしれいちょうかん》トム＝フィリップ中将《ちゅうじょう》は、

「閣下《かっか》、どうかボートにおうつりください。」

と、しきりにすすめる幕僚《ばくりょう》たちに、

「ありがとう。だがわたしは、船《ふね》と運命《うんめい》をともにする。」

といって、艦橋《かんきょう》を動《うご》かず、ついにプリンス＝オブ＝ウェールズとともに、海底《かいてい》にしずんだ。五十三才《さい》であった。

日本《にほん》の東郷元帥《とうごうげんすい》とならびしょうされる、イギリスの海将《かいしょう》ネルソンいらいのイギリス海軍《かいぐん》だましいは、この提督《ていとく》にも受《う》けつがれ、そうれつな最期《さいご》であった。それは、レパルス艦長《かんちょう》テナント大佐《たいさ》も同《おな》じであった。

いっぽう、帆足少尉《ほあししょうい》は不沈戦艦《ふちんせんかん》の最期《さいご》をみとどけるため、戦場《せんじょう》をはなれず、機《き》関銃《かんじゅう》から刀《かたな》・ピストル・飛行服《ひこうふく》まですてて、飛行機《ひこうき》を軽《かる》くし、燃料《ねんりょう》を節約《せつやく》し、一てきいらく一歩《ぽ》てまえまでがんばった。やっと基地《きち》へたどりついたときには、一てきのガソリンも、のこっていなかった。

イギリス首相《しゅしょう》チャーチルは、その著書《ちょしょ》『第二次大戦回顧録《だいじたいせんかいころく》』の中《なか》で、次《つぎ》のよう

にのべている。

十日《とおか》の日《ひ》に、わたしが書類箱《しょるいばこ》をあけていると、ベッドの電話《でんわ》がなった。それは軍令部《ぐんれいぶ》次長《じちょう》であった。かれの声《こえ》は変《へん》であった。せきをしているようでもあり、こみあげてくるものを、こらえているようでもあり、はじめは、はっきり聞《き》き取《と》れなかった。

「総理《そうり》、プリンス＝オブ＝ウェールズとレパルスが両方《りょうほう》とも日本軍《にほんぐん》に——飛《ひ》行機《こうき》と思《おも》います——。しずめられたことを、報告《ほうこく》しなければなりません。トム＝フィリップは水死《すいし》しました。」

「そのとおりかね。」

「まったくうたがいの余地《よち》はありません。」

で、わたしは受話機《じゅわき》をおいた。わたしはひとりであったことが、ありがたかった。戦争《せんそう》の全期間《ぜんきかん》を通《つう》じて、わたしはこれ以上《いじょう》の、直接《ちょくせつ》のおどろきを受《う》けたことはなかった。

不沈戦艦《ふちんせんかん》プリンス＝オブ＝ウェールズの撃沈《げきちん》は、じつに大《おお》きな、おどろくべきできごとだったのである。そして飛行機《ひこうき》は、戦艦《せんかん》よりも強《つよ》いことを、証明《しょうめい》した最《さい》初《しょ》の海戦《かいせん》であった。この海戦《かいせん》の日本軍《にほんぐん》の損害《そんがい》は自爆機《じばくき》三機《き》、破損機《はそんき》二五機《き》であった。

■もっと知りたい③■

索敵で功を挙げた心優しき「僧籍」少尉

このマレー沖海戦まで、海軍史には一つの常識がありました。

「飛行機で戦艦を沈めることはできない」

というものです。たしかにフランスの雷撃機によってイタリア戦艦が沈没したケースは過去にもありました。そして真珠湾攻撃では米海軍の戦艦群を日本の航空機が撃滅しましたが、いずれも停泊している船への攻撃の結果でした。動いている船は、駆逐艦ならまだしも、戦艦が沈没することなどありえない、というのが海軍の常識だったのです。

ところが、マレー沖海戦では、最新鋭の英国戦艦、プリンス・オブ・ウェールズと巡洋戦艦レパルスが沈没したのですから、まさに画期的な戦史上の出来事なのでした。

山本五十六大将は、真珠湾攻撃の成功にもさほど嬉しくなかったそうですが、このマレー沖海戦でプリンス・オブ・ウェールズとレパルスを撃沈したことには非常に喜びました。

この時の攻撃成功の立役者はなんといっても索敵機です。その操縦士の一人が帆足正音少尉です。

索敵は地道な任務で、この日、帆足さんが索敵線を越えて行動圏のギリギリのところで敵艦隊を発見するまでには五時間近く飛行し続けていました。そして三番索敵機の帆足隊が「一一四五、敵主力みゆ」と打電した後も、味方の攻撃機が到着するまで、敵艦上空で待機し、二隻のイギリス艦船の撃沈を見届けてからサイゴン基地へ帰還したのですが、その時には燃料タンクは空になっていたそうです。なんと帆足機は敵艦上空で旋回しているときに、「機銃も、飛行服も、机も椅子も、重量になるものをすべて捨てよ」と部下に命じて、機体を身軽にして、一滴の油も無駄にさせないようにまでして、戦況をこの目で確かめようとしていたのです。

この殊勲をあげた帆足さんでしたが、翌十七年三月に帰らぬ人となってしまいます。台湾の高雄から鹿児島・鹿屋基地に機材更新のために帰還する途上、六機のうち、ただ一機だけ行方不明になってしまうのです。当日は海上は厚い雲に覆われていたため、海面すれすれの低空飛行を命じられていたのです。無念の戦死に違いありません。

帆足さんは龍谷大学出身で僧籍をもっていて、海軍飛行予備学校に進んだ若者でした。私は、帆足さんの実家である大分県の光林寺でご両親に取材をした際に、中学時代につけていたという彼の日記を見せてもらいました。少年時代は犬が大好きだったようで、日記にもこう書き残されていたものです。

〈昭和十二年一月二十二日　犬を洗つてやる。シラミやら、ノミやらダニやらゐるゐる一ぱいゐる。可哀想に〉

心のやさしい人柄の青年でした。

（半藤一利）

4 マレー航空撃滅戦

開戦《かいせん》の第《だい》一弾《だん》

マレー航空戦《こうくうせん》は、十二月七日《がつなのか》朝《あさ》、イギリスの哨戒機《しょうかいき》コンソリデーテッドPBY（イギリス名《めい》カタリナ飛《ひ》行艇《こうてい》。）を、うち落《お》としたときからはじまった。

山下兵団《やましたへいだん》をのせた輸送船《ゆそうせん》は、海軍《かいぐん》に守《まも》られていたが、その上空《じょうくう》を守《まも》るのは、飛《ひ》行第《こうだい》一戦隊長《せんたいちょう》武田金四郎中佐《たけだきんしろうちゅうさ》のひきいる戦闘機《せんとうき》隊《たい》と、飛行第《ひこうだい》六十四戦隊長《せんたいちょう》加藤建夫《かとうたて》少佐《おしょうさ》（のち中佐《ちゅうさ》。）のひきいる戦闘機《せんとうき》隊《たい》であった。

武田《たけだ》部隊《ぶたい》は、早朝《そうちょう》から午後《ごご》までを受《う》けもち、加藤《かとう》部隊《ぶたい》は午後《ごご》から夕方《ゆうがた》までを受《う》けもっていた。加藤部隊《かとうぶたい》は飛行《ひこう》きょりの長《なが》い、新鋭《しんえい》の戦闘機隼《せんとうきはやぶさ》をつかっていたからである。

まだ戦争前《せんそうまえ》であるから、イギリス空軍《くうぐん》か艦船《かんせん》に見《み》つからないように、用心《ようじん》しなければならない。戦闘機《せんとうき》隊《たい》の任務《にんむ》は、輸送船団《ゆそうせんだん》を敵《てき》から守《まも》ることにもあったが、敵機《てきき》や敵艦船《てきかんせん》を見《み》はりすることにもあった。東亜《とうあ》の風雲《ふううん》が急《きゅう》をつげると、イギリス空軍《くうぐん》も、艦隊《かんたい》も、とくに潜水艦《せんすいかん》は、さかんにタイランド湾《わん》を警戒《けいかい》していたからである。

すると、十二月七日《がつなのか》の午前《ごぜん》十時《じ》十分《ぷん》、パンジャン島西北方《とうせいほっぽう》四十キロの上空《じょうくう》で、武田部隊窪谷中尉《たけだぶたいくぼたにちゅうい》のひきいる西郷小隊《さいごうしょうたい》三番機《ばんき》佐藤曹長《さとうそうちょう》が、右手《みぎて》の雲間《くもま》を、高度《こうど》千《せん》五百《ひゃく》メートルくらいで哨戒飛行《しょうかいひこう》している、イギリス空軍《くうぐん》の大型機《おおがたき》をみつけた。

敵機発見《てききはっけん》。

佐藤曹長《さとうそうちょう》はつばさをふって、窪谷中尉《くぼたにちゅうい》にしらせた。中尉《ちゅうい》がたしかめるため近《ちか》づいて行《い》くと、まさしくイギリス空軍《くうぐん》のカタリナ飛行艇《ひこうてい》である。

(こいつに船団《せんだん》を見《み》つけられたら、たいへんだ。)

中尉《ちゅうい》はそう思《おも》ったが、まだ開戦前《かいせんまえ》だから、撃《げき》ついしてもいいものかどうか、とっさの判断《はんだん》にまよった。

中尉《ちゅうい》の編隊《へんたい》は船団《せんだん》より、ずっと前《まえ》の方《ほう》をとんでいたので、イギリス機《き》はまだ、日本《にほん》の船団《せんだん》を発見《はっけん》してはいないようだ。

と、赤《あか》い火線《かせん》が、ちらちらと動《うご》いた。カタリナは機関銃《きかんじゅう》四門《もん》をもっている。イギリス機《き》の方《ほう》から火《ひ》ぶたを切《き》ってきたのだ。

「よし、やれ。」

中尉《ちゅうい》は、発動機《はつどうき》をうならせて、急上《きゅうじょう》しょうすると、反転《はんてん》して、さか落《お》としに急《きゅう》降下《こうか》しながら、カタリナめがけて機関銃《きかんじゅう》をはなった。佐藤機《さとうき》・西郷機《さいごうき》がそれにつづいた。

カタリナは必死《ひっし》にうちまくっている。佐藤機《さとうき》はつばさに、大《おお》あなをあけられたが、ひるまず攻撃《こうげき》した。

カタリナは大《おお》きいから、ウシとタカの戦《たたか》いのようだ。やがて、カタリナの発動《はつどう》機《き》から火《ひ》が出《で》た。それはみるみるうちに、火《ひ》の玉《たま》にふくれあがり、爆発《ばくはつ》をおこして、海《うみ》の上《うえ》に落《お》ちていった。

窪谷中尉《くぼたにちゅうい》はそれを武田《たけだ》部隊長《ぶたいちょう》へ報告《ほうこく》した。

このカタリナ飛《ひ》行艇《こうてい》を、ほうむったことが、マレー上陸作戦《じょうりくさくせん》を、成功《せいこう》にみちびいた一つの原因《げんいん》になった。もしイギリス機《き》に船団《せんだん》を発見《はっけん》され、無電《むでん》でもとばされていたら、日本《にほん》の作戦計画《さくせんけいかく》はどうなっていただろう。山下兵団《やましたへいだん》をのせた輸送船団《ゆそうせんだん》は、イギリス空軍《くうぐん》や艦隊《かんたい》におそわれて、タイランド海《かい》のもくずとなっていたかもしれないのである。窪谷中尉《くぼたにちゅうい》の一撃《げき》こそ太平洋戦争《たいへいようせんそう》の第《だい》一弾《だん》でもあったのである。

大本営《だいほんえい》は、太平洋戦争《たいへいようせんそう》がはじまると、マレー方面《ほうめん》の航空戦《こうくうせん》にそなえて、中国《ちゅうごく》にあった第《だい》三飛行集団《ひこうしゅうだん》を、これにあてた。第《だい》三飛行集団《ひこうしゅうだん》は菅原道大中将《すがわらみちおちゅうじょう》を集団長《しゅうだんちょう》として、軽爆撃機《けいばくげきき》を主体《しゅたい》とした遠藤三郎少将《えんどうさぶろうしょうしょう》のひきいる第《だい》三飛行団《ひこうだん》、重爆撃機《じゅうばくげきき》を主体《しゅたい》とした山本健児少将《やまもとけんじしょうしょう》の第《だい》七飛行団《ひこうだん》、戦闘機《せんとうき》を主体《しゅたい》とした広田豊少将《ひろたゆたかしょうしょう》の第《だい》十飛行団《ひこうだん》、および青木武三少将《あおきたけぞうしょうしょう》の第《だい》十二飛行団《ひこうだん》、第《だい》十五独立飛行隊《どくりつひこうたい》、飛行第《ひこうだい》八十一戦隊《せんたい》からなり、戦闘機《せんとうき》一八〇機《き》、軽爆《けいばく》一〇〇機《き》、重爆《じゅうばく》一三〇機《き》、司令部偵察機《しれいぶていさつき》四五機《き》、合計《ごうけい》四五五機《き》をもっていた。

コタバル上陸作戦《じょうりくさくせん》には、地上軍《ちじょうぐん》に力《ちから》を合《あ》わせて、戦闘機《せんとうき》をはじめ襲撃機《しゅうげきき》が活動《かつどう》したが、第《だい》五十九戦隊長谷村中佐《せんたいちょうたにむらちゅうさ》が、戦死《せんし》をとげたのは、大《おお》きな損害《そんがい》であった。またケダー州《しゅう》の、イギリス空軍《くうぐん》こんきょ地《ち》を爆撃《ばくげき》にいった、第《だい》十飛行団《ひこうだん》の第《だい》六十二戦隊長波多野大佐《せんたいちょうはたのたいさ》の編隊《へんたい》のうち、五機《き》は密雲《みつうん》がひくくたれこめていたため、雲《くも》の中《なか》をつきやぶって飛行《ひこう》し、マレー中央山脈《ちゅうおうさんみゃく》の高《たか》い山《やま》にしょうとつした。この事《じ》故《こ》で、波多野大佐以下多《はたのたいさいかおお》くの古参飛行士《こさんひこうし》を失《うしな》ったが、一発《ぱつ》の爆弾《ばくだん》も、敵《てき》にみまわないうちだったから、おしまれた。この初期作戦《しょきさくせん》では、イギリスの五十四機《き》をうち落《お》とし、もえあがらせた。日本軍《にほんぐん》の損害《そんがい》は、重爆《じゅうばく》六、戦闘機《せんとうき》二、司令部偵察機《しれいぶていさつき》一であった。

加藤隼戦闘隊《かとうはやぶさせんとうたい》

加藤部隊《かとうぶたい》は、第《だい》十飛《ひ》行団《こうだん》にぞくしていた。この部隊《ぶたい》は、そのころ、まだ五十機《き》しかできていなかった新鋭戦闘機《しんえいせんとうき》「隼《はやぶさ》」をつかっていたので、隼戦闘隊《はやぶさせんとうたい》といわれ、陸軍《りくぐん》のほこりであった。

加藤部隊《かとうぶたい》は、開戦《かいせん》の日《ひ》、フコク島《とう》からコタバル上空《じょうくう》にとんできたが、飛行場《ひこうじょう》には、飛行機《ひこうき》の残《ざん》がいが、横《よこ》たわっているだけで、イギリス空軍機《くうぐんき》のすがたはなかった。飛行場《ひこうじょう》はすでに地上部隊《ちじょうぶたい》により占領《せんりょう》されていた。

加藤部隊《かとうぶたい》はさらに、ケダー地区《ちく》のスンゲイパタニへ、イギリス空軍《くうぐん》をもとめて、とびつづけた。少佐《しょうさ》の目《め》は、一機《き》のみなれない中型爆撃機《ちゅうがたばくげきき》をとらえた。イギリス空軍《くうぐん》のブレンハイムにちがいなかった。それは左方《さほう》五百《ひやく》メートルばかりの雲《くも》の上《うえ》を、ゆうゆうとんでいた。少佐《しょうさ》はつばさをふった。

敵機発見《てききはっけん》。

の合図《あいず》である。ブレンハイムは東海岸《ひがしかいがん》の日本軍《にほんぐん》を偵察《ていさつ》し、西海岸《にしかいがん》にあるペナン基《き》地《ち》へかえるとちゅうと思《おも》われた。

気《き》の早《はや》い第《だい》三小隊《しょうたい》の大泉中尉《おおいずみちゅうい》が、まっさきに、全速力《ぜんそくりょく》でブレンハイムの後《うし》ろにせまった。ブレンハイムは気《き》づいて、西方《せいほう》へにげだした。大泉機《おおいずみき》は高度《こうど》が高《たか》いのを利用《りよう》し、後《うし》ろから五十メートルにせまって、一連射《れんしゃ》をあびせた。隼《はやぶさ》は七・七ミリ機関銃《きかんじゅう》二門《もん》で武《ぶ》そうしているから、威力《いりょく》は大《おお》きい。

次《つぎ》は第《だい》一中隊長《ちゅうたいちょう》高山中尉《たかやまちゅうい》が攻撃《こうげき》したが、落《お》ちない。

三番手《ばんて》は、高山中隊《たかやまちゅうたい》の檜中尉《ひのきちゅうい》だ。二つのプロペラのまん中《なか》めがけて、射撃《しゃげき》ボタンをおした。尾翼《びよく》のあたりから何《なに》かくだけて、とびちったが、まだ落《お》ちない。

四番《ばん》めに八田中尉《はったちゅうい》が攻撃《こうげき》したブレンハイムはやっと尾翼《びよく》をふっとばされて、まっさかさまになって、ついらくした。

加藤部隊《かとうぶたい》は、十二月《がつ》十三日《にち》にコタバル飛行場《ひこうじょう》へ転進《てんしん》した。

イギリス空軍《くうぐん》の飛行場《ひこうじょう》と、日本軍《にほんぐん》が占領《せんりょう》した飛行場《ひこうじょう》は、目《め》と鼻《はな》の間《あいだ》にあるので、たえまない攻撃《こうげき》がくりかえされ、ついに日本軍《にほんぐん》は、イギリス空軍《くうぐん》を撃退《げきたい》し、クアラルンプールとイポーの飛行場《ひこうじょう》へおしやった。

加藤部隊《かとうぶたい》は、さらに、スンゲイパタニの飛行場《ひこうじょう》へ進出《しんしゅつ》したが、ここには、第《だい》三飛行集団《ひこうしゅうだん》の司令部《しれいぶ》も進《すす》んできていた。ある日《ひ》、司令部《しれいぶ》へ、山下軍司令官《やましたぐんしれいかん》が自動車《じどうしゃ》をとばしてきた。

山下中将《やましたちゆうじょう》は、菅原中将《すがわらちゆうじょう》にたいして、

「クアラカンサルの鉄橋《てつきょう》が、敵機《てきき》に爆破《ばくは》されないように、ぜひ飛行集団《ひこうしゅうだん》の力《ちから》をかりたい。」

と、協力《きょうりょく》をたのんだ。

マレー半島《はんとう》には、大小《だいしょう》いくつもの川《かわ》がながれており、それには橋《はし》がかかっている。鉄橋《てつきょう》もあれば、コンクリートの橋《はし》もあった。イギリス軍《ぐん》は、日本軍《にほんぐん》の電撃的《でんげきてき》な進出《しんしゅつ》をはばむために、たいきゃくと同時《どうじ》に、橋《はし》を爆破《ばくは》していくので、日本軍《にほんぐん》はいちいち、工兵隊《こうへいたい》にかりの橋《はし》をかけさせてから、進《すす》まなければならなかった。

しかも、橋《はし》をかけようとすると、敵《てき》のしかけた地雷《じらい》が爆発《ばくはつ》して、戦死者《せんししゃ》や負傷者《ふしょうしゃ》が出《で》るので、よけいに、しまつが悪《わる》いのである。

だが、もっとだいじなことは、シンガポールの占領《せんりょう》がおくれることであった。日本軍《にほんぐん》は、一日《にち》も早《はや》く、イギリス軍《ぐん》の牙城《がじょう》シンガポールをおとしいれ、同時《どうじ》に、スマトラの石油地帯《せきゆちたい》を、手《て》に入《い》れたかったのである。石油《せきゆ》は平和《へいわ》なときも、たいせつなものであるが、戦争《せんそう》のときは、石油《せきゆ》の一てきは、血《ち》の一てきとまでいわれるものだ。

山下兵団《やましたへいだん》は、マレー半島《はんとう》を北《きた》から南《みなみ》へと、大電撃戦《だいでんげきせん》を決行《けっこう》してきたのだが、ペラク河《がわ》にかけられたクアラカンサルの橋《はし》は、マレーでも大《おお》きな鉄橋《てっきょう》の一つで、これが爆破《ばくは》されるかされないかは、このあとの電撃戦《でんげきせん》に、たいへんなちがいが出《で》てくるのである。

そのような事情《じじょう》であったから、わざわざ山下中将《やましたちゅうじょう》が、ちょくせつ菅原中将《すがわらちゅうじょう》をたずねてきたのであった。

「しょうちしました。それでは、加藤部隊《かとうぶたい》にそのクアラカンサルの橋《はし》を守《まも》らせましょう。」

菅原中将《すがわらちゅうじょう》は、山下中将《やましたちゅうじょう》に答《こた》えた。

「加藤《かとう》なら、りっぱにやってくれるだろう。」

山下中将《やましたちゅうじょう》は加藤少佐《かとうしょうさ》のことを、よく知《し》っていたから、安心《あんしん》して、軍司令部《ぐんしれいぶ》へかえって行《い》った。そして、山下中将《やましたちゅうじょう》は第《だい》五師団《しだん》の松井旅団《まついりょだん》を、この方面《ほうめん》に向《む》かわせた。

ああ、高山中尉《たかやまちゅうい》

イギリス軍《ぐん》と松井部隊《まついぶたい》は、この橋《はし》をめぐって、ものすごい戦闘《せんとう》をおこなった。

イギリス軍《ぐん》は、この橋《はし》の南《みなみ》の方《ほう》、百《ひゃく》五十キロの所《ところ》にある、クアラルンプールの飛《ひ》行場《こうじょう》から、しつこく戦闘機《せんとうき》・爆撃機《ばくげきき》をくりだして、一日《にち》に十度《ど》も攻撃《こうげき》してくるのである。

「いったい、友軍《ゆうぐん》の飛行機《ひこうき》は何《なに》をしているんだ。」

地上部隊《ちじょうぶたい》の兵隊《へいたい》たちは、爆撃《ばくげき》されるたびに空《そら》を見《み》あげて、はらをたてていた。

加藤部隊《かとうぶたい》に命令《めいれい》がおりたのは、二十二日《にち》の早朝《そうちょう》であった。

少佐《しょうさ》は部下《ぶか》を集《あつ》めると、

「本日《ほんじつ》、クアラカンサル橋《きょう》を守《まも》るために、アロルスター飛行場《ひこうじょう》へ転進《てんしん》する。しかしこの作戦《さくせん》をたやすくするために、転進《てんしん》のまえにクアラルンプールの敵飛行場《てきひこうじょう》を奇襲《きしゅう》し、これを撃《げき》めつする。」

と、いいわたした。

少佐《しょうさ》は、この作戦《さくせん》として、第《だい》二中隊《ちゅうたい》は高度《こうど》二千《せん》メートルで敵《てき》をおびきよせ、第《だい》三中隊《ちゅうたい》は上空《じょうくう》から攻撃《こうげき》し、加藤部隊長《かとうぶたいちょう》は第《だい》一中隊《ちゅうたい》をひきいて、上空《じょうくう》を守《まも》ることにした。

部隊《ぶたい》は十時《じ》三十分《ぷん》に、スンゲイパタニを出発《しゅっぱつ》した。戦闘機《せんとうき》のりにあすはない。一度《ど》出撃《しゅつげき》すれば、はたしてかえれるかどうかは、わからないのだ。

出発《しゅっぱつ》のとき、どうしたことか、滑走《かっそう》にうつった檜中尉機《ひのきちゅういき》は、パラパラパラと爆《ばく》音《おん》にへんな音《おと》がまじり、機体《きたい》にはげしいしんどうがおこった。すぐに機付《きつき》の整備《せいび》兵《へい》がかけつけてきたが、発動機《はつどうき》がこしょうでとびたてなかった。

加藤部隊長《かとうぶたいちょう》も、第《だい》一中隊《ちゅうたい》も、すでに出発《しゅっぱつ》したあとである。

第《だい》二中隊長《ちゅうたいちょう》高山中尉《たかやまちゅうい》は、檜中尉《ひのきちゅうい》にあとからくるように手《て》をふって合図《あいず》をすると、出発《しゅっぱつ》してしまった。それが檜中尉《ひのきちゅうい》が、高山中尉《たかやまちゅうい》をみた最後《さいご》のすがたであった。

高度《こうど》をあげると、すぐにマレー中央山脈《ちゅうおうさんみゃく》が、つばさの下《した》に広《ひろ》がった。

おとり部隊《ぶたい》の高山中隊《たかやまちゅうたい》は、みごとな編隊《へんたい》で、中央山脈《ちゅうおうさんみゃく》を西《にし》にかわし、高度《こうど》二千《せん》メートルで、北《きた》からクアラルンプール飛行場《ひこうじょう》へしんにゅうした。

戦隊主力《せんたいしゅりょく》は、高度《こうど》三千《ぜん》七百《ひゃく》メートルの上空《じょうくう》で、えものがまいあがってくるのをまっていた。

イギリス軍《ぐん》の高射砲陣地《こうしゃほうじんち》が、さかんにうち出《だ》した。空《そら》にはワタの花《はな》のような白《しろ》い弾煙《だんえん》が、みるみるいっぱいに、広《ひろ》がった。しかし飛行場《ひこうじょう》には、一機《き》もみえなかった。

高山機《たかやまき》は急降下《きゅうこうか》して、敵《てき》の格納庫《かくのうこ》を低空銃撃《ていくうじゅうげき》し、高度《こうど》三百《びゃく》メートルで、急上《きゅうじょう》しようにうつった。飛行場《ひこうじょう》の南《みなみ》のはずれであった。そのとき、高山機《たかやまき》のすぐ近《ちか》くで、高射砲弾《こうしゃほうだん》がはれつした。高山機《たかやまき》の後《うし》ろには奥山曹長機《おくやまそうちょうき》と菊地《きくち》少尉機《しょういき》がつづいていたが、高射砲弾《こうしゃほうだん》の爆風《ばくふう》で二機《き》とも、がくりとゆれた。

高山機《たかやまき》はこのとき、砲弾《ほうだん》のはへんを、機体《きたい》に受《う》けたようであった。飛行機《ひこうき》が不《ふ》規則《きそく》にゆれているのを見《み》て、後《うし》ろからついて行《い》くふたりは、はらはらした。たまりかねて、菊地《きくち》少尉《しょうい》が、

「隊長《たいちょう》、だいじょうぶですか。被弾《ひだん》があるようですから、あとは自分《じぶん》たちにまかせてかえってください。」

と、無電《むでん》でいったが、高山機《たかやまき》の無電《むでん》は、こしょうしているのか、中隊長《ちゅうたいちょう》からの返《へん》

事《じ》はなかった。

だが、たとえそれが聞《き》こえていたとしても、高山中尉《たかやまちゅうい》はかえらなかったであろう。からだは小《ち》さいが、きもったまの大《おお》きいことでは、部隊《ぶたい》でも有名《ゆうめい》な高山中尉《たかやまちゅうい》であった。しかもきょうは、クアラルンプールには、敵戦闘機《てきせんとうき》十五機《き》以上《いじょう》がいるという情報《じょうほう》であった。これなら相手《あいて》にとって不足《ふそく》はない。開戦《かいせん》いらいの大空中戦《だいくうちゅうせん》になりそうである。強気《つよき》の高山中尉《たかやまちゅうい》は、たとえ負傷《ふしょう》していたにしても、編隊《へんたい》をはなれはしなかったろう。

じじつ、あとでわかったことだが、さっきの高射砲《こうしゃほう》のはへんは、中尉《ちゅうい》のからだにも、命中《めいちゅう》していたようであった。部下《ぶか》の菊地少尉《きくちしょうい》がそれを証明《しょうめい》している。

高山機《たかやまき》が、急上《きゅうじょう》しょうしているとき、左《ひだり》の前方《ぜんぽう》五百《ひゃく》メートルばかりの所《ところ》に急《きゅう》上《じょう》しょうしてくる、イギリス空軍《くうぐん》の戦闘機《せんとうき》の大編隊《だいへんたい》があった。高山中尉《たかやまちゅうい》は、いち早《はや》くそれを見《み》つけた。イギリス空軍《くうぐん》のバッファロー戦闘機《せんとうき》十五機《き》であった。

高山中尉《たかやまちゅうい》は、部下《ぶか》に攻撃命令《こうげきめいれい》を出《だ》さず、まっしぐらにその編隊《へんたい》めがけて、つっこんで行《い》った。菊地機《きくちき》と奥山機《おくやまき》が、それにつづいた。

その後《うし》ろから、大泉中尉《おおいずみちゅうい》の編隊《へんたい》が中隊長機《ちゅうたいちょうき》をおった。

機《き》である。

前方《ぜんぽう》をみると、もう高山中尉《たかやまちゅうい》は、一機《き》をうち落《お》としている。イギリスの指揮官《しきかん》機《き》である。

これをみて、加藤少佐《かとうしょうさ》の戦隊主力《せんたいしゅりょく》が、ぐんぐん高度《こうど》をさげて、とつにゅうして行《い》った。およそ三十数機《すうき》が、いりみだれての空中戦《くうちゅうせん》になった。

敵味方《てきみかた》の高度《こうど》は、二百《ひゃく》メートルばかりで、ほとんど、クアラルンプールの市街《しがい》とすれすれにとびながら、うちあった。クアラルンプールはマレー半島《はんとう》で、一番《ばん》大《おお》きなうつくしい町《まち》であった。高《たか》い塔《とう》をもった回教寺院《かいきょうじいん》もあれば、大《おお》きな駅《えき》もあった。

その市街《しがい》で、まっ昼間《ぴるま》、市民《しみん》のみている前《まえ》で、たたかうのだから、イギリス空《くう》軍《ぐん》にしても負《ま》けられなかったろう。

横転《おうてん》・反転《はんてん》・急上《きゅうじょう》しょうと、敵味方《てきみかた》の戦闘機《せんとうき》は、ひじゅつをつくしてたたかったが、イギリス空軍《くうぐん》は、隼戦闘隊《はやぶさせんとうたい》の敵《てき》ではなかった。

二機《き》、三機《き》と、火《ひ》の玉《たま》となって市街《しがい》の上《うえ》に落《お》ちていった。

高山中尉《たかやまちゅうい》は二機《き》めをうち落《お》としていた。ほっとひと息《いき》ついているとき、後《うし》ろ上《じょう》方《ほう》から機関銃《きかんじゅう》を連射《れんしゃ》して、つきすすんでくるバッファロー一機《き》をみつけた。

英空軍《えいくうぐん》の戦法《せんぽう》は、一撃離脱主義《げきりだつしゅぎ》といい、急降下《きゅうこうか》しながら、さっと一連射《れんしゃ》うちかけると、そのまま急上《きゅうじょう》しょうして、また高度《こうど》を取《と》って、うってくるのである。高《たか》山中尉《やまちゅうい》はそれを知《し》っているから、機首《きしゅ》をたてなおすと、いま自分《じぶん》の頭《あたま》の上《うえ》をかすめていった敵機《てきき》を、全速力《ぜんそくりょく》でおった。

そのとき、エンジンが異様《いよう》にうなりだし、機体《きたい》が何《なに》かにたたきつけられたようにガタンとゆれた。風防《ふうぼう》ごしに見《み》ると、すごい早《はや》さで左右《さゆう》のつばさが、大空《おおぞら》へはじけとんでいった。高山機《たかやまき》は空中分解《くうちゅうぶんかい》をしたのである。飛行場《ひこうじょう》のすみで、高射砲《こうしゃほう》のはへんが命中《めいちゅう》したのが、いまになって、このおそろしい事故《じこ》を、おこしたものと思《おも》われた。

すて身《み》の肉弾攻撃《にくだんこうげき》

高山中尉《たかやまちゅうい》は、自分《じぶん》の両《りょう》うでがもぎ取《と》られたような、苦痛《くつう》をおぼえたことであろう。しかし、とっさに中尉《ちゅうい》は、かっと見《み》ひらいた目《め》で前《まえ》をみた。三十メートルばかりななめ下《した》の方《ほう》にバッファローがいた。中尉《ちゅうい》はほとんど胴体《どうたい》だけになったような愛機《あいき》を、その方《ほう》にとっしんさせて行《い》った。
つばさを失《うしな》った戦闘機《せんとうき》は、大《おお》きな砲弾《ほうだん》のようにとび、敵機《てきき》にぶちあたった。文《も》字《じ》どおりの肉弾攻撃《にくだんこうげき》であった。敵味方《てきみかた》二つの飛行機《ひこうき》は火《ひ》の玉《たま》となって、地上《ちじょう》へ落《お》ちていった。

「中隊長《ちゅうたいちょう》どの、中隊長《ちゅうたいちょう》どの！」

高山機《たかやまき》の戦闘《せんとう》を最後《さいご》までみていたのは、部下《ぶか》の奥山曹長《おくやまそうちょう》であった。曹長《そうちょう》は、火《ひ》の玉《たま》となって落《お》ちていく高山機《たかやまき》をみながら、その上空《じょうくう》で念仏《ねんぶつ》をとなえて、かえったのだった。

檜中尉《ひのきちゅうい》は、こしょうをおこした愛機《あいき》をなおすのに、一時間《じかん》もかかった。それで、クアラルンプールの攻撃《こうげき》には参加《さんか》できず、アロルスターの飛行場《ひこうじょう》に向《む》かった。

飛行場《ひこうじょう》の上《うえ》にきてみると、すでに加藤部隊《かとうぶたい》は、凱歌《がいか》をあげて、かえってきていた。しかし、上《うえ》からかぞえてみると、自分《じぶん》の中隊《ちゅうたい》の飛行機《ひこうき》が、一機《き》たりない。むなさわぎしながら着陸《ちゃくりく》すると、奥山曹長《おくやまそうちょう》がかけてきて、

「檜中尉《ひのきちゅうい》どの、申《もう》しわけありません。中隊長《ちゅうたいちょう》どのがやられました。」

といって、なみだをぽたぽたとながした。クアラルンプール上空《じょうくう》の空中戦《くうちゅうせん》は、イ

ギリス空軍《くうぐん》のバッファロー戦闘機《せんとうき》十五機《き》を撃《げき》ついし、大戦果《だいせんか》をあげたが、高山中《たかやまちゅう》隊長《たいちょう》を失《うしな》ったことで部下《ぶか》たちには、よろこびの色《いろ》もなかった。

それにもまして、ふかい悲《かな》しみに、じっとたえていたのは加藤部隊長《かとうぶたいちょう》であった。タイランド湾《わん》の船団護衛《せんだんごえい》で三名《めい》の部下《ぶか》を失《うしな》い、いままた、片《かた》うでとたのむ高山中《たかやまちゅう》尉《い》を失《うしな》い、そのむねの中《なか》は、どんなであったろう。

加藤少佐《かとうしょうさ》は、菊地少尉《きくちしょうい》から高山中尉戦死《たかやまちゅういせんし》の報告《ほうこく》を聞《き》くと、

「高山《たかやま》、よくやってくれた。」

といって、英霊《えいれい》に感謝《かんしゃ》するように、ふかく首《くび》をうなだれた。

夜間爆撃第一陣《やかんばくげきだいじん》

戦闘機隊《せんとうきたい》が、はなばなしくかつやくしているとき、重《じゅう》・軽爆撃機隊《けいばくげききたい》もまた、シンガポール爆撃《ばくげき》を計画《けいかく》していた。そして十二月二十九日《がつにち》に、その第一撃《だいげき》をおこなった。

これに選《えら》ばれたのは、山本部隊《やまもとぶたい》の森谷中尉《もりやちゅうい》を機長《きちょう》とする、重爆撃機《じゅうばくげきき》一機《き》であっ

た。森谷機《もりやき》はアロルスター飛行場《ひこうじょう》を、日本時間《にほんじかん》の午後《ごご》九時《じ》三十分《ぷん》に出発《しゅっぱつ》した。夜《や》間爆撃《かんばくげき》である。高度《こうど》五千《せん》メートルで、西海岸《にしかいがん》ぞいに南下《なんか》し、シンガポール島《とう》がみえるころ、高度《こうど》を三千《ぜん》メートルにさげた。

上弦《じょうげん》の月《つき》が、あわく雲《くも》の上《うえ》をてらしていた。

「もし、雲《くも》のため、目標《もくひょう》が見《み》えなかったらこまるなあ。」

森谷中尉《もりやちゅうい》は心配《しんぱい》したが、さいわいにも雲《くも》は、南《みなみ》へ行《い》くにしたがって切《き》れていた。海岸線《かいがんせん》をスマトラがわに出《で》て、機首《きしゅ》を北《きた》に向《む》けた。一度《ど》南《みなみ》にでて、北上《ほくじょう》し、一気《き》に爆撃《ばくげき》しようというのである。高度《こうど》三千《ぜん》メートルから千《せん》メートルに落《お》として、バルブをしぼった。二つの爆音《ばくおん》が消《き》え、シュル、シュル、シュルと、タケの葉《は》をこするような音《おと》になる。

イギリス軍《ぐん》は、まだ気《き》がつかないようだ。森谷機《もりやき》はだいたんにも、三百《びやく》メートルまで急降下《きゅうこうか》しながら、爆弾《ばくだん》をはなった。目標《もくひょう》はセンバワン近《ちか》くの、北部燃料《ほくぶねんりょう》タンクのむれである。

五か所《しょ》から火柱《ひばしら》がたつと、それはたちまち、暗黒《あんこく》の中《なか》に赤《あか》一色《しょく》にもえはじめた。同時《どうじ》に、今《いま》までちんもくしていた高射砲《こうしゃほう》がほえ、八本《ほん》の探照燈《たんしょうとう》が、森谷機《もりやき》をとらえようと、大空《おおぞら》をはいた。

しかし、森谷《もりや》機《き》は高度《こうど》をとって、雲《くも》の上《うえ》にかくれた。

第《だい》一回爆撃《かいばくげき》は成功《せいこう》であった。

当時《とうじ》、シンガポールには、戦闘機《せんとうき》・爆撃機《ばくげきき》を合《あ》わせて、八十機《き》から八十七機《き》がいると、偵察機《ていさつき》は報告《ほうこく》していた。この中にはホーカー＝ハリケーンという、機関《きかん》銃《じゅう》を八門《もん》つけたイギリスの新鋭戦闘機《しんえいせんとうき》もふくまれていた。

また防空砲火《ぼうくうほうか》は、高射砲《こうしゃほう》・高射機関砲《こうしゃきかんほう》を合《あ》わせて、二百門《ひゃくもん》をそなえ、その警戒《けいかい》は厳重《げんじゅう》であった。

第《だい》三飛行集団《ひこうしゅうだん》では、森谷《もりや》中尉機《ちゅういき》につづいて、三十日《にち》の夜《よる》も夜間爆撃《やかんばくげき》を決行《けっこう》し、それからほとんど、毎《まい》ばんのようにつづいた。二機《き》、三機《き》。多《おお》いときでも、重爆《じゅうばく》三機《き》、軽爆《けいばく》二機《き》という小編隊《しょうへんたい》であったが、戦果《せんか》は大《おお》きかった。テンガー飛行場《ひこうじょう》・セレター飛行場《ひこうじょう》・センバワン飛行場《ひこうじょう》、燃料《ねんりょう》タンクがおもな攻撃目標《こうげきもくひょう》で、シンガポールの夜空《よぞら》には、いつも赤《あか》いほのおと黒煙《こくえん》がたちこめていた。

さらに、一月《がつ》十二日《にち》には、まっ昼間《びるま》、本格的《ほんかくてき》なシンガポール航空撃滅戦《こうくうげきめつせん》がおこなわれた。

重爆隊《じゅうばくたい》は小川部隊《おがわぶたい》の十八機《き》、それを加藤《かとう》・中尾《なかお》の戦闘機部隊《せんとうきぶたい》が守《まも》って出発《しゅっぱつ》した。ジョホールバル上空《じょうくう》にたっすると、シンガポール島《とう》の全火砲《ぜんかほう》が空《そら》に向《む》かって、うちだされた。

ジョホールバルは、せまいジョホール水道《すいどう》をへだてて、シンガポールに面《めん》した、北《きた》の要塞《ようさい》であった。イギリス軍《ぐん》は、高度《こうど》四千《せん》五百《ひゃく》メートルの雲《くも》の上《うえ》に三機《き》、雲《くも》の下《した》に十機《き》、海上《かいじょう》に二機《き》といったふうに、バッファロー戦闘機《せんとうき》を、三だんがまえに配置《はいち》して、日本軍《にほんぐん》の大編隊《だいへんたい》をむかえうとうとした。

イギリスの戦闘機《せんとうき》は、日本軍《にほんぐん》の重爆隊《じゅうばくたい》をねらっていたのだが、重爆隊《じゅうばくたい》を守《まも》っていった加藤《かとう》・中尾《なかお》の戦闘機隊《せんとうきたい》がそれをゆるさなかった。両部隊《りょうぶたい》は空中戦《くうちゅうせん》でバッファロー十一機《き》を撃《げき》ついして、全機帰着《ぜんききちゃく》した。中《なか》でも少年飛行兵出身《しょうねんひこうへいしゅっしん》の三谷曹長《みたにそうちょう》はひとりで二機《き》をうち落《お》とし、三機《き》めをともえ戦《せん》につりだして一発《ぱつ》くらわせようとしたしゅんかん、地上《ちじょう》の高射砲《こうしゃほう》のはへんを、右足《みぎあし》のつけ根《ね》に受《う》けた。気《き》じょうぶな曹長《そうちょう》は、いたでにくっせず、そうじゅうをつづけ、基地《きち》へかえってきた。

少年飛行兵出身《しょうねんひこうへいしゅっしん》の飛行兵《ひこうへい》たちは、士気《しき》がさかんで、冒険談《ぼうけんだん》も多《おお》かった。

軽爆撃機《けいばくげきき》の徳永部隊勝村中隊《とくながぶたいかつむらちゅうたい》は、一月《がつ》十四日《にち》バトパハ（マラッカ海峡《かいきょう》に面《めん》した要《よう》港《こう》）を攻撃《こうげき》し、港《みなと》にていはくしていた五千トン級《きゅう》のイギリス商船《しょうせん》をうちしずめ、飛行場《ひこうじょう》の格納庫《かくのうこ》をめちゃめちゃに爆撃《ばくげき》して、かえってきたが、飛行場《ひこうじょう》のすみには、高射砲陣地《こうしゃほうじんち》があって、飛行場《ひこうじょう》の爆撃《ばくげき》は思《おも》うようにいかなかった。そこで中隊長《ちゅうたいちょう》勝村大尉《かつむらたいい》は、

「堤軍曹《つつみぐんそう》・戸塚伍長《とつかごちょう》の両機《りょうき》は、敵高射砲陣地《てきこうしゃほうじんち》を攻撃《こうげき》、ちんもくせしむべし。」

という命令《めいれい》をだした。ふたりとも少年飛行兵出身《しょうねんひこうへいしゅっしん》であった。

飛行場《ひこうじょう》へしんにゅうしようとすると、高射砲陣地《こうしゃほうじんち》は、弾幕《だんまく》で地上《ちじょう》が見《み》えないほど、うちだした。これでは、爆撃《ばくげき》の照準《しょうじゅん》（ねらいを定《さだ》める。）さえつかない。今日《こんにち》では、レーダーが発達《はったつ》したから、雲《くも》の上《うえ》からでも、爆撃《ばくげき》できるが、そのころの日《に》本軍《ほんぐん》には、まだレーダーをそなえた飛行機《ひこうき》はなかった。

しかも、イギリス軍《ぐん》の高射砲《こうしゃほう》は、照準《しょうじゅん》が正確《せいかく》で、ダーン、ダーンと堤《つつみ》・戸塚機《とつかき》の十五、六メートル前《まえ》ではれつするのである。一秒《びょう》のちがいで命中《めいちゅう》するばかりか、うっかりすると、はれつしたときの爆風《ばくふう》で、ついらくするかもしれないきけん性《せい》があった。

そのはげしい弾幕《だんまく》をくぐって、やっと高射砲陣地《こうしゃほうじんち》のま上《うえ》までくると、爆撃手《ばくげきしゅ》は

照準器《しょうじゅんき》をにらむより早《はや》く、爆弾《ばくだん》を投下《とうか》した。

地上《ちじょう》にむくむくと、黒煙《こくえん》があがった。命中《めいちゅう》したようだ。高射砲陣地《こうしゃほうじんち》はちんもくしてしまった。基地《きち》へかえってみると、戸塚《とつか》機には二十八発《ぱつ》、堤《つつみ》機には三十発《ぱつ》のたまのはへんがあたり、大小《だいしょう》さまざまのあなをあけていた。

「これでよく、命《いのち》があったもんだ。」

勝村中隊長《かつむらちゅうたいちょう》は、あきれた顔《かお》でふたりの顔《かお》を見《み》くらべていたが、大男《おおおとこ》の露木《つゆき》軍曹《ぐんそう》がそばから、

「隊長《たいちょう》どの。堤軍曹《つつみぐんそう》は、命《いのち》を二つ以上《いじょう》もっているようであります。さっき着陸《ちゃくりく》したときには、左《ひだり》の車輪《しゃりん》がやられていたので、右《みぎ》の車輪《しゃりん》をピストルでうってパンクさせ、軽業師《かるわざし》みたいな着陸《ちゃくりく》をしたのであります。」

と、すっぱぬいてしまった。

「あきれたやつだ。でも、そうやってかえってきたところを見《み》ると、きっと不死《ふじ》身《み》なんだな。」

中隊長《ちゅうたいちょう》は、部下《ぶか》の命《いのち》びろいをよろこびながらも、わざと目《め》を、ぱちぱちさせてみせた。

ちゅう返《がえ》りで脚《きゃく》を出《だ》せ

一月《がつ》十五日《にち》徳永部隊《とくながぶたい》は、戦闘機隊《せんとうきたい》の中尾部隊《なかおぶたい》と合同《ごうどう》し、戦爆連合《せんばくれんごう》の大編隊《だいへんたい》によるシンガポール攻撃《こうげき》をおこなった。目標《もくひょう》はテンガー飛行場《ひこうじょう》である。

シンガポール島《とう》は雲《くも》の多《おお》い所《ところ》だが、その日《ひ》も雲《くも》の層《そう》は、あつかった。上《じょう》だん・中《ちゅう》だん・下《げ》だんと三だんにわかれて、大《おお》きなワタのかたまりのように、わだかまっているのである。

徳永部隊《とくながぶたい》の軽爆撃機《けいばくげきき》は、発動機《はつどうき》が二つあり、胴体《どうたい》は金魚《きんぎょ》のはらのようにふくれている。新式《しんしき》のもので、急降下爆撃《きゅうこうかばくげき》が得意《とくい》である。

テンガー飛行場《ひこうじょう》が近《ちか》くなると、徳永中佐《とくながちゅうさ》は、

「全軍突撃《ぜんぐんとつげき》！」

の合図《あいず》をした。下《げ》だんの雲《くも》の上《うえ》で、編隊《へんたい》は、エンジンをとめて、指揮官機《しきかんき》から一機《き》ずつ、急降下爆撃《きゅうこうかばくげき》にうつる。

格納庫《かくのうこ》は前《まえ》の爆撃《ばくげき》で、あちこちに大《おお》あなをあけていたが、まだもえてはいなか

った。

滑走路《かっそうろ》の近《ちか》くには、戦闘機《せんとうき》と爆撃機《ばくげきき》が、一機《き》ずつならんでいた。だがこれは、敵《てき》をあざむくための、にせ飛行機《ひこうき》であった。空《そら》の上《うえ》からみると、本物《ほんもの》そっくりにみえるが、木《き》や紙《かみ》で作《つく》り、迷彩《めいさい》をほどこしていた。

「にせ飛行機《ひこうき》に注意《ちゅうい》。」

出発《しゅっぱつ》のときに訓示《くんじ》があったので、みなは迷彩《めいさい》したにせ飛行機《ひこうき》には、だまされなかった。滑走路《かっそうろ》に大《おお》あなをあけて、つかえないように、全弾《ぜんだん》をたたきこんだ。

爆撃《ばくげき》を終《お》わったとき、雲《くも》の上《うえ》からバッファロー十六機《き》が、三隊《たい》にわかれて、徳《とく》永部隊《ながぶたい》をおそってきた。

上空《じょうくう》を守《まも》っていた中尾部隊《なかおぶたい》の戦闘機《せんとうき》が、ただちにバッファローのむれへ、つきすすんで行《い》った。

しかし、中尾部隊《なかおぶたい》の攻撃《こうげき》をのがれたバッファロー三機《き》は、徳永部隊《とくながぶたい》の軽爆撃機《けいばくげきき》をおそってきた。

勝村中隊《かつむらちゅうたい》の三番機《ばんき》は、そうじゅうが熊沢中尉《くまざわちゅうい》で、爆撃手《ばくげきしゅ》（射手《しゃしゅ》もかねている。）が、露木軍曹《つゆきぐんそう》であった。軍曹《ぐんそう》はできるだけ、敵機《てきき》をひきつけておいて、一撃《げき》かけたあと、上《じょう》しょう反転《はんてん》するのを、下《した》からねらいうちに曳光弾《えいこうだん》をあびせた。バッファローは黒煙《こくえん》の尾《お》をひいて落《お》ちていった。

ふと見《み》まわすと、あちらにも一機《き》、こちらにも一機《き》バッファローがついらくしていく。日本《にほん》の戦闘機《せんとうき》のようにスマートでなく、ずんぐりしたかっこうなので、すぐにわかった。そのとき、露木軍曹《つゆきぐんそう》の頭《あたま》の上《うえ》を、黒《くろ》いかげがさっと走《はし》り去《さ》った。

「敵機《てきき》か。」

とみれば、二番機《ばんき》の戸塚伍長機《とつかごちょうき》である。その戸塚機《とつかき》は、何《なに》か黒《くろ》いものを機首《きしゅ》の方《ほう》から、ぱっぱっとはきだしている。滑油《かつゆ》だ、滑油《かつゆ》をふんしゅつさせているのであった。滑油《かつゆ》がなくなれば、飛行機《ひこうき》のプロペラがとまってしまう。熊沢中尉《くまざわちゅうい》は、無《む》電《でん》で戸塚機《とつかき》へ注意《ちゅうい》した。

「滑油系統《かつゆけいとう》がこしょうのようだが、だいじょうぶか。」

「だいじょうぶです。ご心配《しんぱい》かけてすみません。どんなことがあっても、かえります。」

戸塚伍長《とつかごちょう》は、そういいながら、速力《そくりょく》ののろくなった愛機《あいき》を泳《およ》がせるようにあやつっている。

熊沢中尉《くまざわちゅうい》は、基地《きち》まで戸塚機《とつかき》につきそって、やっとかえりついたが、戸塚機《とつかき》の脚《きゃく》がでない。この九九式軽爆《しきけいばく》は引込脚《ひっこみきゃく》といって、飛行中《ひこうちゅう》は脚《きゃく》を、引《ひ》っこませるようになっていた。

「非常手段《ひじょうしゅだん》として、手《て》おしポンプをおせ。」

さきに着陸《ちゃくりく》していた勝村中隊長《かつむらちゅうたいちょう》は、対空無線班《たいくうむせんはん》に命《めい》じて、そういったが、戸塚《とつか》機《き》からは返事《へんじ》がなかった。無線《むせん》もついにこしょうしたようだ。

田口准尉《たぐちじゅんい》がまいあがって行《い》った。准尉《じゅんい》の飛行機《ひこうき》の胴体《どうたい》にははくぼくで「手《て》おしポンプでおせ。」と、書《か》いてあった。

田口准尉《たぐちじゅんい》は戸塚機《とつかき》とならんで、胴体《どうたい》の文字《もじ》をゆびさした。戸塚伍長《とつかごちょう》は、手《て》をふった。

(そのとおりにしてみたが、だめだった。)

という意味《いみ》らしい。

(それなら、おれのするとおりにしろ。)

田口准尉《たぐちじゅんい》は手《て》まねでいって、いきなりちゅう返《がえ》りをはじめた。遠心力《えんしんりょく》を応用《おうよう》して、脚《きゃく》を出《だ》そうというのだ。戸塚伍長《とつかごちょう》は田口准尉《たぐちじゅんい》にならって、一回《かい》ちゅう返《がえ》りをした。そのとき准尉《じゅんい》がふとみると、戸塚機《とつかき》の尾部《びぶ》に、大《おお》あながあいているのを発見《はっけん》した。

（わあっ、たいへん。このまま、ちゅう返《がえ》りしたら、尾部《びぶ》がふっとんで、空中分解《くうちゅうぶんかい》をおこしてしまうぞ。）

手《て》をふって、やめさせようとしたが、戸塚機《とつかき》は二回《かい》めのちゅう返《がえ》りにうつっていた。

しかも、二回《かい》めのちゅう返《がえ》りでも、脚《きゃく》はでなかった。田口准尉《たぐちじゅんい》はむねをなでおろしたが、戸塚伍長《とつかごちょう》は、のるかそるか、強行着陸《きょうこうちゃくりく》するつもりで、高度《こうど》をさげ、空中滑走《くうちゅうかっそう》にうつった。

なんということか、そのときになって、やっと脚《きゃく》がでた。まさに九死《し》に一生《しょう》をえた生《せい》かんであった。

着陸《ちゃくりく》した戸塚機《とつかき》を見《み》ると、ガソリンタンクとプロペラ二まい、垂直安定板《すいちょくあんていばん》がいぬかれ、尾部《びぶ》には高射砲弾《こうしゃほうだん》のはへんで、直径《ちょっけい》三十センチの大《おお》あながあいていた。被弾《ひだん》（敵《てき》のたまを受《う》ける。）は、じつに五十発《ぱつ》。よく全員《ぜんいん》ぶじにかえれたものだと戦友《せんゆう》たちはかたをたたきあって、よろこんだのであった。

シンガポール航空撃滅戦《こうくうげきめつせん》は、こうして、日《ひ》ましにはげしくなっていったが、第《だい》三飛行集団《ひこうしゅうだん》の各部隊《かくぶたい》はよくたたかい、よく戦果《せんか》をあげた。

二月八日《がつようか》を期《き》して、山下兵団《やましたへいだん》は、シンガポールの総攻撃《そうこうげき》を開始《かいし》したが、このときまでに、シンガポールにいたイギリス空軍《くうぐん》の八十余機《よき》は、撃《げき》つい、あるいは地《ち》上撃破《じょうげきは》によりぜんめつし、わずかに二十数機《すうき》が、ジャワ・スマトラへのがれただけだった。

このような航空戦《こうくうせん》のかげには、整備兵《せいびへい》・機付兵《きつきへい》・飛行場警備隊《ひこうじょうけいびたい》などの、なみなみならぬ苦労《くろう》があったことも、また知《し》らなければならない。

■もっと知りたい④■
陸軍航空のエースが「本当に語り遺したかった」こと

この章は航空戦ですので、敵国の戦力比較をしておくことが大事です。本書の8章にあるように、大本営は敵国の航空戦力を次のように判断しています。

蘭領東インドの三〇〇機を筆頭に、マレー方面二〇〇機、フィリピン一六〇機、ビルマ方面五〇機、香港一〇機。これに加えて、インドには二〇〇機、オーストラリア二五〇機、ニュージーランド一〇〇機――これが開戦時の分析ですが、その後も続々と飛行機は敵基地に補充されています。

対する日本はといえば、海軍の零式戦闘機が使えれば航続距離も長く戦力として有効ですが、ここでの主力は陸軍です。第三飛行集団を中心に戦闘機一八〇機、重爆撃機一三〇機、軽爆撃機一〇〇機、偵察機四五機と、一見整備されているようにみえますが、問題はどこに航空基地を設けるかでした。

日本軍は仏領インドシナのサイゴンに飛行場を設けていましたが、ここからはマレー半島まで航続距離が長い。海軍の航空隊が後方支援に参加するとはいえ、敵上空に達するまで何時間もかかる。対するイギリス軍は迎え撃つだけです。約七〇〇機の攻撃機を擁する日本とはいえ、圧倒的に戦況は不利だったのです。

この航空戦を率いたのは、第三飛行集団師団長の菅原道大中将でした。菅原さんは大正十四年に陸軍航空科が独立したときに航空少佐に転じました。当時、三十七歳です。以来、陸軍航空の生え抜きとして、飛行隊のエースに成長していました。この菅原さんは、のちに沖縄の陸軍特別攻撃隊、いわゆる特攻の総責任者になるほどの逸材で、海軍の大西瀧治郎に匹敵する存在感を示した人物です。

戦後になって私は、菅原さんに取材する機会がありました。その当時は埼玉県飯能で、細々と養鶏業を営んでおられました。テーマは特攻だったのですが、彼が本当に話をしたかったのは、自身の軍人生活において全力を挙げて取り組んだ、このマレー航空撃滅戦のことだったのです。

陸軍特攻に関しては語りたくなかったのでしょう、私がしつこく食い下がると、座敷に正座して深々とお辞儀をするようにして、

「何卒《なにとぞ》特攻隊の若者たちのことは悪く書かないでください。悪いのは大本営の高級参謀と私たちです」

としきりに言っていたことが印象的でした。　　　　（半藤一利）

5　シンガポールへの道

陸兵《りくへい》、海《うみ》を行《い》く

ジットラライン、おつ！

この知《し》らせを受《う》けた、シンガポールのイギリス軍総司令部《ぐんそうしれいぶ》は、あっとおどろいた。

六か月《げつ》の月日《つきひ》をかけて、厳重《げんじゅう》にきずきあげた永久陣地《えいきゅうじんち》であった。どんな大軍《たいぐん》にせめよせられても、三か月間《げつかん》はらくに守《まも》りとおせるはずのかたい陣地《じんち》が、たった一日《にち》でせめおとされるとは、とても信《しん》じられなかったのであろう。

「まるで、悪《わる》いゆめを見《み》ているようだ。」

と、総司令官《そうしれいかん》のパーシバル中将《ちゅうじょう》はつぶやいた。その顔《かお》は青《あお》ざめていた。

「しかし、それが事実《じじつ》だとすれば、ゼネラルヤマシタはおそるべき相手《あいて》だ。だが、われわれは全力《ぜんりょく》をつくして、クアラルンプール市《し》だけは守《まも》りぬかねばならぬ。」

クアラルンプールは、マレー連邦州《れんぽうしゅう》の首都《しゅと》であり、マレー半島第《はんとうだい》一の都市《とし》であった。

もしも、この首都《しゅと》が日本軍《にほんぐん》の手《て》におちるようなことがあれば、それこそ、マレー半島《はんとう》は総《そう》くずれになるだろう。

クアラルンプールへ向《む》けて、増援《ぞうえん》の大部隊《だいぶたい》がどんどん送《おく》りこまれる。勇《ゆう》かんをもってなる、オーストラリア軍《ぐん》の第《だい》十二旅団《りょだん》と第《だい》二十八旅団《りょだん》も、その増援軍《ぞうえんぐん》の中《なか》にふくまれていた。

この二つの旅団《りょだん》が陣《じん》どったのは、カンパル付近《ふきん》であった。標高《ひょうこう》三千《ぜん》メートルから四千《せん》メートルの山脈《さんみゃく》のふもとに、大《おお》いそぎで陣地《じんち》をきずいて、ずらりと大砲《たいほう》をならべた。

陣地《じんち》の前《まえ》には、河《かわ》がながれていて、その付近《ふきん》は、ずうっと湿地帯《しっちたい》である。日本《にほん》軍《ぐん》が、この湿地帯《しっちたい》に足《あし》を取《と》られているところを、大砲《たいほう》の一せい射撃《しゃげき》で、ぜんめつさせようという作戦《さくせん》だった。そして、その作戦《さくせん》はあたった。

ペラク河《がわ》をわたって、カンパルへと進撃《しんげき》してきた、第《だい》五師団《しだん》の河村部隊《かわむらぶたい》は、十二月《がつ》二十九日《にち》、この湿地帯《しっちたい》につきあたった。さすがの銀輪部隊《ぎんりんぶたい》も、タイヤをどろ沼《ぬま》に取《と》られては、どうすることもできない。

リュウ、リュウ、リュウ……空《くう》をひきさく砲弾《ほうだん》のうなり。たちまち、あたりはとびちるどろと砲煙《ほうえん》にうずまった。三十日《にち》、三十一日《にち》になっても、負傷者《ふしょうしゃ》はでる一方《ぽう》で、一歩《ぽ》も前進《ぜんしん》できない。

まともにせめていては、この敵陣《てきじん》はぬけないとみた軍司令部《ぐんしれいぶ》は、一つの奇策《きさく》を考《かん》えだした。

それは舟艇機動部隊《しゅうていきどうぶたい》によって、海上《かいじょう》から敵《てき》の後《うし》ろにまわりこみ、これをおそおうという作戦《さくせん》である。

だが、マラッカ海《かい》は、イギリス艦隊《かんたい》の海《うみ》であり、その空《そら》もイギリス空軍《くうぐん》のものだった。しかし、これよりほかには、カンパルの堅陣《けんじん》をおとしいれる方法《ほうほう》はないのだ。

十二月《がつ》三十一日《にち》。日本《にほん》では大《おお》みそかだ。その夜《よる》十時《じ》、歩兵《ほへい》第《だい》十一連隊長《れんたいちょう》渡辺《わたなべ》大佐《たいさ》のひきいる一個大隊《こだいたい》は、ペラク河《がわ》の河口《かこう》のルムト港《こう》から、六十せきの上陸用《じょうりくよう》舟艇《しゅうてい》で、まっくらやみの海上《かいじょう》へのりだした。

どこに敵《てき》の潜水艦《せんすいかん》がひそんでいるか、わからぬマラッカ海《かい》だ。すこしも油断《ゆだん》はできない。

「おい。ちょうど十二時《じ》だぞ。」

だれかが、夜光《やこう》どけいを見《み》ていった。

「では、内地《ないち》では除夜《じょや》の鐘《かね》がなっているころだ。」

「それから、正月《しょうがつ》だ。いや、もう、今《いま》は昭和《しょうわ》十七年《ねん》になっているんだぜ。」

「では、おめでとう！」

「いや、そのおめでとうは、シンガポールにはいってからいおうぜ。」

やがて、夜《よ》が明《あ》けて、南国《なんごく》の太陽《たいよう》が、いるようにふりそそいできた。

「あっ！　敵機《てきき》だ。」

ヤシ林《ばやし》のむこうから、ふいにあらわれたのは、つばさに三角《かく》のしるしをつけた、オランダ空軍《くうぐん》の戦闘機《せんとうき》と爆撃機《ばくげきき》の三機《き》であった。さあっと、つばさをひるがえすと、バリ、バリ、バリッと機銃掃射《きじゅうそうしゃ》をあびせてくる。

ダダン、ダダン……、すごい爆発音《ばくはつおん》だ。ぐらぐらっと船《ふね》がゆれる。海面《かいめん》に、もくもくっと海坊主《うみぼうず》のような水柱《みずばしら》がたちあがる。舟艇《しゅうてい》には機関銃《きかんじゅう》しかない。タンタンタン……、銃身《じゅうしん》もやけよとばかり空《そら》へ向《む》けて、うちまくる。

「やったぞ！」

一機《き》が、まっさかさまに海中《かいちゅう》に落《お》ちた。と、もう一機《き》も火《ひ》をはきながら、きりきりまいをはじめた。それを見《み》ると、あとの一機《き》は、ヤシ林《ばやし》のかなたへとび去《さ》って行《い》った。

ほっとして、昼食《ちゅうしょく》をしているとき、つばさに日《ひ》の丸《まる》もあざやかな、日本《にほん》の偵察《ていさつ》機《き》が一機《き》とんできて、通信筒《つうしんとう》を落《お》として去《さ》った。

それを読《よ》む渡辺大佐《わたなべたいさ》の顔《かお》が、ぎゅっと引《ひ》きしまった。

「連隊長《れんたいちょう》どの。何《なに》か悪《わる》いしらせでも……。」

副官《ふくかん》がたずねた。

「うむ。イギリスの戦艦《せんかん》がこっちに向《む》かってきているというのだ。」

「戦艦《せんかん》が！」

ぎょっとしたような声《こえ》であった。小《ちい》さい木《こ》の葉《は》のような上陸用舟艇《じょうりくようしゅうてい》は、戦艦《せんかん》の前《まえ》ではタカにおそわれる子《こ》スズメであろう。

「いそげ！　そして、警戒《けいかい》を厳重《げんじゅう》にせよ。」

早《はや》く日《ひ》がくれないか。早《はや》くくれてくれ。

今《いま》は、やみよりほかに、舟艇部隊《しゅうていぶたい》をすくってくれるものはないのだ。時《とき》の流《なが》れは変《か》わらないのに、まちこがれていると時《とき》のたつのがのろのろと感《かん》じられる。

「ああ、よかったですね。連隊長《れんたいちょう》どの。」

副官《ふくかん》の声《こえ》が明《あか》るかった。戦艦《せんかん》に発見《はっけん》されないうちに、マラッカの海《うみ》はくれはじめたのであった。しずむ太陽《たいよう》に、波《なみ》は金色《きんいろ》に光《ひか》り、やがて、光《ひかり》を失《うしな》うと、くらい色《いろ》に変《か》わった。そして、空《そら》には、南十字星《みなみじゅうじせい》があらわれた。

渡辺舟艇部隊《わたなべしゅうていぶたい》が、ベルナル河口《かこう》にたどりつき、上陸《じょうりく》したのは、その夜《よ》の十時《じ》だった。

そこは、カンパルの陣地《じんち》の後《うし》ろがわなのであった。

武勇《ぶゆう》のほまれ高《たか》いオーストラリア軍団《ぐんだん》も、ふいに後《うし》ろにあらわれた日本軍《にほんぐん》には、きもをつぶすほどおどろいた。

「いかん。はさみうちをくらうぞ。たいきゃくだ。スリムの陣地《じんち》までたいきゃくせよ。」

カンパル守備《しゅび》の、指揮官《しきかん》の命令《めいれい》が出《で》たのは、その夜中《よなか》であった。

橋《はし》になみだをながして

スリムは、ジットララインとともに、イギリスがほこる堅陣《けんじん》である。クアラルンプールから北《きた》へ百《ひゃっ》キロ。ここが、首都《しゅと》を守《まも》る最後《さいご》のとりでとされているのは、付近《ふきん》の地形《ちけい》が、そのまま天然《てんねん》の要塞《ようさい》になっているからである。海抜《かいばつ》二千百《せんひゃく》メートルのガスピス山《さん》をはじめとする、マレー中央山脈《ちゅうおうさんみゃく》のけわしい山《やま》やまが西《にし》からなだれて、湿地帯《しっちたい》にはりだし、湿地帯《しっちたい》の東《ひがし》がわは、まだ人《ひと》の通《とお》ったことのない大密林《だいみつりん》におおわれているのだ。

一本《ぽん》の道路《どうろ》は、山すそをぬってまがりくねりながら、クアラルンプールへとつづいている。道路《どうろ》の両《りょう》がわは、密林《みつりん》をやきはらって、つくったゴム林《りん》である。この地形《ちけい》では、人間《にんげん》の通《とお》れる所《ところ》は、道路《どうろ》とゴム林《りん》よりほかにはない。

イギリス軍《ぐん》は、だから、道路《どうろ》とゴム林《りん》だけを守《まも》ればよいわけだった。

湿地《しっち》の谷《たに》を、みおろす高台《たかだい》のゴム林《りん》を第《だい》一線陣地《せんじんち》にして、たて一直線《ちょくせん》に、ふかく六キロにわたって、七線《せん》の陣地《じんち》をしいていた。

各陣地《かくじんち》には、まるで、クモのすのように鉄条網《てつじょうもう》をはりめぐらしてある。そして、道路上《どうろじょう》には、戦車《せんしゃ》を通《とお》さないように、ドラムかんほどのコンクリートで作《つく》った円《えん》筒《とう》の柱《はしら》を、にょきにょき立《た》てならべてある。その一本《ぽん》一本《ぽん》に、動《うご》かすとたちまち爆発《ばくはつ》する爆薬《ばくやく》が、しかけてあるのだった。

しかも、この陣地《じんち》を守《まも》るイギリス軍《ぐん》は、歩《ほ》兵《へい》二個《こ》旅団《りょだん》・砲兵《ほうへい》三個《こ》連隊《れんたい》、それにオーストラリアから新《あら》たに、とうちゃくしてきた、精強第《せいきょうだい》十二師団《しだん》の主力《しゅりょく》、ほかに戦車《せんしゃ》一個《こ》連隊《れんたい》・装甲車大隊《そうこうしゃだいたい》・速射砲連隊《そくしゃほうれんたい》などの機《き》械化兵団《かいかへいだん》であった。

渡辺舟艇機動部《わたなべしゅうていきどうぶ》隊《たい》の奇襲《きしゅう》を受《う》けて、カンパル陣地《じんち》をすてたオーストラリア軍《ぐん》に追撃《ついげき》をかけたのは、銀輪部《ぎんりんぶ》隊《たい》の安藤連隊《あんどうれんたい》であった。

連隊長以下《れんたいちょういか》ペダルをふんで、夜《よる》も昼《ひる》もなく、たいきゃくするオーストラリア軍《ぐん》をおいかけた。

「さあ、いそげ！　敵《てき》のしんがりにくっついてはなれるな。」

将兵《しょうへい》は、自転車《じてんしゃ》をまくらにまどろみ、食事《しょくじ》の時間《じかん》もきりつめて、ペダルをなおもふみつづける。

カンパル・スリムの間《あいだ》には、二本《ほん》の大《おお》きな河《かわ》がながれている。カンパル河《がわ》とスンカイ河《がわ》だ。たいきゃくする軍《ぐん》は、かならずこの二つの河《かわ》の橋《はし》を爆破《ばくは》するに決《き》まっている。しんがりにくっついて、爆破《ばくは》するひまをあたえず、しゃにむにわたってしまおうというのである。

だが、銀輪部隊《ぎんりんぶたい》は一足《ひとあし》おくれた。先頭《せんとう》がカンパル河《がわ》にたっしたとき、大《おお》きな音《おと》をあげて、橋《はし》は水《みず》しぶきをあげて、こわれ落《お》ちた。

「そこいらの木《き》を切《き》り出《だ》して、いかだを組《く》め。いかだの上《うえ》に自転車《じてんしゃ》をのせろ。」

急《きゅう》ごしらえのいかだのまわりにとりついて、おしながら、安藤連隊《あんどうれんたい》は濁流《だくりゅう》を泳《およ》いでわたった。そして、ふたたび、追撃《ついげき》にうつった。

身《み》がるな歩兵連隊《ほへいれんたい》は、いかだでわたったが、しかし、砲兵隊《ほうへいたい》や戦車隊《せんしゃたい》は、橋《はし》がなくてはわたることができない。カンパル河《がわ》にかけつけてきた軍司令部《ぐんしれいぶ》の参謀《さんぼう》たちは、気《き》をもんだ。

カンパルで、河村部隊《かわむらぶたい》が多《おお》くの戦死傷者《せんししょうしゃ》をだして、苦戦《くせん》したのは、やはり橋《はし》が落《お》とされていたために、砲兵《ほうへい》や戦車《せんしゃ》が足《あし》どめをくい、歩兵連隊《ほへいれんたい》だけが、敵中《てきちゅう》ふかくはいりこんだためであった。早《はや》く大砲《たいほう》と戦車《せんしゃ》をわたらせなくては、安藤連隊《あんどうれんたい》があやうくなる。

だが、橋《はし》をかける工兵隊《こうへいたい》はすくなく、橋《はし》の数《かず》はあまりに多《おお》いのだ。やきもきしているときであった。一月四日《がつよっか》の夕方《ゆうがた》、まちにまっていた工兵隊《こうへいたい》が、カンパル河《がわ》にとうちゃくした。

横山大佐《よこやまたいさ》のひきいる、独立工兵第十五連隊《どくりつこうへいだいれんたい》であった。見《み》ると、連隊長以下《れんたいちょういか》、目《め》をまっかにさせている。まるで水《みず》からあがったように、あせびっしょりである。夜《よる》もねむらず、いそいでやってきたとみえる。

軍司令部《ぐんしれいぶ》の辻参謀《つじさんぼう》は、そのつかれはてたようすを見《み》て、

「ご苦労《くろう》さまでした。今夜《こんや》はぐっすりねて、そのかわり、あすは、朝早《あさはや》くから作業《さぎょう》にとりかかってください。」

そういうと、横山大佐《よこやまたいさ》は、まっかに血走《ちばし》った目《め》をぎょろりとむいた。

「ぐっすりねろって。じょうだんじゃない。われわれがこうやって、大《おお》いそぎでやってきたのは、一刻《こく》も早《はや》く、戦車《せんしゃ》や大砲《たいほう》をわたしたいからだ。ねるのはそのあとだ。」

そして、立《た》ったままで、にぎりめしをたべ終《お》わると、連隊長以下《れんたいちょういか》はだかになって濁流《だくりゅう》にとびこみ、こわれた橋《はし》をなおしにかかった。まもなく、日《ひ》はとっぷりと

くれおちた。河《かわ》の流《なが》れの音《おと》をおさえつけるような、力強《ちからづよ》いハンマーの音《おと》がなりひびく。その音《おと》は夜《よ》どおし、河《かわ》のほとりの密林《みつりん》にこだました。

「ようし。橋《はし》がかかったぞ。」

夜明《よあ》け。横山大佐《よこやまたいさ》の声《こえ》が高《たか》らかにきこえた。

「ありがとう。ありがとう。」

濁流《だくりゆう》にむねまでつかって、見《み》あげている工兵《こうへい》たちに、感謝《かんしや》の声《こえ》をかけながら、橋《はし》を第《だい》一番《ばん》にわたるのは、島田豊作少佐《しまだとよさくしようさ》のひきいる中戦車《ちゆうせんしや》十五輛《りよう》であった。ゴオー、ゴオーとひびくキャタピラの音《おと》。しかし、橋《はし》はびくともしない。島田戦車隊《しまだせんしやたい》につづいて、野砲隊《やほうたい》がわたって行《い》く。それから十五榴砲《りゆうほう》が。

「工兵《こうへい》さん。ありがとう、ありがとう。」

つかれたからだをむちうち、夜《よ》どおし濁流《だくりゆう》とたたかって、わが手《て》で、いまかけた橋《はし》を見《み》あげている工兵《こうへい》の、赤《あか》く血走《ちばし》った目《め》から、感動《かんどう》のなみだがわきあがって、朝日《あさひ》にきらきらかがやいている。

夜襲《やしゅう》

島田戦車隊《しまだせんしゃたい》が、スリム陣地付近《じんちふきん》にとうちゃくしたのは、一月六日《がつむいか》であった。

安藤連隊《あんどうれんたい》は、ゴム林《りん》の高地《こうち》の、イギリス軍砲兵《ぐんほうへい》にたたかれて、密林《みつりん》の中《なか》にひそみ、友軍《ゆうぐん》の戦車隊《せんしゃたい》と砲兵隊《ほうへいたい》がやってくるのをまっていた。

「島田少佐《しまだしょうさ》。まちかねていたぞ。」

安藤連隊長《あんどうれんたいちょう》は、島田戦車隊長《しまだせんしゃたいちょう》の手《て》をにぎりしめていった。

「わが連隊《れんたい》は、一部《ぶ》をもって、左方《さほう》の密林《みつりん》を前進《ぜんしん》し、主力《しゅりょく》は明七日正午《みょうなのかしょうご》を期《き》して、総攻撃《そうこうげき》をおこなう予定《よてい》だ。戦車隊《せんしゃたい》は、よろしく協力《きょうりょく》をたのむ。」

しかし、島田少佐《しまだしょうさ》は、すぐには返事《へんじ》ができなかった。少佐《しょうさ》は、連隊本部《れんたいほんぶ》をでると、もう一度《ど》、スリム陣地《じんち》をみわたせるゴム林《りん》にでていった。

みればみるほど、すごい堅陣《けんじん》である。戦車《せんしゃ》に協力《きょうりょく》してくれといっても、わずか中型《ちゅうがた》が一五輌《りょう》と、軽戦車《けいせんしゃ》一三輌《りょう》にすぎないのだ。

総攻撃《そうこうげき》をかけるといっても、進《すす》める所《ところ》は、道路《どうろ》とゴム林《りん》だけだ。敵《てき》の大砲《たいほう》の一せい射撃《しゃげき》をくらえば、連隊《れんたい》はぜんめつするほかないではないか。

（何《なに》か、ほかによい方法《ほうほう》はないか。）

島田少佐《しまだしょうさ》が考《かんが》えついたのは、すて身《み》の作戦《さくせん》だった。それは戦車《せんしゃ》で夜襲《やしゅう》をおこなってみようという、とっぴもない戦法《せんぽう》であった。

戦車夜襲《せんしゃやしゅう》ということは、世界《せかい》の戦史《せんし》にもない戦法《せんぽう》だった。しかしこの堅陣《けんじん》をつきやぶるには、のるかそるか、このすて身《み》の戦法《せんぽう》を、やってみるよりほかはない、と決心《けっしん》した。

島田少佐《しまだしょうさ》は、連隊本部《れんたいほんぶ》へ向《む》かってかけだした。午後《ごご》五時《じ》には、安藤連隊長《あんどうれんたいちょう》は各《かく》隊長《たいちょう》を集《あつ》めて、あすの総攻撃《そうこうげき》の命令《めいれい》をつたえることになっていた。それより前《まえ》に、自分《じぶん》の考《かんが》えた作戦《さくせん》を話《はな》しておく必要《ひつよう》がある。

息《いき》せききって、少佐《しょうさ》が連隊本部《れんたいほんぶ》にたどりついてみると、集合《しゅうごう》した各隊長《かくたいちょう》へ、安《あん》藤連隊長《どうれんたいちょう》から今《いま》しも、命令《めいれい》がつたえられようとしているときであった。

「連隊長《れんたいちょう》どの。戦車隊《せんしゃたい》として自分《じぶん》の意見《いけん》がありますが、聞《き》いていただけますでしようか。」

「意見《いけん》。よろしい、いってみたまえ。」

何《なに》をいい出《だ》すのかという、安藤連隊長《あんどうれんたいちょう》の顔《かお》つきだった。

「では、ありのままに申《もう》しあげますが、あす正午《しょうご》の総攻撃《そうこうげき》は、敵《てき》の砲兵陣地《ほうへいじんち》のようすからみて、成功《せいこう》はおぼつかないと自分《じぶん》には思《おも》われます。ですから、自分《じぶん》の戦《せん》車隊《しゃたい》は、今夜《こんや》、敵陣地《てきじんち》に夜襲《やしゅう》をかけます。夜《よる》なら、あの陣地《じんち》をかならず、突破《とっぱ》できると思《おも》うのです。で、敵陣内《てきじんない》で、わが戦車隊《せんしゃたい》があばれまわっているとき、連隊《れんたい》は夜明《よあ》けとともに、総攻撃《そうこうげき》をかけてください。」

安藤連隊長《あんどうれんたいちょう》はおどろいて、問《と》い返《かえ》した。

「戦車《せんしゃ》で夜襲《やしゅう》するというのか。」

「はい。昼間《ひるま》は、まちかまえている速射砲《そくしゃほう》のねらい打《う》ちをくらいますが、夜《よる》なら自信《じしん》があります。」

「それは、しかし、むぼうじゃないかね。」

「そうかもしれません。世界《せかい》に類例《るいれい》がありませんから。それだけに、敵《てき》の不意《ふい》をつくことになります。しかし、戦車《せんしゃ》だけではだめです。歩兵《ほへい》八十名《めい》ほどと、工兵《こうへい》を二十名《めい》ほど、決死隊《けっしたい》として選《えら》びだして、自分《じぶん》にかしていただきたいのです。」

安藤連隊長《あんどうれんたいちょう》は、じいっと、島田少佐《しまだしょうさ》のことばを聞《き》いていたが、ふかくうなずく

と、

「わかった。島田少佐《しまだしょうさ》。ではよろしくたのむ。成功《せいこう》をいのっているぞ。」

立《た》ってきて、少佐《しょうさ》の手《て》をかたくにぎりしめた。

戦車隊《せんしゃたい》のいるゴム林《りん》に、大隈少尉《おおくましょうい》のひきいる八十名《めい》の歩兵《ほへい》と、小島少尉《こじましょうい》を長《ちょう》とする二十名《めい》の工兵《こうへい》が、集合《しゅうごう》してきたのは日《ひ》がくれてからであった。

全員《ぜんいん》を集《あつ》めて、島田少佐《しまだしょうさ》はいった。

「島田戦車隊《しまだせんしゃたい》一五輛《りょう》と野口軽戦車隊《のぐちけいせんしゃたい》の三輛《りょう》、計《けい》一八輛《りょう》は、今夜《こんや》十二時《じ》を期《き》して、歩《ほ》・工兵百名《こうへいひゃくめい》とともに敵陣《てきじん》にとつにゅうする。」

夜風《よかぜ》が、ゴムの葉《は》ずれの音《おと》をきかせ、大《おお》きなホタルがふわふわとんでいる。

「ここに集《あつ》まったみなは、全軍《ぜんぐん》から選《えら》ばれた勇士《ゆうし》と信《しん》ずる。自分《じぶん》の部下《ぶか》戦車兵《せんしゃへい》も、勇士《ゆうし》ばかりである。勇士《ゆうし》たちが、一心《しん》一体《たい》となって事《こと》にあたれば、何事《なにごと》も成功《せいこう》する。敵陣突破《てきじんとっぱ》もけっしてむずかしくはない。

みなを五、六名《めい》ずつにわけて、各車《かくしゃ》につけるが、みなは決《き》められた戦車《せんしゃ》のあとを、おくれないように剣付鉄砲《けんつきてっぽう》で戦車《せんしゃ》を守《まも》りながら、進《すす》んでくればよいのだ。まわりの敵《てき》は、戦車《せんしゃ》が射撃《しゃげき》するから、みなはけっして、うってはならない。ただ、戦車《せんしゃ》に近《ちか》づいてくる敵《てき》があったら、銃剣《じゅうけん》でつきたおしてくれればいいのだ。それから、工兵《こうへい》には、戦車《せんしゃ》の通行《つうこう》をさまたげるしょうがい物《ぶつ》を取《と》りのぞいてもらいたいのだ。

戦車《せんしゃ》のあるかぎり、けっしてみなを見《み》ごろしにはしない。戦車《せんしゃ》を信《しん》じて、一体《たい》となってもらいたい。いいな、わかったか。」

「はあい。」

元気《げんき》な返事《へんじ》の声《こえ》が、ゴム林《りん》にひびく。

密林《みつりん》のかなたから、月《つき》がのぼるらしい。

そのあたりの空《そら》が、うす青《あお》く明《あか》るんできた。夜《よ》がふけていく。

決死《けっし》戦車隊出発《せんしゃたいしゅっぱつ》の時刻《じこく》が、こくこくとせまってくる。

大《おお》あばれ戦車隊《せんしゃたい》

スリムの第《だい》一線陣地《せんじんち》の鉄条網《てつじょうもう》をやぶり、そして、道路上《どうろじょう》のコンクリート製《せい》の円《えん》筒柱《とうちゅう》を爆破《ばくは》する目的《もくてき》で、小島少尉《こじましょうい》のひきいる二十名《めい》の工兵決死隊《こうへいけっしたい》が、出発《しゅっぱつ》していったのは、午後九時《ごごくじ》だった。

工兵隊《こうへいたい》は、敵《てき》に発見《はっけん》されないように道路《どうろ》をさけて、ぐしょぐしょの湿地《しっち》の草《くさ》の中《なか》を前進《ぜんしん》した。

音《おと》をたててはならない。しせいを高《たか》くしてもいけない。全員《ぜんいん》、息《いき》をつめて、はいながら進《すす》んで行《い》くのだ。

この草原《そうげん》にはホタルもとんでおらず、虫《むし》の音《ね》もしない。無気味《ぶきみ》なしずけさがあるばかりだ。草《くさ》のそよぎにも、灌木《かんぼく》のえだのさゆらぎにも、気《き》をくばりながら、じりじりとはって行《い》く。

ようやく、鉄条網《てつじょうもう》にたどりついた。コトリという小《ちい》さい音《おと》も、たててはならぬ。あおむけにねて、鉄線《てっせん》ばさみを取《と》り出《だ》す。まず一本《ぽん》の鉄線《てっせん》を、そっとはさみの刃《は》にはさむ。二センチほど切《き》り口《くち》を入《い》れるのだ。それから、鉄線《てっせん》ばさみをそっと下《した》におくと、今度《こんど》は両手《りょうて》の指《ゆび》で、切《き》り口《くち》をくの字《じ》におしまげる。こうすると、音《おと》もなく鉄線《てっせん》はおれるのである。そういうふうにして、切《き》らなければならぬ鉄線《てっせん》は、八十本《ぽん》のうえもあるのだ。時間《じかん》がかかる。が、いそいではならない。しかし、いつ、監視兵《かんしへい》や巡察兵《じゅんさつへい》が、見《み》まわりにやってくるかもしれないのである。

その仕事《しごと》は、一時間以上《じかんいじょう》もかかった。そして、幅《はば》三メートルほどの通路《つうろ》ができた。ここを通《とお》りぬけると、敵《てき》の陣地《じんち》である。さらに、ねんいりに注意《ちゅうい》しながらはいって行《い》く。

まもなく円筒柱《えんとうちゅう》の頭《あたま》がにょきにょきと、道路上《どうろじょう》に見《み》えてきた。じりじりとよって行《い》き、二十名《めい》で手《て》わけして、その一つ一つに爆薬《ばくやく》をしかけてまわる。

そのとき、後《うし》ろの方《ほう》で足音《あしおと》がした。はっとなって、ふりむくと、巡察兵《じゅんさつへい》がふたり、こっちに歩《ある》いてくるのだ。

（しまった。）

だがあわててはならない。小島少尉《こじましょうい》は、そろりと軍刀《ぐんとう》をぬいた。工兵《こうへい》たちは、それぞれに爆薬《ばくやく》をしかけると、導火線《どうかせん》をのばして、小島少尉《こじましょうい》に手《て》わたしておいて、はいながらさがって行《い》く。

巡察兵《じゅんさつへい》は、ゆっくりとこっちにやってくる。まだ、日本兵《にほんへい》に気《き》づいてはいないようすだ。

工兵《こうへい》の最後《さいご》のひとりが、導火線《どうかせん》のはしを、少尉《しょうい》に手《て》わたそうとしたときであった。巡察兵《じゅんさつへい》のひとりが、何《なに》かさけんで、機銃《きじゅう》を身《み》がまえた。とっさに、小島少尉《こじましょうい》

はおどりあがると、

「えい！」

と、軍刀《ぐんとう》で切《き》りおろした。ばったりたおれる。

ぱっと小島少尉《こじましょうい》はふせると、すばやく、たばねた導火線《どうかせん》に点火《てんか》した。このとき、もうひとりの巡察兵《じゅんさつへい》が、あわてて機銃《きじゅう》を発射《はっしゃ》したのだ。

――ゴム林内《りんない》に、出撃《しゅつげき》の準備《じゅんび》を終《お》えて、小島工兵隊《こじまこうへいたい》のかえりを、今《いま》か今《いま》かとまっていた島田戦車隊長《しまだせんしゃたいちょう》は、ときならぬ機銃《きじゅう》の音《おと》に、はっとむねをとどろかせた。

(しまった！　小島工兵隊《こじまこうへいたい》は見《み》つけられたのか。)

が、その数秒《すうびょう》あとだった。

ダアン、ダアーン、ダダアン……。

地《じ》ひびきをともなった爆発音《ばくはつおん》だ。

「やった。工兵隊《こうへいたい》がやったぞ。」

島田少佐《しまだしょうさ》は、ひらりと隊長車《たいちょうしゃ》にとびのった。戦車決死隊《せんしゃけっしたい》を見送《みおく》りにきている安《あん》藤連隊長《どうれんたいちょう》がいった。

「島田少佐《しまだしょうさ》。成功《せいこう》をいのるぞ。」

「はい。では、これよりまいります。」

少佐《しょうさ》は答《こた》えてから、「運転《うんてん》はじめ。」の命令《めいれい》をくだした。

始動《しどう》モーターがうなり、夜《よる》のしずけさをやぶって、ゴーゴーと、音《おと》がわきおこる。ゴム林《りん》はふるえて、密林《みつりん》にこだまする。

各車《かくしゃ》へつぐ。無燈火《むとうか》、車間《しゃかん》きょり十メートル。

とつにゅうせよ。

時《とき》に二十三時《じ》三十分《ぷん》。

おりから、密林《みつりん》のこずえを、出《で》はずれた、かまのような月《つき》が進撃《しんげき》する戦車隊《せんしゃたい》をてらしだした。一台《だい》、一台《だい》の戦車《せんしゃ》の後《うし》ろを、五、六名《めい》の歩兵《ほへい》が剣付鉄砲《けんつきてっぽう》を、しっかとにぎりしめて、ついて行《い》く。銃剣《じゅうけん》が月光《げっこう》をはじきかえして、ぎらぎらと光《ひか》っている。

バリバリ、メリメリ……。キャタピラが第《だい》一線鉄条網《せんてつじょうもう》をふみやぶる音《おと》だ。

だが、どういうわけか、イギリス軍《ぐん》は射撃《しゃげき》してこない。まもなく、戦車《せんしゃ》はぐらぐらゆれ出《だ》した。円筒柱《えんとうちゅう》を爆破《ばくは》した場所《ばしょ》にさしかかったのだ。

と――。ぱっといなずまがひらめいたように、あたりが明《あか》るくなった。イギリス軍《ぐん》の速射砲《そくしゃほう》が一せいに火《ひ》ぶたを切《き》ったのである。

戦車《せんしゃ》にとって、一番《ばん》おそろしい相手《あいて》は、速射砲《そくしゃほう》である。一発《ぱつ》でもつらぬいたら、乗員《じょういん》四名《めい》の命《いのち》はふっとんでしまう。

「左《ひだり》の速射砲陣地《そくしゃほうじんち》へ集中射撃《しゅうちゅうしゃげき》。」

ダダダン、ダダダン……。戦車砲《せんしゃほう》の一せい射撃《しゃげき》に、左《ひだり》のゴム林《りん》は、火事場《かじば》のように明《あか》るくなる。そのあかりの中《なか》で、速射砲《そくしゃほう》が空《そら》へふっとぶのが見《み》える。それをしりめに、戦車隊《せんしゃたい》は進《すす》みに進《すす》んでいく。右《みぎ》から左《ひだり》から、機関銃弾《きかんじゅうだん》がうちだされてくる。赤《あか》・青《あお》・緑《みどり》。色《いろ》とりどりの曳光弾《えいこうだん》が、花火《はなび》のようにとびかう。戦車《せんしゃ》はカンカン、カンカンと弾丸《だんがん》をはじいて、なりつづけている。

その戦車《せんしゃ》のかげを、歩兵《ほへい》はいく。負傷者《ふしょうしゃ》は戦車《せんしゃ》にのって、はらばいになっている。すでに、戦車隊《せんしゃたい》は、スリム陣地《じんち》のおくふかくはいりこんでいた。切《き》り通《とお》しの道《みち》を、二つこえる。と、二百《ひゃく》メートル前方《ぜんぽう》のゴム林《りん》に、あかりがちらちらしている。

「うて！」

戦車砲《せんしゃほう》が火《ひ》をはいた。するとそこには、ガソリンのドラムかんが、山《やま》のようにおいてあったのだ。バン、バン、バン、と爆発《ばくはつ》してもえあがった。そのあかりが、装甲車《そうこうしゃ》や戦車《せんしゃ》や弾薬車《だんやくしゃ》など、数十輛《すうりよう》のすがたをてらし出《だ》したのである。

「それっ。やっつけろ！」

いっせいに、戦車砲《せんしゃほう》をうちこんでおいて、なおも進《すす》んでいく。こうして、八十名《めい》の歩兵《ほへい》をともなう十五輛《りよう》の中型戦車《ちゅうがたせんしゃ》と三輛《りよう》の軽戦車《けいせんしゃ》とが、すて身《み》の夜襲戦法《やしゅうせんぽう》で、鉄《てつ》ぺきをほこるスリムの陣地《じんち》を、キャタピラでふみにじり、さんざんにあばれまわっているころ、安藤連隊《あんどうれんたい》は総攻撃《そうこうげき》の準備《じゅんび》をすべて終《お》わって、しずかに夜明《よあ》けをまっていた。

払暁攻撃《ふつぎょうこうげき》をしかけて、一気《き》に堅陣《けんじん》をせめとろうという作戦《さくせん》である。月《つき》がかたむき、東《ひがし》の空《そら》が明《あか》るんできた。

島田戦車隊《しまだせんしゃたい》は、そのころ、スリム陣地内《じんちない》を通《とお》りぬけて、その後方《こうほう》に進出《しんしゅつ》していた。

「隊長《たいちょう》どの、敵《てき》の大部隊《だいぶたい》です。」

尖兵車《せんぺいしゃ》からつげてきた。見《み》ると、クアラルンプールからの、増援軍《ぞうえんぐん》らしい大部《だいぶ》隊《たい》をのせた数十台《すうだい》のトラックの列《れつ》が、こっちにやってくる。この大部隊《だいぶたい》は、まさか、こんな所《ところ》にまで、日本軍《にほんぐん》の戦車《せんしゃ》がはいりこんでいようとは、ゆめにも思《おも》っていなかったらしい。友軍《ゆうぐん》の戦車隊《せんしゃたい》とでも思《おも》ったようでなんの警戒《けいかい》もせず、近《ちか》よってきた。島田少佐《しまだしょうさ》は命令《めいれい》をくだした。

「うちまくりながら、突破《とっぱ》していけ。」

ダンダンダン、バリバリバリ……。不意《ふい》をつかれて、トラックの列《れつ》はみだれた。トラックはもえあがり、兵隊《へいたい》はクモの子《こ》をちらすようにゴム林内《りんない》ににげこんで行《い》く。

ほのぼのと夜《よ》は明《あ》けてきた。大部隊《だいぶたい》のまん中《なか》をつきやぶった戦車隊《せんしゃたい》は、そのままクアラルンプール街道《かいどう》を、南《みなみ》へ進《すす》んだ。

スリムの後方《こうほう》に橋《はし》がある。それを占領《せんりょう》して、イギリス軍《ぐん》の退路《たいろ》を、たち切《き》ろうというのであった。安藤連隊《あんどうれんたい》は、もう総攻撃《そうこうげき》を開始《かいし》しているころである。橋《はし》を戦車隊《せんしゃたい》でおさえてしまえば、スリム全陣地《ぜんじんち》のイギリス軍《ぐん》は、ふくろのネズミになるはずだ。

「橋《はし》へいそげ！」

「早《はや》く橋《はし》を占領《せんりょう》しろ。」

鉄牛《てつぎゅう》はふたたび身《み》ぶるいして、全速前進《ぜんそくぜんしん》にうつった。と、行《ゆ》くての道《みち》に敵《てき》の車輛部隊《しゃりょうぶたい》があらわれた。数十輛《すうりょう》のトラック部隊《ぶたい》である。かれらは、友軍《ゆうぐん》の戦車《せんしゃ》だと思《おも》って、平気《へいき》でどんどん進《すす》んでくる。

戦車砲《せんしゃほう》と機関銃《きかんじゅう》をぶっぱなして、進《すす》みに進《すす》む。

太陽《たいよう》はのぼり、かっと南国《なんごく》のはげしい光《ひかり》が、てりつけてくる。戦車《せんしゃ》の中《なか》は、まるで熔鉱炉《ようこうろ》の中《なか》にいるような暑《あつ》さだ。

小《ちい》さい町《まち》にさしかかった。スリムリバーである。一軒《けん》の洋館《ようかん》の屋根《やね》に、イギリス旗《き》がひるがえり、げんかんには、軍用自動車《ぐんようじどうしゃ》が多《おお》くならんでいる。本部《ほんぶ》の一つらしい。戦車砲《せんしゃほう》をうちこんでおいて、なおも進《すす》んでいく。

町《まち》を出《で》はずれると、行《ゆ》くてに鉄橋《てっきょう》がみえてきた。

「あれだ。それ行《い》け。」

ところが、鉄橋《てっきょう》のむこうがわには、高射砲陣地《こうしゃほうじんち》があったのである。

ダアーン。すごい音《おと》とともに、隊長車《たいちょうしゃ》がぐらっとゆれた。砲塔《ほうとう》のすこし上《うえ》を、水平射撃《すいへいしゃげき》の高射砲弾《こうしゃほうだん》がかすめたのだ。命中《めいちゅう》したら、戦車《せんしゃ》は、こっぱみじんになる。

こうなったら、うちあうよりも、快速《かいそく》で高射砲陣地《こうしゃほうじんち》につっこむほうがいい。

「全速《ぜんそく》。とつにゅう！」

鉄橋《てっきょう》をまっしぐらに走る。高射砲陣地《こうしやほうじんち》のイギリス兵《へい》は、鉄牛《てつぎゅう》のもうしんに、気《き》をのまれて、にげ出《だ》した。

こうして、橋《はし》は占領《せんりょう》された。

にげ道《みち》をたたれてしまった、スリムの守備軍《しゅびぐん》は、ほとんど捕虜《ほりょ》になったのであった。

スリム陣地《じんち》を失《うしな》ったクアラルンプールは、もはや、つのを失《うしな》ったウシも同様《どうよう》だった。かくて、マレー連邦《れんぽう》の首都《しゅと》は、十一日午後《にちごご》八時《じ》、やすやすと日本軍《にほんぐん》の占《せん》領《りょう》するところとなったのであった。

スリム殲滅戦《せんめつせん》の日本軍《にほんぐん》のぶんどり品《ひん》は、

戦車《せんしゃ》（軽装甲車《けいそうこうしゃ》をふくむ。）　五〇輛《りょう》

一二センチ榴弾砲《りゅうだんほう》　一三門《もん》

対戦車砲《たいせんしゃほう》　二〇門《もん》

迫撃砲《はくげきほう》・自動砲《じどうほう》・高射機関砲《こうしゃきかんほう》　五〇門

自動車《じどうしゃ》（各種《かくしゅ》）　五〇〇輛《りょう》

とらえた捕虜《ほりよ》は一、五〇〇名。イギリス軍《ぐん》が戦場《せんじよう》にのこした死体《したい》は、三〇〇名《めい》であった。

青《あお》シャツ自《じ》転車隊《てんしやたい》

クアラルンプールからシンガポールまでは、直線《ちよくせん》きょりで三百《びやく》五十キロである。

山下奉文中将《やましたともゆきちゆうじよう》を、軍司令官《ぐんしれいかん》とする第《だい》二十五軍《ぐん》の五万《まん》の将兵《しようへい》は、去年《きよねん》の十二月八日《がつようか》にマレー半島北部《はんとうほくぶ》に上陸《じようりく》してから、三十二日間《にちかん》に、七百《ひやく》五十キロを突破《とつぱ》して、いま、マレー連邦州《れんぽうしゆう》の首都《しゆと》にたっしたのであった。

このころコタバル上陸部隊《じようりくぶたい》の侘美旅団《たくみりよだん》は、あとからきた十八師団《しだん》の一部《ぶ》とともに東海岸《ひがしかいがん》ぞいの密林《みつりん》をつきすすんで、十二月《がつ》三十一日《にち》には、クアンタン飛行場《ひこうじよう》を占領《せんりよう》し、なおも、たいきゃくするイギリス軍《ぐん》を追撃《ついげき》して、一月《がつ》十五日《にち》、ジョホール州境《しゆうきよう》のエンドウにせめよせていた。

ジョホール州《しゆう》は、マレー半島《はんとう》におけるイギリス軍最後《ぐんさいご》の防衛地《ぼうえいち》であった。もし、この州《しゅう》を失《うしな》うようなことがあったら、シンガポールは、そののどもとに合口《あいくち》をつきつけられたも同《おな》じになる。

ジョホール州《しゅう》の南端《なんたん》、ジョホールバルとシンガポール島《とう》は、わずかに一マイルの海峡《かいきょう》をへだてて、向《む》かい合《あ》っているのである。

イギリスの西南《せいなん》アジア軍総《ぐんそう》司令官《しれいかん》のウェーベル将軍《しょうぐん》が、とつぜん、シンガポールにすがたをあらわした。

クアラルンプールが、日本軍《にほんぐん》の手《て》におちたと聞《き》くと、もうじっとしていられなくなった。ウェーベル将軍《しょうぐん》は、パーシバル中将《ちゅうじょう》をはげますためにやってきたのだった。

「貴官《きかん》は、日本軍《にほんぐん》は奇蹟《きせき》をあらわしたのだといわれるが。」

と、将軍《しょうぐん》は、マレー戦線《せんせん》の戦況報告《せんきょうほうこく》を聞《き》いたあとで、パーシバル中将《ちゅうじょう》へいった。

「マレーのイギリス軍《ぐん》は、なぜ奇蹟《きせき》を、あらわさなかったのか。日本軍《にほんぐん》には、どんなことでもでき、貴官《きかん》の軍隊《ぐんたい》は何《なに》もできないというのは、いかなるわけか。日《に》本軍《ほんぐん》は密林戦《みつりんせん》に長《ちょう》じていた、と、貴官《きかん》はいうが、考《かんが》えてみたまえ。日本内地《にほんないち》には密林《みつりん》はないのだよ。」

パーシバル将軍《しようぐん》は返事《へんじ》ができない。ウェーベル将軍《しようぐん》は、かたわらにいたパーシバル中将《ちゆうじよう》の参謀長《さんぼうちよう》トランス准将《じゆんしよう》に命《めい》じた。

「ジープを用意《ようい》してくれたまえ。わたしはこの目《め》で、マレーの前線《ぜんせん》を視察《しさつ》してくる。」

トランス参謀長《さんぼうちよう》をつれて、クアラルンプールの近《ちか》くまで、出《で》ていったウェーベル将軍《しようぐん》は、戦線《せんせん》のあちこちを見《み》てまわったのち、トランス参謀長《さんぼうちよう》に命《めい》じた。

「ジョホール州《しゆう》こそはシンガポールの生命線《せいめいせん》である。わが軍《ぐん》は、ゲマス・ムアル・パクリの線《せん》に、一大防御陣地《だいぼうぎよじんち》をしいて、日本軍《にほんぐん》をくいとめるのだ。そのためには、この線《せん》に全兵力《ぜんへいりよく》を集《あつ》めたまえ。」

そして、シンガポールにもどってくると、パーシバル中将《ちゆうじよう》にいった。

「シンガポールは、ただマレー半島《はんとう》のとっぱなにある島《しま》というのではない。ここには、われわれの大英帝国《だいえいていこく》の威信《いしん》とほこりとが、かけられているのである。貴官《きかん》が日本軍《にほんぐん》がおこなった以上《いじよう》の奇蹟《きせき》を、イギリス全国民《ぜんこくみん》のまえにしめしてくれることを、期待《きたい》している。」

そして、ウェーベル将軍《しようぐん》は去《さ》ったのだ。

ウェーベル将軍《しょうぐん》が指示《しじ》した一大防禦陣地《だいぼうぎょじんち》へ、新鋭《しんえい》・精強《せいきょう》の師団《しだん》がぞくぞくとくりだされた。

猛将《もうしょう》として名高《なだか》い、オーストラリアのゴルドン＝ベネット少将《しょうしょう》のひきいる第《だい》八師団《しだん》が、ゲマス前線《ぜんせん》に進出《しんしゅつ》してきたのは、一月《がつ》十四日《にち》であった。

その日《ひ》、名高《なだか》い猛将《もうしょう》は、従軍記者《じゅうぐんきしゃ》たちに語《かた》った。

「諸君《しょくん》、みていたまえ。調子《ちょうし》にのっている日本軍《にほんぐん》は、ここでひとあわふかなければならないだろう。わらっていたゼネラルヤマシタは、ここではなきべそをかかねばならぬ。」

イギリス本国《ほんごく》から、軍艦《ぐんかん》でやってきた第《だい》十八師《し》団《だん》の新鋭旅団《しんえいりょだん》も、前線《ぜんせん》へかけつけてきた。ひきつづき、インド正規軍第四十五旅団《せいきぐんだいりょだん》も、シンガポールを出発《しゅっぱつ》して、前線《ぜんせん》へ向《む》かっていることがわかった。

山下将軍《やましたしょうぐん》の予想《よそう》では、ジョホール州《しゅう》の戦闘《せんとう》は、これまでよりも、さらにはげしいものになると思《おも》われた。

つかれている兵《へい》に、じゅうぶん休養《きゅうよう》をとらせ、武器《ぶき》・弾薬《だんやく》もじゅうぶんに、ととのえる必要《ひつよう》がある。だが、時間《じかん》をおくことは、それだけ敵《てき》の力《ちから》を強《つよ》くさせることなるのである。

山下軍司令官《やましたぐんしれいかん》は、追撃《ついげき》の手《て》をゆるめず、一気《き》にジョホール州《しゅう》にせめこみ、マレー半島《はんとう》から、一兵《ぺい》ものこさず、イギリス軍《ぐん》を追《お》い落《お》とそうと決意《けつい》した。

近衛師団《このえしだん》に、命令《めいれい》がくだった。

師団《しだん》は、二つの追撃隊《ついげきたい》を編成《へんせい》した。国司《くにし》（第四連隊《だいれんたい》）追撃隊《ついげきたい》と、岩畔《いわくろ》（第五連《だいれん》隊《たい》）追撃隊《ついげきたい》とである。

国司《くにし》追撃隊《ついげきたい》は西海岸《にしかいがん》ぞいを、舟艇機動部隊《しゅうていきどうぶたい》をともなって、ジョホールへと進《すす》み、岩畔追撃隊《いわくろついげきたい》は、ムアル河《がわ》をわたって、陸路《りくろ》ジョホールへと向《む》かうことになった。

岩畔大佐《いわくろたいさ》のひきいる追撃連隊《ついげきれんたい》は、青《あお》シャツ自転車隊《じてんしゃたい》の異名《いみょう》で知《し》られている。

自転車《じてんしゃ》も軍服《ぐんぷく》も、ゴムの葉《は》の色《いろ》ににせた保護色《ほごしょく》であった。

一月《がつ》十二日夜《にちよる》、クアラルンプールを出発《しゅっぱつ》した青《あお》シャツ自転車隊《じてんしゃたい》は、快足《かいそく》にものをいわせて、十六日《にち》にはムアル河《がわ》のほとりに進出《しんしゅつ》した。

ムアル河《がわ》は、マレー西海岸《にしかいがん》の大河《たいが》の一つで、河幅《かわはば》三、四百《ひゃく》メートル。潮《しお》がひいたときでも、水深《すいしん》五メートル以上《いじょう》もある黄色《きいろ》くにごった河《かわ》である。

先頭《せんとう》をきって、河畔《かはん》にたっした大柿少佐《おおがきしょうさ》のひきいる大隊《だいたい》はこまった。河《かわ》には、一そうの船《ふね》も見《み》あたらないのである。近《ちか》くの村《むら》のマレー人《じん》にきくと、イギリス軍《ぐん》が、全部《ぜんぶ》もち去《さ》ったということである。

「しかし、どこかに一そうや二そうは、のこっているでしょう。自分《じぶん》たちがさがしてきます。」

妹尾《せのお》中尉《ちゅうい》と重松《しげまつ》中尉《ちゅうい》が、上流《じょうりゅう》と下流《かりゅう》を手《て》わけして、五時間《じかん》もかかって、やっとさがし出《だ》してきたのは、十人《にん》くらいのれる民船《みんせん》が二そうと、ボートが一そうだった。

対岸《たいがん》のムアルの町《まち》には、イギリス軍《ぐん》の大部隊《だいぶたい》が、いるはずなのである。

「ま夜中《よなか》にまず、斥候《せっこう》をわたらせる、それから本隊《ほんたい》を、つぎつぎにわたらせることにしよう。」

大柿少佐《おおがきしょうさ》は、そう決《き》めた。斥候《せっこう》の役《やく》をかって出《で》たのは、妹尾《せのお》中尉《ちゅうい》だった。十七日午前《にちごぜん》三時、マレー時間《じかん》では午前《ごぜん》一時《じ》、ま夜中《よなか》である。

妹尾《せのお》斥候隊《せっこうたい》二十名《めい》は、二そうの民船《みんせん》にのりこんだ。月《つき》も星《ほし》もない、真《しん》のやみである。

「では出発《しゅっぱつ》します。」

「たのんだぞ、妹尾《せのお》。」

ギイ、ギイ……と、マレー人《じん》のこぐろの音《おと》が、ひくい音《おと》をたてながら、やみの中《なか》に二そうの船《ふね》が消《き》えていく。

うまく、上陸《じょうりく》してくれるかどうか。大柿少佐《おおがきしょうさ》以下岸《きし》に立《た》って、じいっとやみを見《み》つめている。成功《せいこう》すれば、懐中電燈《かいちゅうでんとう》をまるくふることになっていた。

十分《ぷん》、二十分《ぷん》、三十分《ぷん》……。まだ、懐中電燈《かいちゅうでんとう》の光《ひかり》がみえない。四十分《ぷん》、五十分《ぷん》、ついに一時間《じかん》たった。

（やられたのか。）

大柿少佐《おおがきしょうさ》のむねはおののいた。と、そのとき、無線《むせん》れんらくがあった。

われ、上陸《じょうりく》に成功《せいこう》す。水《みず》ぎわは樹木《じゅもく》が密生《みっせい》し、むねまでしずむ湿地帯《しっちたい》なり。対岸《たいがん》にはマングローブが、びっしりおいしげっていたのであった。そして、二百《ひゃく》メートルあまり湿地帯《しっちたい》がつづき、それからゴム林《りん》になっていた。

妹尾中尉《せのおちゅうい》は、ゴム林《りん》に部下《ぶか》をのこし、三名《めい》だけをつれて、ムアルの町《まち》にしのびこんだ。そして、およそ千五百名《せんひゃくめい》の、イギリス軍自動車部隊《ぐんじどうしゃぶたい》がいることをたしかめた。

明《あ》けだった。

大柿大隊《おおがきだいたい》の全員《ぜんいん》が、ムアル河《がわ》をわたって、ゴム林《りん》に集結《しゅうけつ》を終《お》えたのは、もう夜《よ》

大柿少佐《おおがきしょうさ》は、部下《ぶか》に命《めい》じて、町《まち》の入《い》り口《ぐち》の道路上《どうろじょう》に、ゴムの木《き》を切《き》りたおして、ならべておき、一隊《たい》をひきいて、町《まち》のうらがわにこっそりとまわりこみ、自動車《じどうしゃ》隊《たい》の不意《ふい》をおそった。

イギリス軍《ぐん》は、日本軍《にほんぐん》の大部隊《だいぶたい》がきたのだ、と勘《かん》ちがいしたらしい。あわてて自動車《じどうしゃ》にのりこみ、全速力《ぜんそくりょく》で町《まち》を出《で》て行《い》こうとした。先頭車《せんとうしゃ》が、たおれていたゴムの木《き》につまずく。次《つぎ》の自動車《じどうしゃ》が、それにのりあげて、三番《ばん》めは横《よこ》だおしになって、もえあがった。自動車隊《じどうしゃたい》は、たちまち大混乱《だいこんらん》におちいった。そのとき、ゴム林《りん》の中《なか》から、

「うて!」

妹尾中尉《せのおちゅうい》の命令一下《めいれいいっか》。機関銃《きかんじゅう》がいっせいに火《ひ》をふいた。

夜《よ》が明《あ》けた。大柿少佐《おおがきしょうさ》は、ムアルの敵《てき》をぜんめつにしたことを、岩畔連隊長《いわくろれんたいちょう》に無線《むせん》れんらくした。大柿大隊《おおがきだいたい》のはたらきで、青《あお》シャツ自転車隊《じてんしゃたい》は、ゆうゆうとムアル河《がわ》をわたることができたのだった。

さあ、ジョホールバルへ

ジョホール最後《さいご》の、一大防禦陣地《だいぼうぎょじんち》の一角《かく》ムアルは、こうして、あえなくくずれたが、つぎに青《あお》シャツ自転車隊《じてんしゃたい》の前面《ぜんめん》に立《た》ちはだかった堅陣《けんじん》は、勇将《ゆうしょう》ダンカン准《じゅん》将《しょう》が、守《まも》りをかためるパクリであった。

パクリ前方《ぜんぽう》で、双眼鏡《そうがんきょう》に目《め》をあてていた岩畔連隊長《いわくろれんたいちょう》は、大柿少佐《おおがきしょうさ》をよびよせた。

「大柿《おおがき》。またご苦労《くろう》だが、きみの大隊《だいたい》にひとはたらきしてもらわにゃならん。わが追撃隊《ついげきたい》の主力《しゅりょく》は、正面《しょうめん》からパクリにせめかかる。きみの大隊《だいたい》は、海岸《かいがん》ぞいをまわり道《みち》して、パクリの横《よこ》っぱらから、敵陣《てきじん》をついてほしいのだ。」

「はい。しょうちしました。」

「ついては、海岸《かいがん》ぞいに出《で》るためには、密林《みつりん》と湿地《しっち》をつきすすまなければならぬ。自《じ》転車《てんしゃ》はかえってじゃまになるから、おいていったほうがいいぞ。」

大柿大隊《おおがきだいたい》の将兵《しょうへい》は、上陸《じょうりく》いらいの長《なが》いなじみの自転車《じてんしゃ》に、ここで別《わか》れることになったのである。ともにいっしょに進撃《しんげき》し、いっしょに露営《ろえい》をし、いっしょに生《せい》死《し》を、ともにしてきた青自転車《あおじてんしゃ》だった。

「よくここまで、元気《げんき》できてくれた。ありがとう。」

兵隊《へいたい》たちは、戦友《せんゆう》に別《わか》れをつげるようにいって、自転車《じてんしゃ》のサドルをなでさすった。

十八日午後《にちごご》六時《じ》。磁石《じしやく》がただ一つのたよりである。大柿大隊《おおがきだいたい》四百名《ひやくめい》は人《ひと》の通《とお》ったことがない密林《みつりん》に、はいって行《い》った。

日《ひ》はくれてきた。密林《みつりん》は、やみに包《つつ》まれた。ものすごいぬかるみだ。そして、ツタカズラや、つる草《くさ》が、足《あし》にからみつく。

「戦友《せんゆう》は、たがいにはなれるなよ。前《まえ》と後《うし》ろに、よくれんらくを取《と》って進《すす》まないと、はぐれてしまうぞ。」

このふかい密林《みつりん》のやみの中《なか》にまよいこんだら、もうおしまいである。

「早《はや》く、夜《よ》が明《あ》けてくれないかなあ。」

将兵《しょうへい》は、だれもかれも、手《て》も足《あし》も首《くび》も顔《かお》も、およそ、むき出《だ》しになっているところは、すりきずだらけだ。

ようやく、空《そら》が白《しら》みはじめた。まちこがれた朝《あさ》がくる。明《あか》るくなったのはありがたいが、そのかわり、今度《こんど》は、はげしい炎暑《えんしょ》がやってきた。密林《みつりん》の中《なか》は、まるでむしぶろのようである。

「ゴム林《りん》だ。ゴム林《りん》にでたぞ。」

妹尾中尉《せのおちゅうい》がさけんだ。やれありがたや、密林《みつりん》は終《お》わったのだ。ゴム林《りん》のむこうに道路《どうろ》がみえる。朝日《あさひ》に光《ひか》っているアスファルト道路《どうろ》は、ムアル＝ヨンペン街道《かいどう》にちがいなかった。道《みち》だ、道《みち》だと、ひさしぶりの道路《どうろ》によろこんで、思《おも》わずかけ出《だ》したときである。

自動車《じどうしゃ》の音《おと》が聞《き》こえてきた。見《み》ると、パクリの方向《ほうこう》から、イギリス軍《ぐん》の装甲車《そうこうしゃ》が一台《だい》、すごいスピードでやってくる。

かくれるまもない。ところが、まさか日本軍《にほんぐん》がこんな所《ところ》にと思《おも》ったものか、そのまま、フルスピードで走《はし》り去《さ》って行《い》った。

「木《き》を切《き》りたおせ。いそげ。ムアルのときのようにやるのだ。」

と、大柿少佐《おおがきしょうさ》は命《めい》じた。大《おお》いそぎでゴムの木《き》を切《き》りたおし、道路《どうろ》に投《な》げ出《だ》しているとき、また、フルスピードで装甲車《そうこうしゃ》が一台《だい》やってきた。しょうがい物《ぶつ》に気《き》がついて、ブレーキをかけたが、まにあわず、ドッシャンとてんぷくした。

妹尾中尉《せのおちゅうい》がとびだして、拳銃《けんじゅう》をつきつけた。五人《にん》の乗員《じょういん》はあっさり手《て》をあげた。イギリス兵《へい》とインド兵《へい》であった。かれらはいった。

「まもなくトラック部隊《ぶたい》が、こっちの方《ほう》に、やってくるだろう。」

かれらのいうとおりだった。まもなく五、六十輛《りょう》のトラックが、やってきて、えんえんと列《れつ》をつくってとまり、ブーブーブーとクラクションをならし出《だ》した。まだ、ゴム林《りん》にかくれている大柿大隊《おおがきだいたい》には、気《き》がつかないでいるのだ。しかし、やがて、かれらは気《き》がつくだろう。イギリス兵《へい》は、およそ千名以上《せんめいいじょう》もいる。

「重松中隊《しげまつちゅうたい》は、道路南《どうろみなみ》がわの丘《おか》に陣《じん》どれ。妹尾中隊《せのおちゅうたい》は北《きた》がわの丘《おか》だ。」

大柿少佐《おおがきしょうさ》が、命令《めいれい》をくだしたときだった。

ダダダダ……。だしぬけに機関銃弾《きかんじゅうだん》が、横《よこ》なぐりにとんできた。ゴムの葉《は》が、パッパッとふっとび、ゴムのみきが音《おと》をたてて、さけた。

すると、トラックから、いっせいにばらばらっと、兵隊《へいたい》がとびおりた。

ダンダンダン、バリバリバリ……。

めくらめっぽうに、ゴム林《りん》へうってくる。まるで夕立《ゆうだち》のような弾丸《だんがん》である。ふせたまま、大柿少佐《おおがきしょうさ》はどなった。

「妹尾《せのお》！　はって丘《おか》へいけ。重松《しげまつ》もいけ。」

妹尾中隊《せのおちゅうたい》が、じりじりとはいながら、北《きた》がわの丘《おか》にたどりついて、トラックめがけて機関銃《きかんじゅう》をうった。

ぱっとトラックがもえあがる。ガソリンが道《みち》にながれて、道《みち》がいちめんに、火《ひ》のおびになっていく。

ヒュル、ヒュル、ヒュル。ダ、ダーン……。迫撃砲《はくげきほう》がとんできだしたのは、そのころだった。

「あっ！　小隊長《しょうたいちょう》どのがやられた。」

「分隊長《ぶんたいちょう》どの、戦死《せんし》！」

悲痛《ひつう》なさけびが、ゴム林《りん》の中《なか》からあがりだした。大隊《だいたい》はゴム林《りん》の中《なか》にくぎづけになったまま、落下《らっか》する砲弾《ほうだん》にぜんめつしていくほかはない。妹尾中尉《せのおちゅうい》は、迫撃《はくげき》砲陣地《ほうじんち》を見《み》つけ出《だ》して、これをたたきつぶそうと決意《けつい》した。

「おい、援護《えんご》射撃《しゃげき》たのむ。道路《どうろ》のむこうがわへもぐりこむからな。」

部下《ぶか》八名《めい》をつれて、妹尾《せのお》中尉《ちゅうい》は丘《おか》のかげから、とび出《だ》して行《い》った。

「あっ！」

ひとりかふたりが、たおれたようすだ。が、今《いま》はそれを助《たす》けてやることもできない。

（すまん。ゆるせよ。）

心《こころ》の中《なか》でいいながら、むこうがわのゴム林《りん》にとびこむ。

「中隊長《ちゅうたいちょう》どの。あそこです。」

曹長《そうちょう》がゆびさした。ゴム林《りん》のおくに迫撃砲《はくげきほう》が三門《もん》みえた。

「よし。擲弾筒《てきだんとう》を水平《すいへい》にしてうて。それから突撃《とつげき》だ。」

ダァーン、ダァーン。

「わあーっ。わあーっ！」

たった六名《めい》の突撃《とつげき》だったが、日本軍《にほんぐん》とくいの銃剣突撃《じゅうけんとつげき》は、イギリス軍《ぐん》が、もっともおそろしがっている戦法《せんぽう》だった。

こうして、妹尾中尉《せのおちゅうい》がうばったイギリス軍《ぐん》の迫撃砲《はくげきほう》は、二門《もん》はこわれていたが、一門《もん》はつかいものになった。

イギリス軍《ぐん》は昼《ひる》すぎ、しりぞいて行《い》ったが、大柿大隊《おおがきだいたい》の死傷者《ししょうしゃ》も多《おお》かった。

「壕《ごう》をほれ。負傷者《ふしょうしゃ》は、ずうっと後方《こうほう》にさげろ。敵《てき》はまたくる。いそいで壕《ごう》をほるんだ。」

大柿少佐《おおがきしょうさ》はそう命《めい》じながらも、連隊主力《れんたいしゅりょく》はどうしたんだろう、と思《おも》った。はじめの予定《よてい》では、パクリの正面《しょうめん》から攻撃《こうげき》してきて、この道路付近《どうろふきん》で大柿大隊《おおがきだいたい》と一つになる手《て》はずであった。

(苦戦《くせん》をしているのにちがいない。)

パクリ方面《ほうめん》の銃砲《じゅうほう》は、さかんである。それは、けさからずうっと、つづいていた。そして、いっこうにおとろえそうにもないのである。

それにしても、少佐《しょうさ》がいま、一番心配《ばんしんぱい》なのは、弾薬《だんやく》がのこりすくなくなっていることだった。

しかし、きょう一日《にち》がんばれば、あすはきっと主力《しゅりょく》が、パクリをせめおとして、やってくるであろう。いますこしのしんぼうだ。

夕方《ゆうがた》。イギリス軍《ぐん》の歩兵《ほへい》をともなう戦車《せんしゃ》五輛《りょう》が、おそいかかってきた。妹尾中尉《せのおちゅうい》がさけんだ。

「肉攻班《にくこうはん》。肉攻班《にくこうはん》。戦車《せんしゃ》をやっつけろ。」

爆薬《ばくやく》をかかえた、決死《けっし》の肉薄攻撃班員《にくはくこうげきはんいん》が、二輛《りょう》のキャタピラをはかいし、一輛《りょう》をもえあがらせると、のこりは、たいきゃくをはじめた。

「大隊長《だいたいちょう》どのがやられた。大隊長《だいたいちょう》どのが……。」

立往生《たちおうじょう》している戦車《せんしゃ》に、よじのぼりかけていた妹尾中尉《せのおちゅうい》は、はっとなって、声《こえ》のする方《ほう》へ走《はし》りよった。

大柿大隊長《おおがきだいたいちょう》は、軍刀《ぐんとう》をかた手《て》ににぎりしめたまま、頭部《とうぶ》を機関銃弾《きかんじゅうだん》にうちぬかれて、たおれていた。

「大隊長《だいたいちょう》どのう！　大隊長《だいたいちょう》どのう！」

虫《むし》の息《いき》の大隊長《だいたいちょう》にも、その声《こえ》は聞《き》こえたらしかった。妹尾中尉《せのおちゅうい》の手《て》をまさぐって、血《ち》だらけの大隊長《だいたいちょう》の手《て》が動《うご》いた。中尉《ちゅうい》がにぎると、かすかな力《ちから》をこめてにぎり返《かえ》したまま、がっくりとなった。そのかすかな力《ちから》は、あとをたのむぞということばのかわりだ、と中尉《ちゅうい》は思《おも》った。

「う、ううっ……。」

妹尾中尉《せのおちゅうい》の両眼《りょうがん》からなみだがあふれ、どろと血《ち》によごれたほおを、つたいはじめる。勇《ゆう》かんで、しかも心《こころ》のやさしい、よく部下《ぶか》をかわいがる大隊長《だいたいちょう》であった。

そのとき、伝令《でんれい》が息《いき》せききって、かけつけてきてつげた。

「妹尾中隊長《せのおちゆうたいちよう》どの、重松中隊長《しげまつちゆうたいちよう》が重傷《じゆうしよう》です。」

「えっ！　重松《しげまつ》もやられたのか。」

重松中隊《しげまつちゆうたい》の陣地《じんち》にかけつけると、重松中尉《しげまつちゆうい》は迫撃砲弾《はくげきほうだん》で、こしの肉《にく》をもぎとられ、左足《ひだりあし》をこっせつしていた。が、元気《げんき》な声《こえ》でいった。

「とうとう、おれもやられたよ。きみひとりに、全責任《ぜんせきにん》をおわせるようになった。すまん。」

「重松《しげまつ》！」

「ところで、おれの兵《へい》は、たおれた敵《てき》さんの弾丸《だんがん》をうばってつかっているしまつだ。これからの弾薬《だんやく》をどうする？」

それが一番心配《ばんしんぱい》であった。だが、どうすることもできないのだ。

「仕方《しかた》がないよ。弾丸《だんがん》がなくなったら、銃剣《じゆうけん》をふるって、白兵戦《はくへいせん》をやらかして、敵《てき》さんにひとあわふかせて玉砕《ぎよくさい》するさ。」

「そうか。しかし、最後《さいご》まで望《のぞ》みはすてるな。あすは、きっと本隊《ほんたい》がやってくる。」

四百数名《ひやくすうめい》だった大隊《だいたい》は、いま、調《しら》べてみると百《ひやく》三十名《めい》しかのこっていなかった。

しかも、弾薬《だんやく》はのこりすくないのだ。

とっぷり日《ひ》がくれおちた。もう、三日《みっか》もねむっていない。しかし、いつ、イギリス軍《ぐん》の攻撃《こうげき》を、受《う》けるかもしれないのだ。おちおちねむるわけにもいかない。

夜明《よあ》け、妹尾《せのお》中尉《ちゅうい》は、あちこちのゴムの木《き》の上《うえ》に四、五十名《めい》の兵隊《へいたい》をのぼらせた。あるかぎりの手《しゅ》りゅう弾《だん》をもたせておいた。

「敵《てき》がきたら、壕《ごう》の近《ちか》くまでひきつけて、うつのだ。それから突撃《とつげき》だ。木《き》の上《うえ》の兵《へい》は、手《しゅ》りゅう弾《だん》の雨《あめ》を、ここぞと思《おも》うとき、ふらせてくれ。」

夜《よ》が明《あ》けてくる。

ふえの合図《あいず》とともに、イギリス兵《へい》とオーストラリア兵《へい》の大部隊《だいぶたい》が、どっとおしよせてきた。これまでにない大部隊《だいぶたい》だった。はげしい戦闘《せんとう》がくりひろげられた。

しかし、妹尾《せのお》中尉《ちゅうい》の作戦《さくせん》はうまくいった。

味方《みかた》の陣地《じんち》の前《まえ》は、敵《てき》の死体《したい》でいっぱいだ。どこからとんでくるかわからない手《しゅ》りゅう弾《だん》に、敵《てき》はたじろいだ。そしてすこしずつさがって行《い》くようすである。

だが、もう、手《しゅ》りゅう弾《だん》もなくなった。弾薬《だんやく》もだ。

「中隊長《ちゅうたいちょう》どの！　戦車《せんしゃ》です。敵《てき》の戦車部隊《せんしゃぶたい》がやってきます。」

ぎょっとして道路《どうろ》の上《うえ》をみると、パクリの方向《ほうこう》から、ゴオーゴオーと、キャタピラの音《おと》をひびかせて、十数輛《すうりょう》の戦車《せんしゃ》がやってくる。

（もう、これまでだ。）

最期《さいご》がきたのだ。妹尾《せのお》中尉《ちゅうい》は、生《い》きのこりの部下《ぶか》ひとりひとりの顔《かお》を、じゅんじゅんに見《み》てまわった。きょうまで、ともに苦労《くろう》をわけあってきた勇士《ゆうし》たちの顔《かお》を……。

と、そのときだった。

「中隊長《ちゅうたいちょう》どのう！　友軍《ゆうぐん》の戦車《せんしゃ》です。日本軍《にほんぐん》の戦車《せんしゃ》です。敵《てき》のではありません。」

おどりあがって、さけぶ兵士《へいし》の声《こえ》に、近《ちか》づく戦車《せんしゃ》に目《め》をこらすと、ああ、日《ひ》の丸《まる》の旗《はた》がはたはたと、車上《しゃじょう》にはためいているではないか。

「友軍《ゆうぐん》だ、友軍《ゆうぐん》の戦車《せんしゃ》だ。」

兵隊《へいたい》たちはいっせいに道路《どうろ》にとび出《だ》すと、たがいにだきあって、男《おとこ》なきになきだした。

この大柿大隊《おおがきだいたい》の、決死《けっし》の奮戦《ふんせん》は、パクリのイギリス陣地《じんち》をうき足《あし》だたせて、その陥落《かんらく》を早《はや》めたのであった。

大隊《だいたい》がたたかったのは、勇将《ゆうしょう》ダンカン准将《じゅんしょう》の指揮《しき》するインド正規軍《せいきぐん》第四十五旅《りょ》団《だん》と、オーストラリア軍《ぐん》二個《こ》大隊《だいたい》という大部隊《だいぶたい》であった。そして、ダンカン准《じゅん》将《しょう》もここで戦死《せんし》したのである。

ぶんどったトラック一四八輛《りょう》、装甲車《そうこうしゃ》二輛《りょう》、速射砲《そくしゃほう》・迫撃砲《はくげきほう》五門《もん》、のこされていた死体《したい》は四〇〇をかぞえた。

だが、大柿大隊《おおがきだいたい》も大隊長以下《だいたいちょういか》、三分《ぶん》の二が戦死《せんし》した。そして、このパクリは、マレー半島最後《はんとうさいご》の激戦地《げきせんち》となったわけであった。

さあ、ジョホール水道《すいどう》へ。ジョホール水道《すいどう》へ。

第《だい》二十五軍《ぐん》の各部隊《かくぶたい》は、いよいよ、シンガポール総攻撃《そうこうげき》にかかるべく、なだれをうって、ジョホール州《しゅう》をつきすすんで行《い》くのであった。

■もっと知りたい⑤■

戦史上初の「銀輪部隊」を支えた工兵隊の功績

シンガポール攻略戦は、マレー半島北端から南端のシンガポールまで、全長約一一〇〇キロもの踏破行です。先に触れたように、道なき道の進軍、まさに悪路の連続でした。

この行軍に従軍カメラマンとして同行したのは朝日新聞の影山光洋さんでした。山下奉文将軍とパーシバル司令官によるシンガポールでの降伏交渉のシーンを撮影したのも、影山さんです。この写真は、当時朝日新聞の一面を飾りました。

私は文藝春秋臨時増刊「太平洋戦争　日本陸軍戦記」（昭和四十六年四月）の取材で、影山さんから写真を借りてインタビュー記事を担当しました。昭和十六年十二月から三ヵ月間の進軍でしたが、やはり話題の中心は銀輪部隊についてでした。太平洋戦争史上、いやおそらく世界戦史上でも、自転車部隊で進軍したのはこれが初めてです。影山さんは、こう書き記しています。

〈シンガポール街道は銀輪部隊でうまっていた。ところが、自転車にはパンクがやたらに多かった。一台の自転車が一日に二回も三回もパンクした。焼けあとをすすむようなジリジリした焦熱地獄で、タイヤもチューブもとけてしまうのだった〉

シンガポール街道が自転車で埋め尽くされてしまうようだった、と影山さんは言っていました。日本では冬の季節でも、マレー半島は赤道直下の熱帯地域です。暑さも際限なく、タイヤが頻繁にパンクしますが、修理は簡単だったというのです。

〈すぐ道ばたのゴム林にかけこんで、ゴムの木の根もとにナイフで傷をつけ、しみでるお乳のようなゴムの樹液を手ですくいとり、そのままチューブにはりつけるという方法で、ゴム糊もいらない安直さだ〉

現代の精密機器に慣れた感覚からは想像もつかない、素朴な手法です。影山さんも自転車で行軍に同行したそうです。

この銀輪部隊は「走れ日の丸銀輪部隊」（作詞・島田磬也、作曲・杉山長谷夫）という歌にもなりました。

〈馬来《マライ》戦線　炎の風に／赤いカンナの　花が咲く／汗にまみれて　ペダルを踏んで／征くぞ進むぞ　ジョホールへ／走れ走れ走れ　走れ日の丸銀輪部隊〉

この銀輪部隊行軍の立役者は、なんといっても独立工兵第十五連隊の横山与助大佐です。一一〇〇キロの行程に二百五十もの橋がありましたが、これを五十五日間で突破させたのですから。単純計算でも、毎日五つの橋をかけ直しながら、二〇キロも進軍している。このシンガポール攻略戦の戦闘回数は一説には大小あわせると九十六回と言われていますから、戦いつつ、橋を直しながら走っているわけです。

この作戦、当初は三月十日までに陥落させる計画でしたが、途中で紀元節である二月十一日までに完遂するよう変更されました。一ヵ月の計画短縮が可能なほど、工兵隊の功績は大きかったということなのです。

（半藤一利）

6

香港・比島攻略戦

白《しろ》だすき中隊長《ちゆうたいちよう》

イギリス領《りよう》である香港島《ホンコンとう》の、守備《しゆび》軍団《ぐんだん》の参謀長《さんぼうちよう》は、ボックサー少将《しようしよう》であった。かれは、十二月《がつ》二十五日《にち》に降伏《こうふく》したが、そのとき語《かた》った。

「わがイギリス軍《ぐん》は、すくなくとも半年《はんとし》は、守《まも》りぬくつもりだった。そのために要塞《ようさい》をしっかりかため、武器《ぶき》も弾丸《だんがん》も、じゅうぶん用意《ようい》していたのに、わずかに、十七日間《にちかん》しかもちこたえることができなかったのは、残念《ざんねん》だ。」

イギリス軍《ぐん》の要塞《ようさい》は、香港島《ホンコンとう》と、租借地九竜半島《そしやくちきゆうりゆうはんとう》一たいにきずかれていた。高地《こうち》という高地《こうち》には、トーチカ陣地《じんち》を配置《はいち》し、鉄条網《てつじようもう》をめぐらし、ビクトリア峰《ほう》(五五〇メートル。)の斜面《しやめん》には、ずらりと二百門《ひやくもん》の大砲《たいほう》を、すえていたのである。そして、守備軍兵力《しゆびぐんへいりよく》は一万余名《まんよめい》だった。弾薬《だんやく》も食糧《しよくりよう》も、一年分以上《ねんぶんいじよう》がたくわえられていた。

この要塞《ようさい》を攻略《こうりやく》しようとする日本軍《にほんぐん》は、酒井中将《さかいちゆうじよう》を司令官《しれいかん》とする、第《だい》二十三軍《ぐん》の精鋭《せいえい》であった。一個師団《こしだん》に、攻城野戦重砲隊《こうじようやせんじゆうほうたい》をくわえた兵力《へいりよく》であった。

攻略戦《こうりやくせん》の準備《じゆんび》は、開戦《かいせん》の一年以上《ねんいじよう》も前《まえ》から、ひそかにすすめられていた。日本《にほん》の大本営《だいほんえい》としては、そのころは、まだアメリカとの戦争《せんそう》は考《かんが》えていなかったが、しかし、イギリス領《りよう》の香港《ホンコン》は、いずれ攻略《こうりやく》しなければならないと、かくごしていた。それは、香港《ホンコン》が中国《ちゆうごく》の蔣介石軍《しようかいせきぐん》の、あとおしの役目《やくめ》をしていたからである。

九竜半島《きゆうりゆうはんとう》から、海《うみ》をとびこえて、香港《ホンコン》をうつためには、重砲《じゆうほう》が必要《ひつよう》であった。二四センチ榴弾砲《りゆうだんほう》と、一五センチ加農砲《かのうほう》一〇〇門《もん》が、広東《カントン》からひそかに英《えい》・支国《しこつ》境《きよう》にはこばれた。そして、第《だい》二十三軍《ぐん》の主力《しゆりよく》佐野《さの》兵団《へいだん》は、国境付近《こつきようふきん》に展開《てんかい》を終《お》わった。

今《いま》は、攻略戦開始《こうりやくせんかいし》の十二月九日《がつここのか》をまつばかりである。

「西山部隊長《にしやまぶたいちよう》どの！」

九日《ここのか》の朝《あさ》。国境線《こつきようせん》を突破《とつぱ》して、敵《てき》のおもな陣地《じんち》の一つ、二百《ひやく》五十五高地《こうち》の近《ちか》くへ偵察《ていさつ》にでていた、歩兵第《ほへいだい》二百《ひやく》二十八連隊《れんたい》の尖兵中隊長《せんぺいちゆうたいちよう》若林東一中尉《わかばやしとういちちゆうい》が、部隊本部《ぶたいほんぶ》へもどってくるなり、西山少佐《にしやましようさ》の前《まえ》にたった。

「おお若林中尉《わかばやしちゆうい》。ご苦労《くろう》だった。敵陣《てきじん》のようすはどうか。」

「はい。守備《しゆび》は厳重《げんじゆう》です。しかし、夜襲《やしゆう》をかけたら、わけなくやぶれる所《ところ》を、自《じ》分《ぶん》は見《み》つけてきました。部隊長《ぶたいちょう》どの。若林《わかばやし》を今夜《こんや》やらせてください。かならず、二百《ひゃく》五十五高地《こうち》はうばって、お目《め》にかけます。」

西山部隊長《にしやまぶたいちょう》は、日《ひ》ごろから若林中隊長《わかばやしちゅうたいちょう》の勇気《ゆうき》と、観察力《かんさつりょく》のするどさを、しんらいしていた。だが、このときは、

「よしっ、やれ！」

というわけにはいかなかった。

第《だい》二十三軍司令部《ぐんしれいぶ》で、参謀《さんぼう》たちが苦心《くしん》して、ねりあげた作戦《さくせん》では、第《だい》二百《ひゃく》二十八連隊《れんたい》は、第《だい》二百《ひゃく》三十連隊《れんたい》と同《おな》じ日《ひ》、同《おな》じ時刻《じこく》に右《みぎ》と左《ひだり》から、敵陣《てきじん》をおし包《つつ》むように、進撃《しんげき》することになっていた。その作戦命令《さくせんめいれい》を、西山部隊長《にしやまぶたいちょう》は、すでに受《う》け取《と》っていたのである。かってな行動《こうどう》はゆるされない。

「ですが、部隊長《ぶたいちょう》どの。」

と、いつになく若林中尉《わかばやしちゅうい》は、引《ひ》きさがろうとせず、からだをのり出《だ》して、作戦地図《さくせんちず》を広《ひろ》げると、熱心《ねっしん》に説明《せつめい》をはじめた。その熱心《ねっしん》さと、正《ただ》しい判断力《はんだんりょく》に、西山部《にしやまぶ》隊長《たいちょう》は動《うご》かされずにはいられなかった。

そうである。作戦《さくせん》は勝《か》つためのものだ。

若林中尉《わかばやしちゅうい》の話《はなし》をきいていると、中尉《ちゅうい》がみてきた敵《てき》の弱点《じゃくてん》を一気《き》につくのは、今《こん》夜《や》をおいてはないと、部隊長《ぶたいちょう》にもわかった。

「若林《わかばやし》！」

と、部隊長《ぶたいちょう》は中尉《ちゅうい》の手《て》をにぎった。

「よし！　やれ。責任《せきにん》は、このおれがもつ。」

若林中尉《わかばやしちゅうい》は、目《め》をかがやかせて、部隊長《ぶたいちょう》の手《て》をにぎり返《かえ》した。

「はい、ありがとうあります。」

「成功《せいこう》をいのるぞ！　若林《わかばやし》。」

「かならず、やりとげてごらんにいれます。」

若林中隊《わかばやしちゅうたい》が、夜襲《やしゅう》の準備《じゅんび》にかかっているとき、くもっていた空《そら》から、夕立《ゆうだち》のようなはげしい雨《あめ》がふりだしてきた。

「雨《あめ》になったのは、もっけのさいわいだ。敵《てき》はきっと、油断《ゆだん》するだろう。」

にっこりわらいながら、若林中尉《わかばやしちゅうい》は、白布《はくふ》でたすきを十文字《もんじ》にかけた。やみの中《なか》でも、こうしていれば、中隊長《ちゅうたいちょう》であることがわかる。小隊長《しょうたいちょう》の暗夜《あんや》の標識《ひょうしき》は、白布《はくふ》のななめだすきであった。

水筒《すいとう》も銃剣《じゅうけん》もぬのきれでまいて、音《おと》のしないようにする。あくまでこっそりと、イギリス軍陣地《ぐんじんち》の不意《ふい》をつかなければならない。

西山部隊長《にしやまぶたいちょう》と、最後《さいご》のあく手《しゅ》をかわしてから、若林中尉《わかばやしちゅうい》は、中隊《ちゅうたい》の先頭《せんとう》にたった。

「出発《しゅっぱつ》。前進《ぜんしん》！」

雨《あめ》はいよいよはげしい。西山部隊長《にしやまぶたいちょう》は、若林中隊《わかばやしちゅうたい》が音《おと》もなく、くらい夜《よる》の雨《あめ》の中《なか》に消《き》えて行《い》くのを、じいっと見送《みおく》っていた。

三十分《ぷん》たった。一時間《じかん》たった。西山部隊長《にしやまぶたいちょう》は、何《なに》も見《み》えないやみに向《む》かって、身動《みうご》きもしないで、たたずんだままだ。

と——。とつぜん、やみをつんざいて、重機関銃《じゅうきかんじゅう》と軽機関銃《けいきかんじゅう》と小銃《しょうじゅう》の音《おと》が、はげしく聞《き》こえだした。二百《ひゃく》五十五高地《こうち》の方角《ほうがく》である。若林中隊《わかばやしちゅうたい》が、敵陣《てきじん》におどりこんだのか、それとも、鉄条網《てつじょうもう》の前《まえ》で敵《てき》にさとられて、射撃《しゃげき》をあびせられているのか。

そのとき、雨雲《あまぐも》はうすれていき、うすあかりが、あたりにただよってきた。若《わか》林中隊《ばやしちゅうたい》は、音《おと》もなく、高地《こうち》の斜面《しゃめん》をよじのぼり、敵陣《てきじん》に近《ちか》づくと、

「突撃《とつげき》！」

わあーっとさけんで、トーチカ陣地《じんち》につっこんだ。不意《ふい》をつかれた二百《ひゃく》五十五高地《こうち》の敵《てき》は、ていこうするひまもなくおいたてられて、谷《たに》そこへころがるようににげのびて行《い》った。

夜明《よあ》けの光《ひかり》がさしてくると、その後方《こうほう》の三百《びゃく》四十一高地《こうち》の敵陣《てきじん》から銃声《じゅうせい》がわきおこった。

ヒュウ、ヒュウ、ヒュウ。

「あっ！」

「やられたのか。おい、しっかりしろ。」

たおれた部下《ぶか》を岩《いわ》かげに引《ひ》きずりこんで、若林中隊長《わかばやしちゅうたいちょう》は双眼鏡《そうがんきょう》をとりだした。後《うし》ろの高地《こうち》は、ここよりも百《ひゃく》メートルは高《たか》い。そこから、敵《てき》はうってきているのであった。

ドォーン、ヒュル、ヒュル、ヒュル……。迫撃砲《はくげきほう》もうちだされてきた。

(ここに、このままでいたら、ぜんめつになる。)

とっさに、若林中隊長《わかばやしちゅうたいちょう》は、そう判断《はんだん》した。この二百《ひゃく》五十五高地《こうち》をかんぜんに占領《せんりょう》するためには、三百《びゃく》四十一高地《こうち》をうばわなければならないのだった。

しばらく、中隊長《ちゅうたいちょう》は、双眼鏡《そうがんきょう》で高地《こうち》をながめていたが、

「よし！」とうなずくと、

「おい、みんな。おれについてこい。三百《びゃく》四十一高地《こうち》をせめとるんだ。」

とさけんで、岩《いわ》かげをつたって走《はし》りだした。

香港《ホンコン》おつ

西山部隊長《にしやまぶたいちょう》も、ねてはいなかった。若林中隊《わかばやしちゅうたい》のことをあんじながら、地図《ちず》を広《ひろ》げ、じいっとうでぐみをしていた。

第《だい》二十三軍司令部《ぐんしれいぶ》から、将校伝令《しょうこうでんれい》が、オートバイで、息《いき》せききってかけつけてきたのは、そのときである。

「西山部隊長《にしやまぶたいちょう》どの！　いったい、なんということですか、高地《こうち》の砲声《ほうせい》をきいて、参謀長《さんぼうちょう》はじめ、みんなびっくりしています。だれの命令《めいれい》で、かってに攻撃《こうげき》をはじめたのですか。」

将校伝令《しようこうでんれい》は、いかりをあらわして、かみつくようにどなった。将校伝令《しようこうでんれい》の話《はなし》によれば、酒井軍司令官《さかいぐんしれいかん》も、佐野師団長《さのしだんちよう》もおどろいて、顔色《かおいろ》を変《か》えたというのである。

「なんたることだ。これでもう、作戦《さくせん》はめちゃめちゃになってしまった。」

参謀長《さんぼうちよう》も、火《ひ》のようにおこって、テーブルをたたいたという。だが、西山部隊《にしやまぶたい》長《ちよう》は落《お》ち着《つ》いて、将校伝令《しようこうでんれい》にいった。

「自分《じぶん》が若林《わかばやし》に命令《めいれい》をくだしたのです。責任《せきにん》は自分《じぶん》にある。しかし、若林《わかばやし》は、二百《ひやく》五十五高地《こうち》を占領《せんりよう》した。そしていま、三百《びやく》四十一高地《こうち》の攻撃《こうげき》にかかっている。若林《わかばやし》が自信《じしん》をもってやらせてくれといったから、自分《じぶん》はゆるしたのだ。」

将校伝令《しようこうでんれい》は、ふたたび、オートバイにのって、司令部《しれいぶ》にもどった。銃砲声《じゆうほうせい》は、なおしきりに聞《き》こえている。夜《よ》は明《あ》けはじめた。九竜半島《きゆうりゆうはんとう》の空《そら》は、しだいに明《あか》るくなってくる。

将校伝令《しようこうでんれい》からわけをきくと、参謀長《さんぼうちよう》はどなった。

「ばかな。若林中隊《わかばやしちゆうたい》だけで、あの三百《びやく》四十一高地《こうち》が占領《せんりよう》できるはずがない。若《わか》林《ばやし》は、きびしくばっする。西山部隊長《にしやまぶたいちよう》もけしからん。せっかくの作戦《さくせん》が……。」

そこまでいったときであった。

「参謀長《さんぼうちょう》、参謀長《さんぼうちょう》！　あれを見《み》てください。三百《びゃく》四十一高地《こうち》を。」

参謀《さんぼう》のひとりが、戸外《こがい》からさけんだ。参謀長《さんぼうちょう》は、まどをあけて、双眼鏡《そうがんきょう》をとりだした。

「おお！」

思《おも》わず、おどろきの声《こえ》がでた。

みよ。朝《あさ》やけの空《そら》をバックに、三百《びゃく》四十一高地《こうち》のいただきに、へんぽんと日《ひ》の丸《まる》の旗《はた》がひるがえっているではないか。

三百《びゃく》四十一高地《こうち》は、この作戦地《さくせんち》で一番高《ばんたか》い山《やま》であった。これさえ、わが手《て》にはいったら、全戦線《ぜんせんせん》の進撃《しんげき》は容易《ようい》であると思《おも》っていた、重要《じゅうよう》な敵陣《てきじん》なのであった。

参謀長《さんぼうちょう》の顔《かお》に、思《おも》わずうれしいわらいがうかんだ。さっきばっするといったのもわすれて、参謀長《さんぼうちょう》はさけんでいた。

「でかしたぞ、若林《わかばやし》。」

それから、参謀《さんぼう》たちに向《む》きなおると、命令《めいれい》をくだした。

「若林《わかばやし》が、三百《びゃく》四十一高地《こうち》をおさえているあいだに、全軍《ぜんぐん》は一気《き》に進撃《しんげき》だ。」

国境線《こっきょうせん》で、今《いま》か今《いま》かと、進撃命令《しんげきめいれい》をまちかまえていた兵団《へいだん》は、どっと国境《こっきょう》をつきやぶって、九竜半島《きゅうりゅうはんとう》になだれこんだ。

半島《はんとう》に陣地《じんち》をきずいていたのは、カナダ兵《へい》とイギリス兵《へい》の三個大隊《こだいたい》だった。その後方《こうほう》に野砲隊《やほうたい》が、二十門《もん》の砲《ほう》をずらりとならべていた。

いっせいにひらいた二十門《もん》の砲門《ほうもん》。半島《はんとう》の空《そら》はふるえた。だが、日本軍《にほんぐん》の進撃《しんげき》は、早《はや》かった。

香港守備《ホンコンしゅび》軍司令官《ぐんしれいかん》モルトビー陸軍少将《りくぐんしょうしょう》が、ロンドンのウィンストン＝チャーチル首相《しゅしょう》にあてて、われわれは苦戦《くせん》をしており、もはや九竜半島《きゅうりゅうはんとう》を手《て》ばなすよりほかに、方法《ほうほう》がなくなった、という報告《ほうこく》を発信《はっしん》したのは、十一日《にち》だった。

あくる十二日《にち》。日本軍《にほんぐん》は九竜半島《きゅうりゅうはんとう》の全地域《ぜんちいき》を占領《せんりょう》した。同《おな》じ日《ひ》の午後《ごご》、モルトビー少将《しょうしょう》は、チャーチル首相《しゅしょう》から次《つぎ》のような電報《でんぽう》を受《う》け取《と》ったのであった。

モルトビー香港守備《ホンコンしゅび》軍司令官閣下《ぐんしれいかんかっか》。諸君《しょくん》がけんめいに、香港《ホンコン》を守《まも》ろうとしているさまを、われわれは、じいっと見守《みまも》っている。われわれの心《こころ》は、今《いま》や苦《くる》しい立場《たちば》にたつ諸君《しょくん》とともにある。諸君《しょくん》の日本軍《にほんぐん》にたいするていこうの一日一日《にちにち》は、われわれに最後《さいご》の勝利《しょうり》を、一日一日《にちにち》と近《ちか》づけるものであることを思《おも》い、なおいっそうの奮闘《ふんとう》をいのる。

首相《しゆしよう》ウィンストン＝チャーチル

しかし、九竜半島《きゆうりゆうはんとう》を失《うしな》った香港島《ホンコンとう》は、もはや、手足《てあし》をもがれたも同《おな》じであった。ビクトリア峰《ほう》のイギリス軍《ぐん》じまんの二百門《ひやくもん》の砲《ほう》も、日本軍《にほんぐん》の攻城野戦砲《こうじようやせんほう》には、てんで歯《は》がたたなかった。

十八日《にち》。日本軍《にほんぐん》は、九竜半島《きゆうりゆうはんとう》から一マイルの海《うみ》をわたって、香港島《ホンコンとう》に上陸《じようりく》した。

その知《し》らせを受《う》けて、ふたたびチャーチル首相《しゆしよう》は、モルトビー軍司令官《ぐんしれいかん》と香港《ホンコン》総督《そうとく》のサー＝マーク＝ヤングのふたりにあてて、至急電報《しきゆうでんぽう》をうってきた。

日本軍上陸《にほんぐんじようりく》の報《ほう》を受《う》け、われわれは、ひじょうに心配《しんぱい》している。どのように敵《てき》が強大《きようだい》であろうとも、降伏《こうふく》という考《かんが》えをもってはならない。

島《しま》のいかなる部分《ぶぶん》でも、争《あらそ》うことなくしりぞいてはならない。諸君《しよくん》は、敵《てき》にできるだけ多《おお》くの人命《じんめい》と、物質《ぶつしつ》を消費《しようひ》させなければならない、活発《かつぱつ》な戦闘《せんとう》が、民家《みんか》から民家《みんか》へ、しらみつぶしの戦闘《せんとう》がおこなわれるのでなければ、貴《き》軍《ぐん》は善戦《ぜんせん》したとはいえないだろう。

貴下《きか》と、その部下《ぶか》の一日《にち》一日《にち》のていこうは、連合国《れんごうこく》の立場《たちば》を、それだけ助《たす》けることであり、貴下《きか》と部下《ぶか》の戦士《せんし》たちは、不朽《ふきゅう》の栄誉《えいよ》をかちうることになろう。

その電報《でんぽう》がとどいたのは、二十一日《にち》であった。だが、その日《ひ》、香港島《ホンコンとう》の山《やま》あいの水源地《すいげんち》は、日本軍《にほんぐん》の手《て》によって、占領《せんりょう》されていたのである。

モルトビー少将《しょうしょう》は、今《いま》は、白旗《しらはた》をかかげるよりほかなかった。

ボックサー参謀長《さんぼうちょう》が白旗《しらはた》をかかげ、モルトビー少将《しょうしょう》・サー＝マーク＝ヤング総《そう》督《とく》・カナダ軍団長《ぐんだんちょう》ローソン准将《じゅんしょう》が、日本軍《にほんぐん》にくだってきたのは、二十五日《にち》であった。

半年《はんとし》のていこうのゆめも、チャーチル首相《しゅしょう》のはげましもむなしく、大英帝国《だいえいていこく》の、東洋《とうよう》の真珠《しんじゅ》とうたわれた香港島《ホンコンとう》は、わずかに十七日間《にちかん》で、陥落《かんらく》してしまった。

南海《なんかい》を征《い》く

香港陥落《ホンコンかんらく》の、ちょうど一か月前《げつまえ》であった。

四国《しこく》の坂出港《さかいでこう》へ、毎《まい》ばん大型《おおがた》の汽船《きせん》が、どこからかやってきては、兵隊《へいたい》をいっぱいのせると、ふたたびどこかへ去《さ》って行《い》った。

それが、四、五日《にち》のあいだつづいた。

九せきの、その輸送船《ゆそうせん》があらわれたのは、小笠原列島《おがさわられっとう》の母島《ははじま》の沖合《おきあい》であった。

その九せきを遠《とお》くとりまいて、四せきの大型巡洋艦《おおがたじゅんようかん》と、三せきの軽巡洋艦《けいじゅんようかん》と、十二せきの駆逐艦《くちくかん》とが、いかめしく海上《かいじょう》をにらんでいた。

内地《ないち》の冬《ふゆ》から、いっぺんに、暑《あつ》い海上《かいじょう》にはこばれてきた兵隊《へいたい》たちは、あせだくだった。

「おれたちの船《ふね》を、ああやって軍艦《ぐんかん》が護衛《ごえい》してくれるが、いったいおれたちは、どこへつれて行《い》かれるんだろうな。」

「さあ、どこだろう。ともかく、防暑服《ぼうしょふく》に着《き》かえさせられたところから考《かんが》えると、もっと南《みなみ》の方《ほう》だろうぜ。」

この輸送船上《ゆそうせんじょう》の一個師団《こしだん》の兵隊《へいたい》たちは、高知県《こうちけん》を中心《ちゅうしん》に編成《へんせい》された部隊《ぶたい》で、「南海支隊《なんかいしたい》」と名《な》づけられていた。

南海支隊長《なんかいしたいちょう》は、掘井富太郎少将《ほりいとみたろうしょうしょう》である。兵隊《へいたい》には知《し》らされていないが、南海支隊《なんかいしたい》の進撃《しんげき》の目的地《もくてきち》は、日本《にほん》に一番近《ばんちか》いアメリカの軍事基地《ぐんじきち》グワム島《とう》であった。

フィリピン諸島周辺図

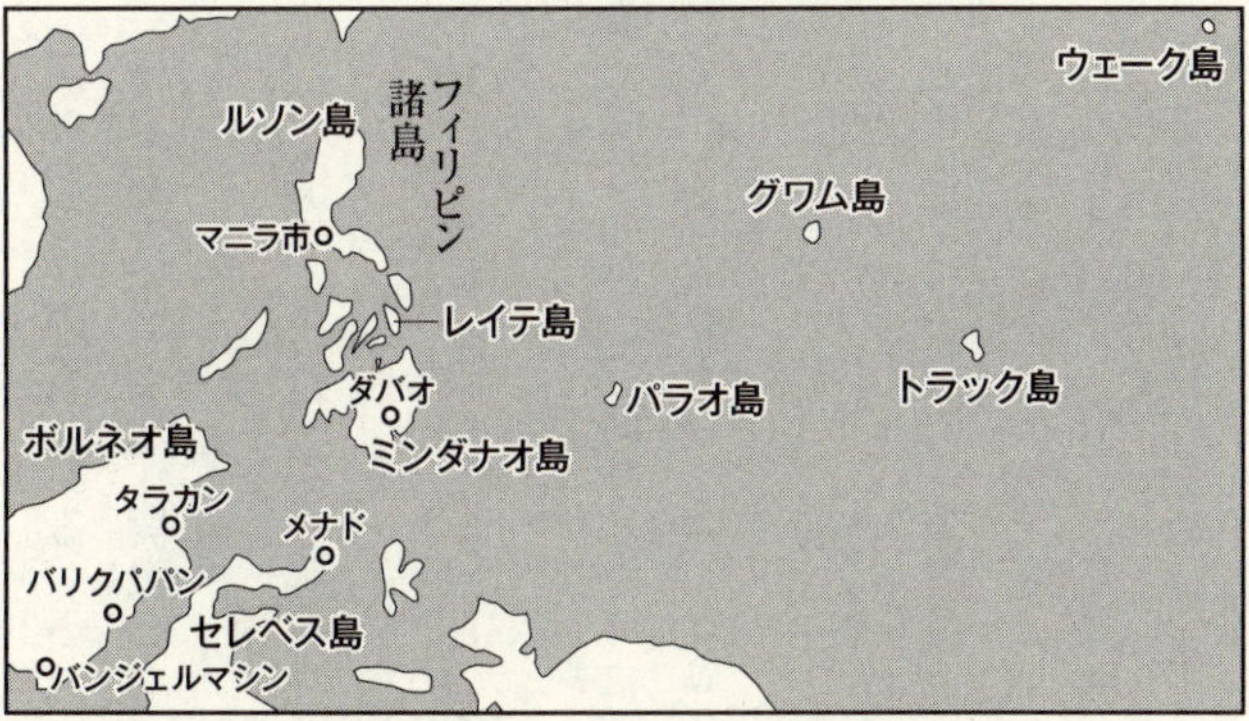
ウェーク島
フィリピン諸島
ルソン島
グワム島
マニラ市
レイテ島
ダバオ
パラオ島
トラック島
ボルネオ島
ミンダナオ島
タラカン
メナド
バリクパパン
セレベス島
バンジェルマシン

グワム島《とう》は、東京《とうきよう》から千《せん》四百《ひやく》カイリの所《ところ》にある、小《ちい》さい島《しま》であるが、日本《にほん》の横《よこ》ばらにさし出《だ》されている、一本《ぽん》の槍《やり》であった。開戦《かいせん》となったら、どうしてもはらい落《お》とさなければならない島《しま》だ。大本営《だいほんえい》から、「進《すす》め!」の命令《めいれい》が、母島《ははじま》にとんだのは、十二月二日《がつふつか》の夜《よ》もふけてからであった。

掘井支隊長《ほりいしたいちよう》は、十二月十日《がつとおか》を上陸日《じようりくび》に決《き》めて、四日《よつか》の朝《あさ》、母島《ははじま》を出航《しゆつこう》して、一路《ろ》、グワム島《とう》へと向《む》かった。

開戦日《かいせんび》の八日《ようか》の朝《あさ》、南海支隊《なんかいしたい》の上陸戦《じようりくせん》を助《たす》けるために、トラック島基地《とうきち》の海軍《かいぐん》航空隊《こうくうたい》は、つばさをつらねて、グワム島上空《とうじようくう》にしんにゅうして、軍事施設《ぐんじしせつ》を爆撃《ばくげき》した。

米軍守備隊《べいぐんしゆびたい》は、高射砲《こうしやほう》で応戦《おうせん》したが、このときには、まだ日本軍《にほんぐん》が上陸《じようりく》してくるとは思《おも》っていなかった。ところが、十日《とおか》の午前《ごぜん》三時《じ》三十分《ぷん》、南海支隊《なんかいしたい》は、グワム島《とう》の三か所《しよ》から、不意打《ふいう》ちに強行上陸《きようこうじようりく》したのである。

あわてて、応戦《おうせん》しようとしたときには、米軍守備隊《べいぐんしゆびたい》はもう包囲《ほうい》されていた。十日《とおか》の朝《あさ》、守備隊長《しゆびたいちよう》マクミラン大佐《たいさ》は、白旗《しらはた》をかかげた。

同《おな》じ日《ひ》である。田中光夫《たなかみつお》海軍中佐《かいぐんちゅうさ》を指揮官《しきかん》とする、ウェーク島攻略部隊《とうこうりゃくぶたい》も、ウェーク島《とう》へ上陸戦《じょうりくせん》をおこなっていた。

が、ウェーク島《とう》には、意外《いがい》にも、強力《きょうりょく》な米軍航空隊《べいぐんこうくうたい》ががんばっていたのである。

そして、守備隊長《しゅびたいちょう》は、勇猛《ゆうもう》の名《な》をうたわれていたカニンガム中佐《ちゅうさ》であった。

そのうえ、上陸軍《じょうりくぐん》にとって不利《ふり》であったのは、二十メートルをこえる強風《きょうふう》がふきまくり、あれくるう波《なみ》が、上陸用舟艇《じょうりくようしゅうてい》を、岸《きし》へよせつけないことであった。

上陸軍《じょうりくぐん》は、思《おも》わぬ苦戦《くせん》におちいった。敵機《てきき》は、かじのとれない舟艇《しゅうてい》をねらいうちした。そして、護衛《ごえい》の駆逐艦《くちくかん》へおそいかかり、「疾風《はやて》」と「如月《きさらぎ》」は、ついに火災《かさい》をおこして、打《う》ちしずめられたのである。

こうして、第一回《だいかい》の上陸戦《じょうりくせん》は、失敗《しっぱい》に終《お》わった。しけのおさまるのをまつ以外《いがい》にない。そして、そのまえに、空《そら》から敵陣《てきじん》をたたきつけておかなければならない。

大本営《だいほんえい》は、真珠湾攻撃《しんじゅわんこうげき》を終《お》わって、太平洋《たいへいよう》を日本《にほん》へ向《む》かって、帰航中《きこうちゅう》の南雲艦《なぐもかん》隊《たい》に、ウェーク島攻撃《とうこうげき》の応援《おうえん》を命《めい》じた。

空母《くうぼ》「蒼竜《そうりゅう》」と「飛竜《ひりゅう》」が、大型巡洋艦《おおがたじゅんようかん》「利根《とね》」と「筑摩《ちくま》」をしたがえて、ウェーク島《とう》へと向《む》かったのである。

真珠湾《しんじゆわん》であばれまわった、空《そら》の勇士《ゆうし》たちにとっては、ウェーク島《とう》はものの数《かず》ではなかった。たちまち、ウェーク島《とう》の飛行場《ひこうじよう》と軍事《ぐんじ》施設《しせつ》は、息《いき》の根《ね》をとめられた。

二十二日《にち》。まだ、風《かぜ》も波《なみ》もあれていたが、田中《たなか》攻略部隊《こうりやくぶたい》は、上陸《じようりく》を強行《きようこう》した。サンゴ礁《しよう》の上《うえ》をはいながら、敵陣《てきじん》に突撃《とつげき》して、ついにウェーク島《とう》を占領《せんりよう》したのであった。

密林《みつりん》にいどむ

「南海支隊《なんかいしたい》」が、グワム島《とう》を占領《せんりよう》した十二月十日《がつとおか》に、グワム島《とう》の南方洋上《なんぽうようじよう》にある、わが委任統治領《いにんとうちりよう》のパラオ島《とう》に、一個《こ》連隊《れんたい》の部隊《ぶたい》が、上陸《じようりく》してきた。

オランダ領《りよう》のボルネオを、攻略《こうりやく》する任務《にんむ》をおびている坂口静夫少将《さかぐちしずおしようしよう》のひきいる「坂口支隊《さかぐちしたい》」であった。

ボルネオは石油《せきゆ》の宝庫《ほうこ》であるが、島内《とうない》のほとんどは、大密林《だいみつりん》におおわれている。攻略部隊《こうりやくぶたい》の敵《てき》の第《だい》一は、密林《みつりん》と風土病《ふうどびよう》であった。ボルネオには、米軍《べいぐん》と濠洲軍《ごうしゆうぐん》とオランダ軍《ぐん》がいると思《おも》われるが、それは第《だい》二の敵《てき》であった。

「だから、まず、われわれは密林《みつりん》に勝《か》たなければいけない。このパラオの密林《みつりん》は、ボルネオの密林《みつりん》とよくにている。本日《ほんじつ》より、わが支隊《したい》は、密林突破《みつりんとっぱ》の演習《えんしゅう》をおこなう。」

坂口支隊長《さかぐちしたいちょう》はそう命《めい》じて、みずから先頭《せんとう》にたったのである。

南洋《なんよう》の土着民《どちゃくみん》もはいろうとしない密林内《みつりんない》にはすさまじい暑熱《しょねつ》がよどみ、マラリア蚊《か》のむれがいる。しげっている木《き》ぎには、無数《むすう》のヘビのようにツタカズラが、からみ合《あ》っている。

演習《えんしゅう》の第《だい》一日《にち》めは、一時間《じかん》かかって、やっと五十メートルしか進《すす》めなかった。第《だい》二日《にち》めは七十メートル。

「そんなナメクジみたいな行軍《こうぐん》で、どうなるか、ボルネオの上陸地《じょうりくち》タラカンから、最後《さいご》の目的地《もくてきち》バンジェルマシンの町《まち》までは、四百《ひゃく》キロだぞ。それがほとんど密林《みつりん》だ。さあ、もっとスピードを出《だ》すんだ。」

支隊《したい》の兵隊《へいたい》は、全員《ぜんいん》、九州男児《きゅうしゅうだんじ》であった。

「なにくそ、なにくそ！」

毎日《まいにち》、毎日《まいにち》、夜《よる》も昼《ひる》も、密林《みつりん》をつきすすむ演習《えんしゅう》だった。そして、一週間《しゅうかん》めには、ついに一時間《じかん》五百《ひゃく》メートルの記録《きろく》をだすところまで、こぎつけた。

「ようし。もうだいじょうぶだ。さあ、行《い》こう。」

パラオをあとにした坂口支隊《さかぐちしたい》が、まず上陸《じょうりく》したのは、南《みなみ》フィリピンのダバオであった。ここには、多《おお》くの日本人《にほんじん》が、むかしから住《す》んでいたが、開戦《かいせん》と同時《どうじ》に、フィリピンの警察軍《けいさつぐん》によって、かんきんされているのであった。米軍《べいぐん》は、まだきていなかった。坂口支隊長《さかぐちしたいちょう》は、二万《まん》三千人《ぜんにん》の同胞《どうほう》たちを、収容所《しゅうようじょ》から助《たす》け出《だ》しておいてから、ふたたび、船団《せんだん》を組《く》み、いよいよ、オランダ領北《りょうきた》ボルネオに向《む》かった。船中《せんちゅう》で、昭和《しょうわ》十六年《ねん》がすぎ、正月《しょうがつ》をむかえた。上陸地《じょうりくち》のタラカンに船団《せんだん》が近《ちか》づいたのは、一月九日《がっここのか》である。

「上空《じょうくう》に敵機《てきき》！」

監視哨《かんししょう》がさけぶ。濠洲軍《ごうしゅうぐん》のマークを、つばさにえがいている十数機《すうき》だった。高角砲《こうかくほう》で応戦《おうせん》しながら、船団《せんだん》は一気《き》に、タラカン港《こう》の西岸《せいがん》の密林地帯《みつりんちたい》につっこんで行《い》った。

密林《みつりん》をつきやぶるのは、お手《て》のものだ。密林《みつりん》にはいって、タラカンの町《まち》の後《うし》ろにまわりこむと、にげ道《みち》を失《うしな》ったオランダ軍《ぐん》は、もろかった。たたかう勇気《ゆうき》のないかれらは、たちまち手《て》をあげてしまったのであった。

それよりまえ、上陸《じょうりく》して、密林《みつりん》にはいったときであった。

「支隊長閣下《したいちょうかっか》！」

尖兵中隊長《せんぺいちゅうたいちょう》が、そうよびながらやってきた。中隊長《ちゅうたいちょう》は、インドネシヤ人《じん》らしくみえる者《もの》をつれていた。

みると、六十に近《ちか》い老人《ろうじん》であった。

「あなたが、隊長《たいちょう》さんですか。おめでとうございました。」

おどろいたのは、りっぱな日本語《にほんご》をつかったことである。しかも、老人《ろうじん》の目《め》には、感激《かんげき》のなみださえうかんでいた。

「ご老人《ろうじん》は、日本人《にほんじん》でしたか。」

「はい、三浦《みうら》と申《もう》します。もう、このボルネオに二十四年《ねん》もわたしは住《す》んでいるのです。今《いま》では、タラカンで雑貨商《ざっかしょう》をしていますが、ボルネオの地理《ちり》には明《あか》るいですから、何《なに》かのお役《やく》にたてばと思《おも》いまして……。わたしはあなた方《がた》の日《ひ》の丸《まる》の旗《はた》を見《み》て、うれしなきになきました。隊長《たいちょう》さん！　わたしもお国《くに》のために、何《なに》かの役《やく》にたちたいのです。」

「三浦《みうら》さん、ありがとう。」

坂口支隊長《さかぐちしたいちょう》は、ぐっと老人《ろうじん》の手《て》をにぎった。

「それでは、われわれの道案内《みちあんない》に立《た》ってください。まず、われわれは、すぐタラカンの町《まち》と港《みなと》を、占領《せんりょう》しなければなりません。」

三浦老人《みうらろうじん》は、オランダ軍《ぐん》の陣地《じんち》やそなえを、よく知《し》っていた。そして、老人《ろうじん》は先頭《せんとう》にたって、支隊《したい》を案内《あんない》したのであった。

「こんなに早《はや》く、しかも、戦死者《せんししゃ》を出《だ》すことなく、タラカンが占領《せんりょう》できたのは、ひとえにあなたのおかげでした。ありがとう、ありがとう!」

タラカンから、次《つぎ》の攻略地点《こうりゃくちてん》バリクパパンに進発《しんぱつ》していく日《ひ》、坂口支隊長《さかぐちしたいちょう》は、そういって、かたくかたく、三浦老人《みうらろうじん》の手《て》をにぎったのだった。

タラカンも、バリクパパンも、そして最後《さいご》に坂口支隊《さかぐちしたい》が占領《せんりょう》したバンジェルマシンも、みんな石油《せきゆ》の町《まち》である。

戦争《せんそう》をつづけるために、ぜひ必要《ひつよう》な、ボルネオの石油資源《せきゆしげん》は、こうして密林《みつりん》とたたかった坂口支隊《さかぐちしたい》によって、手《て》に入《い》れたのであった。

「空《そら》の要塞《ようさい》」あらわる

フィリピンは、大小《だいしょう》七千《せん》あまりの島《しま》じまからなる諸島《しょとう》である。

首都《しゅと》マニラ市《し》のあるルソン島《とう》が、一番大《ばんおお》きくて、日本本土《にほんほんど》の半分《はんぶん》くらい、次《つぎ》に大《おお》きいミンダナオ島《とう》は北海道《ほっかいどう》と同《おな》じで、三番《ばん》めのサマール島《とう》が、四国《しこく》とほぼひとしい大《おお》きさである。

アメリカと戦争《せんそう》になれば、日本《にほん》がフィリピンをせめ取《と》らなければならない理由《りゆう》は、二つあった。

その第《だい》一は、フィリピンは、アメリカ軍《ぐん》の前進《ぜんしん》こんきょ地《ち》であるからだ。

もう一つは、この諸島《しょとう》の位置《いち》が、日本《にほん》と南洋《なんよう》をむすぶ航路《こうろ》のまん中《なか》にあたっているからであった。

フィリピンにいる極東《きょくとう》アメリカ軍総司令官《ぐんそうしれいかん》は、ダグラス＝マッカーサー将軍《しょうぐん》であった。

その兵力《へいりょく》は、アメリカ人部隊《じんぶたい》一個師団《こしだん》と、フィリピン人部隊《じんぶたい》十個師団《こしだん》、その他《た》、

ルソン島主要図

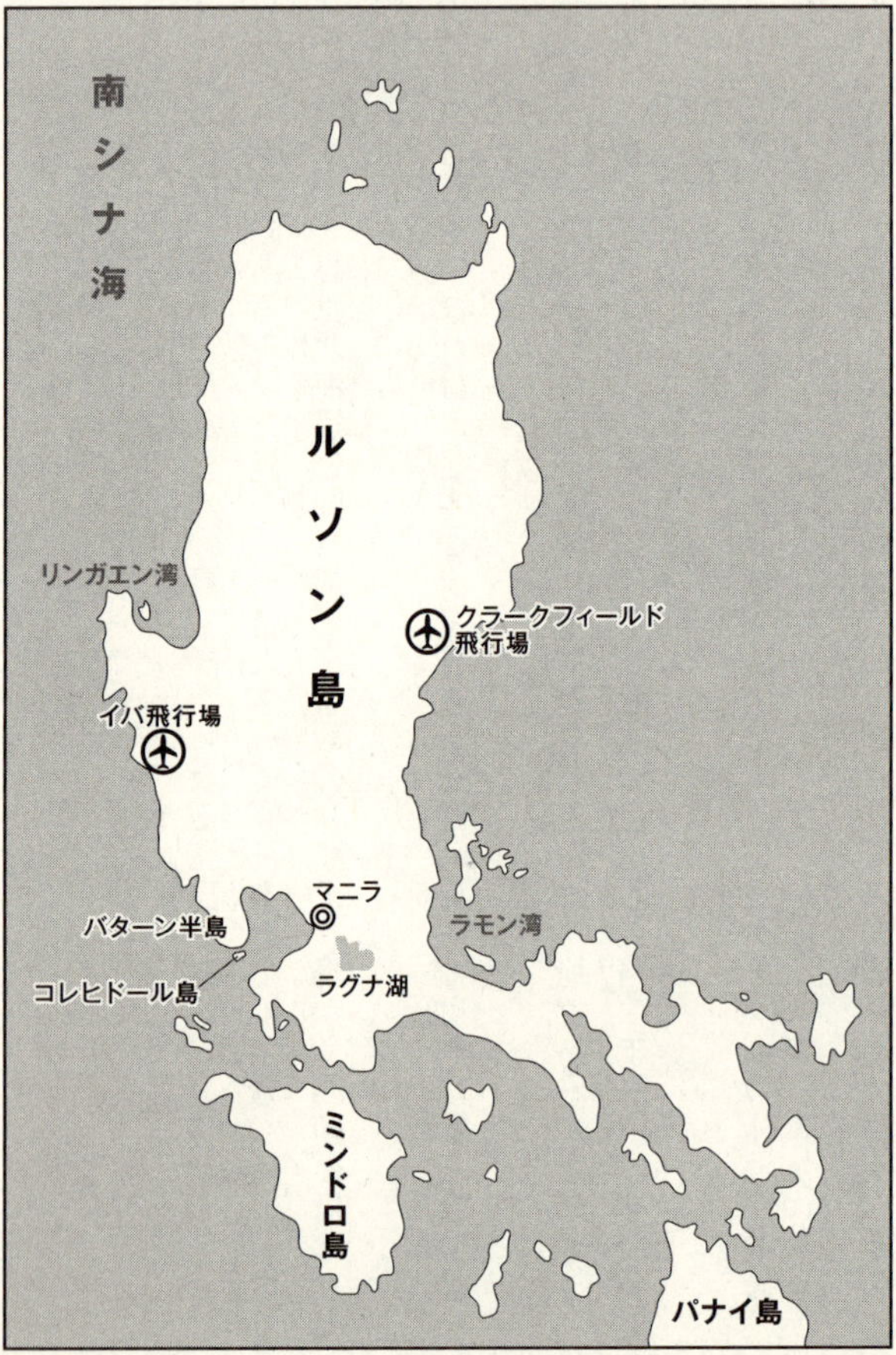
南シナ海
ルソン島
リンガエン湾
クラークフィールド飛行場
イバ飛行場
マニラ
バターン半島
ラモン湾
コレヒドール島
ラグナ湖
ミンドロ島
パナイ島

空軍部隊《くうぐんぶたい》である。

マッカーサー将軍《しょうぐん》は、日本《にほん》と戦争《せんそう》になる場合《ばあい》の作戦《さくせん》を考えて、これを「オレンジ作戦《さくせん》」と名《な》づけていた。

どんな作戦《さくせん》かというと、開戦《かいせん》と同時《どうじ》に、フィリピンにせめこんでくる日本軍《にほんぐん》をむかえ、十一個師団《こしだん》のアメリカ・フィリピン軍《ぐん》がたたかっているあいだに、アメリカ太平洋艦隊《たいへいようかんたい》が、太平洋《たいへいよう》に出撃《しゅつげき》してくる。そして日本《にほん》の連合艦隊《れんごうかんたい》とマーシャル諸島海上《しょとうかいじょう》で、一大海戦《だいかいせん》をおこなって、これを打《う》ちやぶり、フィリピンのマニラ湾《わん》にやってくる。日本上陸軍《にほんじょうりくぐん》は、ふくろのネズミになるわけであった。

しかし、そのためには、空軍力《くうぐんりょく》を、強化《きょうか》しなければならない。マッカーサー将《しょう》軍《ぐん》は、アメリカ国防省《こくぼうしょう》にあてて、新鋭機《しんえいき》をフィリピンに送《おく》るようにたのんだ。

ルソン島《とう》で一番《ばん》、大《おお》きい飛行場《ひこうじょう》クラークフィールドに、新《あたら》しく長大《ちょうだい》な滑走路《かっそうろ》が建設《けんせつ》されていることが、日本《にほん》の大本営《だいほんえい》にわかったのは、開戦《かいせん》の三か月前《げつまえ》であった。

商人《しょうにん》になりすまして、マニラに住《す》みついていた日本《にほん》の参謀《さんぼう》のひとりから、こっそりと情報《じょうほう》がはいってきたのである。

「こんな大《おお》きな滑走路《かっそうろ》が、必要《ひつよう》な飛行機《ひこうき》といえば、あるいはあれが、フィリピンにやってくるのではなかろうか。」

「そうかもしれない。きっと、あれがくるのだろう。」

「そうなると、これはたいへんなことになるぞ。もし、あれがフィリピンにきたとなると。」

大本営《だいほんえい》の心配《しんぱい》は、あたった。

一か月後《げつご》、ふたたび、情報《じょうほう》がもたらされた。

B17三十五機《き》、クラークフィールドにとうちゃくす。

「やっぱりだ。しかも、三十五機《き》もだ。」

「ふうむ。」

思《おも》わず、大本営《だいほんえい》の参謀《さんぼう》たちはうなってしまった。

アメリカ空軍《くうぐん》の最新鋭機《さいしんえいき》B17は、「空《そら》の要塞《ようさい》」とうたわれて、世界中《せかいじゅう》に、その名《な》をとどろかせている、超重爆撃機《ちようじゆうばくげきき》であった。この巨人機《きよじんき》が、フィリピンにやってきた以上《いじよう》は、マレー作戦《さくせん》のような奇襲上陸《きしゆうじようりく》は、フィリピンにはできない。

そこで、大本営《だんほんえい》は、フィリピン進攻作戦《しんこうさくせん》は正攻法《せいこうほう》によることに決《き》めた。まず、航空撃滅戦《こうくうげきめつせん》をおこなって、フィリピンの制空権《せいくうけん》を手《て》に入《い》れる。それから、敵前上《てきぜんじよう》陸《りく》をおこなう作戦《さくせん》である。

フィリピン航空撃滅戦《こうくうげきめつせん》に参加《さんか》するために、台湾南部《たいわんなんぶ》の高雄《たかお》と屏東《へいとう》と佳冬《かとう》の基地《きち》に、陸軍《りくぐん》の第《だい》五飛行集団《ひこうしゅうだん》（集団長小畑英良中将《しゅうだんちょうおばたひでよしちゅうじょう》。）の重爆《じゅうばく》二七、軽爆《けいばく》五四、戦闘《せんとう》七二、偵察《ていさつ》二七、合計《ごうけい》一八〇機《き》と海軍《かいぐん》の第《だい》十一航空艦隊《こうくうかんたい》（司令塚原二四三中将《しれいつかはらにしぞうちゅうじょう》。）の陸上攻撃機《りくじょうこうげきき》一四六、戦闘《せんとう》一二三、飛行艇《ひこうてい》二四、偵察機《ていさつき》一五の合計《ごうけい》三〇八機《き》が、十二月三日《がつみっか》までに全機集結《ぜんきしゅうけつ》を終《お》わった。

八日《ようか》の朝《あさ》。これら陸海《りくかい》のあらわしは、つばさをつらねて、フィリピン上空《じょうくう》にとび、「空《そら》の要塞《ようさい》」のいるクラークフィールド飛行場《ひこうじょう》とイバ飛行場《ひこうじょう》をおそうはずであった。

開戦《かいせん》まぢかの息《いき》づまるような、一日《にち》一日《にち》がすぎていく。

真珠湾《しんじゅわん》を奇襲《きしゅう》する南雲艦隊《なぐもかんたい》は、刻《こく》一刻《こく》とハワイに近《ちか》づいていて、いっぽうマレー半島《はんとう》に奇襲上陸《きしゅうじょうりく》をしようとする山下兵団《やましたへいだん》も、マレー東海岸《ひがしかいがん》へと、しのびよっているのであった。

そして、七日《なのか》がくれ、運命《うんめい》の日《ひ》、八日《ようか》がやってきた。

アメリカ政府《せいふ》からフィリピンの極東《きょくとう》アメリカ軍司令部《ぐんしれいぶ》に開戦《かいせん》の電報《でんぽう》がはいった

のは、午前二時《ごぜんにじ》であった。

クラークフィールドの空軍司令部《くうぐんしれいぶ》にいたブレリートン空軍中将《くうぐんちゆうじよう》は、日本機動部隊《にほんきどうぶたい》が、真珠湾《しんじゆわん》を奇襲《きしゆう》したと聞《き》くと、すぐさま、マニラ軍司令部《ぐんしれいぶ》のサザーランド参謀長《さんぼうちよう》に電話《でんわ》で申《もう》し入《い》れた。

「わがB17重爆撃機隊《じゆうばくげききたい》は、出撃命令《しゆつげきめいれい》さえあれば、ただちに台湾《たいわん》の日本軍航空基地《にほんぐんこうくうきち》を、爆撃《ばくげき》する準備《じゆんび》を終《お》わっている。」

「わかった。マッカーサー軍司令官《ぐんしれいかん》に話《はな》してみよう。」

サザーランド参謀長《さんぼうちよう》はそう答《こた》えたが、しかし、マッカーサー将軍《しようぐん》に、そのことをとりつごうとしなかった。参謀長《さんぼうちよう》の作戦《さくせん》は、わざわざ、台湾《たいわん》まで行《い》かなくとも日本空軍《にほんくうぐん》が、フィリピンにやってくるのを洋上《ようじよう》でまちうけて、いっきょにたたき落《お》としたらいい、という考《かんが》えだったのである。

ブレリートン中将《ちゆうじよう》は、受話器《じゆわき》をおくと、

「全偵察機《ぜんていさつき》、出動《しゆつどう》せよ。」

の命令《めいれい》を発《はつ》した。昨夜《さくや》からルソン島《とう》の上空《じようくう》は、いちめんにあつい雲《くも》でおおわれていた。各飛行場《かくひこうじよう》の偵察機《ていさつき》は、その密雲《みつうん》をついてとびたって、空《そら》の見《み》はりについた。

そして、地上《ちじょう》の全飛行機《ぜんひこうき》は、いつでもとびたてる準備《じゅんび》をととのえた。

おそらく日本機《にほんき》は、夜明《よあ》けをまってやってくるであろう。きんちょうした空気《くうき》の中《なか》に、やがて、しらじらと夜《よ》が明《あ》けてきたのである。

きりは味方《みかた》だった

いっぽう、台湾《たいわん》の十二月八日《がつようか》は、一メートル先《さき》も見《み》えないふかいきりに明《あ》けていった。

この日《ひ》のくるのを、手《て》ぐすね引《ひ》いて、まちかまえている陸海《りくかい》のあらわしたちは、空《そら》を見《み》あげて、

「ああ、なんということだ。」

と、じだんだふんでくやしがった。しかし、このきりでは、どう無理《むり》をしても、とび立《た》てないのである。風《かぜ》が出《で》てくれれば、すこしはきりがながれるのだが、あいにくなことに、風《かぜ》はそよりともしなかった。

白《しろ》いまくをはったような空《そら》を、うらめしそうに、搭乗員《とうじょういん》や整備兵《せいびへい》が見《み》あげてい

るとき、航空母艦《こうくうぼかん》「竜驤《りゅうじょう》」の偵察機《ていさつき》からルソン島《とう》一たいは、遠《とお》く広《ひろ》びろとした密《みつ》雲《うん》で、地上《ちじょう》はまるきり見《み》えない、という報告《ほうこく》がもたらされた。

目標《もくひょう》の上空《じょうくう》が、そんなありさまでは、たとえきけんをおかして、ふかいきりの中《なか》をとびたって行《い》っても、爆撃《ばくげき》はおこなえない。きりの晴《は》れるのをまち、そして、ルソン島《とう》の密雲《みつうん》が切《き》れるのをまつことになった。

ところで、フィリピンのアメリカ空軍《くうぐん》のほうでは、台湾《たいわん》がきりに包《つつ》まれているとは知《し》らないから、夜《よ》が明《あ》けたのに、日本《にほん》の飛行機《ひこうき》が、いっこうにやってくるようすがないことを、ふしぎがっていた。

七時《じ》になり、八時《じ》になり、九時《じ》になっても、まだ、日本機《にほんき》はすがたをあらわさないのである。ルソン島上空《とうじょうくう》は、このころから密雲《みつうん》が切《き》れはじめていた。

偵察機《ていさつき》は、もうすっかり、まちくたびれてしまったが、しかし、いつやってくるかわからないから、やっぱり見張《みは》り飛行《ひこう》をつづけていなければならない。いたずらに、時間《じかん》がたった。十時《じ》になり、十一時《じ》になり、ついに正午《しょうご》になってしまった。

正午《しょうご》、ブレリートン中将《ちゅうじょう》は、全偵察機《ぜんていさつき》に着陸《ちゃくりく》を命《めい》じた。午後《ごご》ふたたび、見《み》はりにつかせることにして、ひと休《やす》みを命《めい》じたのであった。
日本空軍《にほんくうぐん》が、どっとばかりクラークフィールド上空《じょうくう》になだれこんできたのはそのときである。

きりがようやく、うすれ出《だ》した午前《ごぜん》九時《じ》十五分《ふん》、台湾基地《たいわんきち》をとびたってきた陸上攻撃機《りくじょうこうげきき》五四機《き》と、ゼロ戦《せん》四三機《き》の大編隊《だいへんたい》であった。

クラークフィールドの上空《じょうくう》にきてみて、日本空軍《にほんくうぐん》はおどろいた。空《そら》の要塞《ようさい》をはじめ、爆撃機《ばくげきき》・戦闘機《せんとうき》などが、ずらりと飛行場《ひこうじょう》にならんでいたからだ。さあ、爆撃《ばくげき》してくれ、といわんばかりである。

高射砲陣地《こうしゃほうじんち》がいっせいに砲門《ほうもん》をひらき、あわてて戦闘機《せんとうき》がとびあがってきたが、上空《じょうくう》にまちかまえていたゼロ戦《せん》に、たちまちうち落《お》とされた。

クラークフィールドの上空《じょうくう》は、高射砲弾《こうしゃほうだん》の白煙《はくえん》におおわれたが、日本《にほん》の爆撃隊《ばくげきたい》は、編隊《へんたい》をくずさず、ゆうゆうと水平爆撃《すいへいばくげき》をおこなった。大気《たいき》をきりさいて、砲《ほう》弾《だん》がすいこまれるように飛行場《ひこうじょう》に落下《らっか》すると、ものすごい爆発音《ばくはつおん》があがり、飛行《ひこう》機群《きぐん》がこっぱみじんにふっとび、めらめらともえ出《だ》す。

緑《みどり》一色《しょく》のマニラ平野《へいや》の中《なか》で、飛行場《ひこうじょう》だけが、まっかなほのおの海《うみ》と変《か》わり、黒《こく》煙《えん》をふきあげている。

同《おな》じころ、別《べつ》の大編隊《だいへんたい》は、イバ飛行場《ひこうじょう》におそいかかっていた。

ここにも飛行機《ひこうき》は、ずらりと地上《ちじょう》にならんでいた。あわてふためく飛行機《ひこうき》のむれに、爆弾《ばくだん》が雨《あめ》あられとふった。どの機《き》もガソリンをいっぱいに積《つ》んでいるのだ。一機《き》が爆発《ばくはつ》をおこすと、たちまち、次《つぎ》から次《つぎ》へ火《ひ》はうつり、みるみるいちめんにもえ広《ひろ》がっていく。

この日《ひ》、クラークフィールド飛行場《ひこうじょう》を攻撃《こうげき》した、陸攻《りくこう》の編隊長《へんたいちょう》は、尾崎少佐《おざきしょうさ》と野《の》中少佐《なかしょうさ》であり、ゼロ戦隊長《せんたいちょう》は新郷大尉《しんごうたいい》であった。

また、イバ飛行場《ひこうじょう》をおそったのは、額田中佐《ぬかたちゅうさ》と入佐少佐《いりさしょうさ》が指揮《しき》をとる陸攻《りくこう》五十四機《き》と、横山大尉《よこやまたいい》のゼロ戦《せん》四十二機《き》であった。

フィリピンにたいする、この第《だい》一回《かい》の空襲《くうしゅう》の成功《せいこう》は、この日《ひ》の朝《あさ》、台湾《たいわん》の天地《てんち》にたちこめた、ふかいきりのおかげである。きりがふかくて予定《よてい》の時刻《じこく》にとび立《た》てなかったことが、ぐうぜんにも、アメリカ空軍《くうぐん》の不意《ふい》をつく結果《けっか》になったのであった。

このはじめの空襲《くうしゅう》で、アメリカがわは、B17十七機《き》をもやしてしまい、戦闘機《せんとうき》その他《た》を数十機《すうき》も、失《うしな》ってしまったのである。たちまち、アメリカの空軍力《くうぐんりょく》は、半分以下《はんぶんいか》になってしまった。フィリピンの空《そら》は、もはや日本空軍《にほんくうぐん》のものとなったのである。

いよいよ次《つぎ》は陸軍部隊《りくぐんぶたい》が敵前上陸《てきぜんじょうりく》をおこなう番《ばん》であった。

マッカーサーの考《かんが》え

フィリピン作戦軍《さくせんぐん》の第《だい》十四軍司令官《ぐんしれいかん》は、本間雅晴中将《ほんままさはるちゅうじょう》であった。その主力《しゅりょく》は第《だい》四十八師団《しだん》（師団長土橋勇逸中将《しだんちょうつちはしゆういつちゅうじょう》。）と、第《だい》十六師団《しだん》（師団長森岡皐中将《しだんちょうもりおかすすむちゅうじょう》。）である。

熊本連隊《くまもとれんたい》を中心《ちゅうしん》にして、編成《へんせい》された九州部隊《きゅうしゅうぶたい》の第《だい》四十八師団《しだん》は、七十六せきの大輸送船団《だいゆそうせんだん》をつらねて、十二月《がつ》十七日《にち》、台湾《たいわん》をあとに、ルソン島《とう》のリンガエン湾《わん》に向《む》かった。

京都部隊《きょうとぶたい》の第《だい》十六師団《しだん》も、同《おな》じ日《ひ》、奄美大島《あまみおおしま》の港《みなと》を出《で》て、これはルソン島《とう》のラモン湾《わん》へと向《む》かった。

両師団《りょうしだん》が、ともにめざす目的地《もくてきち》は、首都《しゅと》マニラである。リンガエン湾《わん》に上陸《じょうりく》する第《だい》四十八師団《しだん》は北《きた》から、ラモン湾《わん》に上陸《じょうりく》する第《だい》十六師《し》団《だん》は東《ひがし》から、同時《どうじ》に進撃《しんげき》して、マニラ市《し》をはさみ打《う》ちにしようという作戦《さくせん》であった。

この両船団《りょうせんだん》を護衛《ごえい》するのは、高橋伊望中将《たかはしいぼうちゅうじょう》のひきいる第《だい》三艦隊《かんたい》であった。第《だい》四十八師《し》団《だん》の船団《せんだん》がリンガエン湾《わん》につきすすんだのは、十二月二十一日《にち》の夜《よる》であった。

リンガエン湾《わん》は、ちょうど東京湾《とうきょうわん》の入《い》り口《ぐち》を広《ひろ》げたかっこうの、大《おお》きな広《ひろ》い湾《わん》で、湾内《わんない》は波《なみ》がしずかで、上陸《じょうりく》にはもってこいの所《ところ》であった。

ところが、二十一日《にち》の昼《ひる》さがりから、なまあたたかい風《かぜ》がふきはじめ、しだいにつのって、夜《よる》になると強風《きょうふう》となった。いつもはしずかな湾内《わんない》に、あら波《なみ》がさわぎだした。低気圧《ていきあつ》のしゅうらいだった。

七十六せきの船団《せんだん》が湾内《わんない》にはいったとき、風《かぜ》と波《なみ》はいよいよすごく、波《なみ》の高《たか》さは二メートルをこえた。

この海岸《かいがん》の守備隊《しゅびたい》は、ウェーンライト少将《しょうしょう》の部下《ぶか》の、アメリカ人将校《じんしょうこう》の指揮《しき》するフィリピン人部隊《じんぶたい》であった。

上陸用舟艇《じょうりくようしゅうてい》は、あら波《なみ》にもまれて、なかなか進《すす》めない。波《なみ》とたたかいながら、岸《きし》べに近《ちか》づくと、波《なみ》はさらに大《おお》きくまき返《かえ》している。

海岸守備隊《かいがんしゅびたい》は、しきりに照明弾《しょうめいだん》をうちあげて、海面《かいめん》を明《あか》るくてらし、波《なみ》にもまれている舟艇《しゅうてい》めがけて、射撃《しゃげき》をくわえてくる。

だが、ようやく、次《つぎ》から次《つぎ》へと舟艇《しゅうてい》は岸《きし》にたどりついた。砂《すな》はまにあがった日本軍《にほんぐん》が、突撃《とつげき》のかん声《せい》をあげると、フィリピン人部隊《じんぶたい》は早《はや》くもたいきゃくをはじめた。

そのころ、夜《よ》はしらじらと明《あ》けそめたのだった。

いっぽう、第十六師団《だいしだん》がラモン湾《わん》にはいったのは、十二月二十四日《がつにち》であった。

浅瀬《あさせ》のないこの湾《わん》の上陸《じょうりく》は、困難《こんなん》であろうと思《おも》われていたのである。

が、この日《ひ》は、風《かぜ》も波《なみ》も、しずかであった。海岸《かいがん》の守備隊《しゅびたい》も、数《かず》がすくなく、ていこうらしいていこうもなかった。

第十六師団《だいしだん》は、なんなく上陸《じょうりく》を終《お》えて、ただちに西進《せいしん》を開始《かいし》した。ラグナ湖《こ》の南《みなみ》がわからマニラ街道《かいどう》を、一気《き》にマニラ市《し》へ進撃《しんげき》しようというのである。

日本軍《にほんぐん》が、リンガエン湾《わん》とラモン湾《わん》から、上陸《じょうりく》してきて、マニラ街道《かいどう》を快進撃《かいしんげき》しているといううわさがつたわると、マニラ市《し》は混乱《こんらん》におちいり、市民《しみん》は不安《ふあん》におののき、中《なか》には早《はや》くも、ひなんをはじめる者《もの》もあった。

その不安《ふあん》を、いっそうかきたてたのは、首都《しゅと》マニラの防衛《ぼうえい》にあたるはずのアメリカ師団《しだん》が、マニラからしだいに、すがたを消《け》しはじめたからである。

かねてから、マッカーサー将軍《しょうぐん》は、どこから上陸《じょうりく》してくるかもわからぬ日本軍《にほんぐん》にそなえて、ルソン島《とう》の守《まも》りを、南《みなみ》と北《きた》の二つにわけて、それぞれの要所要所《ようしょようしょ》に兵力《へいりょく》を、配置《はいち》していたのだった。

北部防衛司令官《ほくぶぼうえいしれいかん》はウェーンライト少将《しょうしょう》で、フィリピン人部隊《じんぶたい》三個師団《こしだん》をひきいていた。

南部防衛司令官《なんぶぼうえいしれいかん》はパーカーズ少将《しょうしょう》で、これもフィリピン人部隊《じんぶたい》三個師団《こしだん》をひきいていた。

そして、マッカーサー将軍《しょうぐん》は、中央《ちゅうおう》のマニラに、精鋭《せいえい》なアメリカ師団《しだん》を、みずからひきいて、陣《じん》どっていたのであった。

しかし、マッカーサー将軍《しょうぐん》は、はじめからマニラで日本軍《にほんぐん》をむかえうって、たたかうつもりはなかった。

マニラ市《し》は、マニラ平野《へいや》にある。この平野《へいや》は、関東平野《かんとうへいや》とほぼ同《おな》じ地形《ちけい》であった。守《まも》ってたたかうには、不利《ふり》な地《ち》形《けい》である。

日本軍《にほんぐん》にていこうするためには、バターン半島《はんとう》にたてこもるにかぎる、という考《かんが》えであった。

マニラ湾《わん》につき出《で》ているバターンは、いくつかのけわしい山《やま》やまと、ふかい密《みつ》林《りん》におおわれている半島《はんとう》である。守《まも》るにやすく、せめるにむずかしい、自然《しぜん》のとりでであった。

それは、歴史《れきし》が証明《しょうめい》してくれている。一八九九年《ねん》の米《べい》・西《せい》（アメリカ・スペイン）戦争《せんそう》のとき、アメリカ軍《ぐん》はマニラ湾《わん》をおさえ、マニラ市《し》を占領《せんりょう》した。

が、スペイン軍《ぐん》はバターン半島《はんとう》にたてこもって、長《なが》いあいだ、アメリカ軍《ぐん》にていこうし、アメリカ軍《ぐん》は、さんざん手《て》をやいたのであった。

マッカーサー将軍《しょうぐん》は、その教訓《きょうくん》にならって、バターン半島《はんとう》にたてこもる考《かんが》えで、まず、マニラ市《し》のアメリカ師団《しだん》に、半島《はんとう》への移動《いどう》を命《めい》じたのであった。

それから、北部《ほくぶ》のウェーンライト少将《しょうしょう》と、南部《なんぶ》のパーカーズ少将《しょうしょう》にも、バターーン半島《はんとう》への集結《しゅうけつ》を命《めい》じた。

日《ひ》の丸《まる》の旗《はた》、マニラの空高《そらたか》く

マッカーサー将軍《しょうぐん》が、そうした戦法《せんぽう》をとるのではなかろうかと、心配《しんぱい》していたのは、第《だい》十四軍《ぐん》の参謀長《さんぼうちょう》の前田正実少将《まえだまさみしょうしょう》であった。

前田参謀長《まえださんぼうちょう》は、大尉《たいい》のころに、電気器具商《でんききぐしょう》にばけて、マニラ市《し》に住《す》んでいて、バターン半島《はんとう》がどんなにせめにくい所《ところ》かを、よく知《し》っていた。

だから、フィリピン作戦《さくせん》はバターン半島《はんとう》にアメリカ軍《ぐん》をにげこませないようにすることが、マニラ市《し》の占領《せんりょう》よりも、たいせつだという意見《いけん》をもっていた。

フィリピン作戦《さくせん》をねっている、大本営《だいほんえい》の参謀部《さんぼうぶ》へ、前田参謀長《まえださんぼうちょう》は何度《なんど》も足《あし》をはこんで、その意見《いけん》をのべたのである。

しかし、大本営参謀部《だいほんえいさんぼうぶ》の意見《いけん》は、首都《しゅと》を占領《せんりょう》することのほうがたいせつだ、というのであった。

「いや、それはちがう。」

と、前田参謀長《まえださんぼうちょう》はいいはった。

「マニラ占領《せんりょう》はあとまわしにして、まずバターン半島《はんとう》の入《い》り口《ぐち》をふさいで、アメリカ軍《ぐん》とフィリピン軍《ぐん》をマニラ平野《へいや》に包囲《ほうい》し、これを捕虜《ほりょ》にする作戦《さくせん》をとるべきだ。」

と、力説《りきせつ》した。

が、とうとう、前田参謀長《まえださんぼうちょう》の意見《いけん》は、入《い》れられなかった。しかし、前田参謀長《まえださんぼうちょう》の意見《いけん》が正《ただ》しかったことは、あとになってわかってくるのである。第《だい》四十八師団《しだん》は、マニラ平野《へいや》をマニラめざして、進撃《しんげき》している。ラモン湾《わん》からも、第《だい》十六師団《しだん》がどんどん、マニラ市《し》にせまっている。

マニラ市《し》はもう、まるで火事場《かじば》のようなさわぎだ。そのマニラから、数百輛《すうひゃくりょう》のトラックが、アメリカ師団《しだん》をのせて、フルスピードでバターン半島《はんとう》へと走《はし》っていた。

北部《ほくぶ》から南部《なんぶ》から、フィリピン師団《しだん》もぞくぞく、バターン半島《はんとう》へといそぐ。

マッカーサー将軍《しょうぐん》が、マニラ市《し》のオープンシティ（非武装都市《ひぶそうとし》）を宣言《せんげん》したのは、十二月二十七日《がつにち》であった。

そして、その翌日《よくじつ》、マッカーサー将軍《しょうぐん》はマニラの極東《きょくとう》アメリカ軍司令部《ぐんしれいぶ》をひきはらって、バターン半島《はんとう》のつき出《で》たはしにある、コレヒドール島《とう》の要塞《ようさい》にはいったのであった。そして将軍《しょうぐん》は、全軍将兵《ぜんぐんしょうへい》にたいして、こうよびかけた。

「われわれは、この天然《てんねん》の大要塞《だいようさい》に陣《じん》どり、持久戦《じきゅうせん》をもって日本軍《にほんぐん》にていこうをつづける。

やがて、アメリカ本国《ほんごく》から救援部隊《きゅうえんぶたい》が、やってきたときこそ、日本軍《にほんぐん》に一大反撃《だいはんげき》をくわえて、ぜんめつさせるつもりである。諸君《しょくん》は、それまで、勇気《ゆうき》とにんたいをもってたたかいつづけなければならない。」

昭和《しょうわ》十六年《ねん》（一九四一年《ねん》）は、進撃中《しんげきちゅう》にすぎ、新《あたら》しい年《とし》、昭和《しょうわ》十七年《ねん》（一九四二年《ねん》）の正月《しょうがつ》がきた。

一月《がつ》一日《にち》の夕《ゆう》べ、第《だい》四十八師団主力《しだんしゅりょく》の尖兵隊《せんぺいたい》が、マニラ市《し》に近《ちか》づくと、市内《しない》からは黒煙《こくえん》がもうもうと立《た》ちのぼり、めらめらともえあがる、赤《あか》いほのおが見《み》えた。アメリカ軍《ぐん》が、その軍事施設《ぐんじしせつ》や石油貯蔵所《せきゆちょぞうじょ》などに火《ひ》をつけてにげて行《い》ったからであった。

オープンシティではあるが、火災《かさい》は消《け》しとめなければならない。土橋師団長《つちはししだんちょう》は、本間《ほんま》軍司《ぐんし》令官《れいかん》の許可《きょか》をえてから、戦車隊《せんしゃたい》を先頭《せんとう》に、マニラ市《し》にはいって行《い》った。

ときに、一月二日《がつふつか》。この日《ひ》、星条旗《せいじょうき》にかわって、日《ひ》の丸《まる》の旗《はた》が、フィリピンの首都《しゅと》の空高《そらたか》く、熱帯《ねったい》の風《かぜ》にへんぽんとひるがえったのであった。

■もっと知りたい⑥■
叩き上げ若林中尉がこだわった「礼服」に込めた真意

当時の南方作戦の重要度からいえば、香港攻略戦は必ずしもこの段階で行う必要がなかった作戦かもしれません。しかし、中国大陸で続いている日中戦争を視野に入れれば、蔣介石率いる重慶政府へ打撃を与えるという狙いがありました。

香港を守るイギリス軍は、半年の籠城戦を覚悟し、万全の備えを敷いていました。二〇〇門以上の砲を構え、兵力一万あまり。対する日本も開戦に先立つ一年五ヵ月前から攻略準備を始めています。攻略には一ヵ月から二ヵ月かかると目されていましたが、実際にはわずか十七日で陥落に成功しました。

最大の功労者が歩兵第二百二十八連隊の中隊長・若林東一中尉であることは、本文でも明らかです。この若林中尉は、苦学した軍人でした。山梨県出身で身延中学校を卒業した後に、一兵卒として陸軍に入隊するのですが、下士官から特別志願して陸軍士官学校に入り直します。昭和十四年九月に陸士卒業ですから第五十二期、このとき二十七歳という遅咲きでした。叩き上げであるがゆえに、部下の気持ちをよく分かる人物だったそうです。しかし、若林さんはその後、ガダルカナルへ転戦して、戦死してしまいます。惜しい人を亡くしました。

若林さんは出征前に帰省したときに、母親にあるお願いをしています。それは、「礼服を作ってほしい」というものでした。時節柄、苦しい家計から渋る母親に対して、若林さんも粘った。最後は母が折れて、三百円もの大枚をはたいて上等な礼服を誂《あつら》えてくれたそうです。そして母と二人で一緒に写真に納まった。この礼服の意味を母が確認したのは、戦死した後のことだったそうです。お母さんは、こう振り返ったものです。

「礼服を作ったとき、東一は死んだ時の用意をしていたんです。これにハッと気付いたとき、私は二日二晩泣きとおしました」

フィリピン攻略作戦では、日本の攻撃機は零戦を筆頭に一式陸上攻撃機、九七式艦上攻撃機が、台湾から発進しましたが、当日は霧が立ち込める悪天候で予定通り発進できなかったのです。天候回復を待って出撃し、フィリピン上空に達したときは、もうお昼過ぎでした。この攻撃開始の遅れが怪我の功名となったのです。アメリカ軍は、上空には索敵機を、そして基地には最新鋭機を揃えて、予想される午前九時頃の襲来に備えて待ち構えていたのですが、待てど暮せど日本機は襲来してこない。ついに索敵機も燃料切れを起こし、基地に帰還していたところへ、日本機が来襲してきて不意打ちを食らってしまったというのが真相です。

この無様な負け方にアメリカ極東軍総司令官のマッカーサー元帥は不本意で、彼の軍歴の中での汚点になっているのですね。空軍司令部に対しても不満を募らせていました。極東空軍司令官ルイス・ブレリートン中将とマッカーサーの双方は責任転嫁よろしく激しい言い争いを繰り広げ、見かねたマニラ軍司令部のサザーランド参謀長が仲裁に入ったといわれています。この時、空軍司令官が「マッカーサーは愚将である」といったそうです。

こうして振り返ってみると、このフィリピン航空戦は、日本にとって非常についていた。まさに「神ってる」状況だったのです。（半藤一利）

7 シンガポール総攻撃

おとり作戦《さくせん》

「おお。シンガポールが見《み》える。」

「ああ。あれがシンガポールだったのか。」

シンガポールという名《な》まえ。それは、第《だい》二十五軍《ぐん》の全将兵《ぜんしょうへい》が、ねてもさめても、わすれることのできないものだった。

「シンガポールで会《あ》おうな。」

担架《たんか》の上《うえ》のきずついた戦友《せんゆう》との、別《わか》れにかわす兵隊《へいたい》のことばは、みんなこうであった。

「もし、おれが戦死《せんし》したら、遺骨《いこつ》をだいて、シンガポールへ入城《にゅうじょう》してくれよ。」

たがいにやくそくしあい、一千《せん》キロをたたかってきて、いま、そのシンガポールを、目前《もくぜん》にするジョホールバルへやってきたのである。

ジョホールバルの町《まち》の南《みなみ》がわは、海岸《かいがん》ぞいであった。

北《きた》がわの丘《おか》の上《うえ》には、ジョホール宮殿《きゅうでん》と、サルタン（王様《おうさま》）の信仰《しんこう》する回教寺《かいきょうじ》院《いん》の、りっぱな建物《たてもの》がそびえている。宮殿《きゅうでん》はクリーム色《いろ》の二階建《かいだて》で、寺院《じいん》の白《しろ》い四つの塔《とう》は、木《き》ぎのうつくしい緑《みどり》の中《なか》に、まぶしくかがやいている。

この丘《おか》の下《した》から、東《ひがし》へかけて、赤茶色《あかちゃいろ》の屋根《やね》を、南国《なんごく》の太陽《たいよう》に光《ひか》らせて、町《まち》なみがつづいていた。

そこには、停車場《ていしゃじょう》や市場《いちば》があった。なかでも、ひときわ大《おお》きな建物《たてもの》は、州政府《しゅうせいふ》の政庁舎《せいちょうしゃ》である。

町《まち》の海岸通《かいがんどお》りから、ジョホール水道《すいどう》をこえて、対岸《たいがん》のシンガポール島《とう》へ、まっすぐに、一本《ぽん》の白《しろ》い築堤《ちくてい》がのびている。これが、コーズウェイであった。

石《いし》とコンクリートで、海中《かいちゅう》からきずきあげた、この土手道《どてみち》は、長《なが》さ三、四六五フィート、幅《はば》は三五フィートあった。自動車道路《じどうしゃどうろ》と、鉄道《てつどう》と歩道《ほどう》とが、ここを走《はし》っていた。まん中《なか》あたりに開閉橋《かいへいばし》があって、そこを船《ふね》が通《とお》るのである。

マレー半島《はんとう》からたいきゃくしたイギリス軍《ぐん》は、この開閉橋《かいへいばし》をさんざんに、爆破《ばくは》していた。コーズウェイのたもとに立《た》てば、シンガポール島《とう》は、まるで手《て》にとる近《ちか》さだ。セレター軍港《ぐんこう》のあたりは、赤土《あかつち》の工事場《こうじば》であるが、反対《はんたい》の西《にし》がわは、青《あお》あおと木《き》がしげり、台地《だいち》へとせりあがっている。ひときわ高《たか》いのは、ブキテマの高地《こうち》と、マンダイ山《さん》であろう。シンガポールの市街《しがい》は、そのむこうにあるのだった。

第《だい》二十五軍《ぐん》の全軍《ぜんぐん》が、ジョホールバルにたっしたのは、一月三十一日《がつにち》である。上陸《じょうりく》いらい、五十五日《にち》めであった。進撃《しんげき》してきたきょりは、一千百《せんひゃく》十五キロ。一日《にち》に平均《へいきん》二十五キロを、炎熱《えんねつ》をおかし、たたかいながら進《すす》んできたことになる。

この五十五日《にち》のあいだに、イギリス軍《ぐん》とまじえた戦闘《せんとう》は、九十六回《かい》であった。平均《へいきん》して一日《にち》に二回《かい》ずつ、たたかってきたかんじょうだった。こんな快進撃《かいしんげき》は、世界《せかい》の戦史《せんし》にも、その例《れい》をみないのである。

ことに、橋《はし》とたたかってきた工兵隊《こうへいたい》のかつやくは、めざましかった。工兵隊《こうへいたい》がなおしたり、かけたりした橋《はし》の数《かず》は、二百《ひゃく》五十二であった。一日《にち》に平均《へいきん》五つの橋《はし》を、手《て》がけたことになるのだ。それもこれも、ただ一つ、シンガポールをせめとるための努力《どりょく》であった。

シンガポールへ！　シンガポールへ！

その合《あ》いことばのシンガポールは、今《いま》や、眼前《がんぜん》、一千《せん》メートルの、水道《すいどう》のむこうにある。最後《さいご》の牙城《がじょう》は、手《て》をのばせばとどきそうな所《ところ》にあるのだ。

だが、はやる将兵《しょうへい》をおさえて、山下将軍《やましたしょうぐん》と、その参謀《さんぼう》たちは、しんちょうに、最後《さいご》の作戦《さくせん》をねりにねった。そして、二月十一日《にち》の紀元節《きげんせつ》に、シンガポールをせめ取《と》ろうと、決《き》めたのである。このときの日本軍《にほんぐん》の兵力《へいりょく》は五万《まん》、イギリス軍《ぐん》は十万《まん》であった。

二ばいの敵《てき》が、がっしりと守《まも》る正面《しょうめん》へ、まともに敵前上陸《てきぜんじょうりく》をおこなえば、おそらく五万《まん》の将兵《しょうへい》の、しかばねの橋《はし》がジョホール水道《すいどう》に横《よこ》たわることになるだろう。敵前上陸《てきぜんじょうりく》を成功《せいこう》させるには、敵《てき》のうらをかく計略《けいりゃく》をもちいなければならない。日本軍《にほんぐん》がじっさいに、敵前上陸地《てきぜんじょうりくち》に決《き》めているのは、コーズウェイの西《にし》がわである。それをイギリス軍《ぐん》に、東《ひがし》がわに上陸《じょうりく》するように思《おも》いこませるために、考《かんが》えだされた計略《けいりゃく》は、こうだった。

シンガポール島《とう》とジョホールの間《あいだ》に、ウビン島《とう》という、小《ち》さい島《しま》がある。コーズウェイの、ずうっと東《ひがし》の方《ほう》である。

この島《しま》へ、まず、近衛師団《このえしだん》の一部《ぶ》を上陸《じょうりく》させようというのである。そうすればおそらくイギリス軍《ぐん》は、ウビン島《とう》を足《あし》がかりにして、日本軍《にほんぐん》は、この方面《ほうめん》に上陸《じょうりく》してくると思《おも》うにちがいない。そして、ウビン島正面《とうしょうめん》に大軍《たいぐん》を集《あつ》めて、守《まも》りをかたくするだろう。

そのすきに、不意《ふい》をついて、主力部隊《しゅりょくぶたい》は西《にし》がわから、上陸《じょうりく》しようというのである。

その上陸日《じょうりくび》は、二月九日午前零時《がつここのかごぜんれいじ》ときまった。主力部隊《しゅりょくぶたい》は第《だい》五師団《しだん》と第《だい》十八師《し》団《だん》である。そして、おとり部隊《ぶたい》の近衛師団《このえしだん》は、前日《ぜんじつ》の八日《ようか》のま夜中《よなか》に、ウビン島《とう》へ上陸《じょうりく》ときまり、かくて準備《じゅんび》は、ひそかに、すすめられていった。

日本軍砲兵隊《にほんぐんほうへいたい》は、ジョホールバル後方《こうほう》に砲列《ほうれつ》をしいた。野戦重砲第《やせんじゅうほうだい》三・第《だい》十八連隊《れんたい》と、独立重砲兵大隊《どくりつじゅうほうへいだいたい》など、砲《ほう》の数《かず》は、百《ひゃく》八十六門《もん》であった。

いっぽう、おびただしい上陸用舟艇《じょうりくようしゅうてい》が、ぞくぞくとヤシ林《ばやし》の中《なか》へはこびこまれてくる。

そして、クルアンの山下将軍《やましたしょうぐん》の戦闘司令所《せんとうしれいじょ》が、スクグイに前進《ぜんしん》してきたのは、二月四日《がつよっか》であった。スクグイは、ジョホールバルの後方《こうほう》二十キロにある、小《ちい》さい村《むら》だ。

兵《へい》とともに死《し》せよ

パーシバル軍司令官《ぐんしれいかん》の、サイン入《い》りの布告《ふこく》が、シンガポールの町《まち》まちにはり出《だ》されたのは、同《おな》じ二月四日《がっよっか》であった。

マレーの戦《たたか》いは終《お》わりをつげ、今《いま》や戦《たたか》いはシンガポールにうつった。われわれの任務《にんむ》は、敵《てき》に損害《そんがい》をあたえ、連合国《れんごうこく》が、兵力《へいりょく》を、結集《けっしゅう》する時間《じかん》をかせぐことにある。

現在《げんざい》のわれわれにかされた任務《にんむ》は、この要塞《ようさい》を、あくまで守《まも》りぬき、救援《きゅうえん》のくるまでもちこたえることである。そして、救援《きゅうえん》は、かならずくることを、ここに断言《だんげん》する。

今《いま》や、シンガポール島《とう》は、そのすべてのものを、一個《こ》の石《いし》、一本《ぽん》の木《き》も、敵《てき》をやっつけるために役立《やくだ》てなければならないときである。市民《しみん》も、義勇軍《ぎゆうぐん》に参加《さんか》して、たたかわなければならないときだ。予《よ》は、諸君《しょくん》のよりいっそうの奮闘《ふんとう》を望《のぞ》む。

だが、このような明《あ》けくれで、シンガポールの不安《ふあん》は、日《ひ》ごとにましていた。

しかし、市民《しみん》はもはや、どこにもにげ出《だ》すことはできないのである。この島《しま》と運命《うんめい》をともにするほかはないのだ。

こくこくとせまる日本軍《にほんぐん》の上陸戦《じょうりくせん》にそなえて、パーシバル中将《ちゅうじょう》は、陣地《じんち》づくりをいそがせた。コーズウェイから東《ひがし》へチャンギにいたる海岸線《かいがんせん》には、ヒース中《ちゅう》将《じょう》のひきいるインド第《だい》三軍団《ぐんだん》を配置《はいち》した。その主力《しゅりょく》は、一月二十九日《にち》にイギリス本土《ほんど》から、とうちゃくしたばかりの、スミス少将指《しょうしょうし》揮《き》する新鋭第《しんえいだい》十八師《し》団《だん》とキイ少将《しょうしょう》の英印第《えいいんだい》十一師団《しだん》とであった。

そして、コーズウェイの西《にし》がわ一たいには、猛将《もうしょう》ゴルドン＝ベネット少将《しょうしょう》のひきいるオーストラリア軍団《ぐんだん》を、守備《しゅび》にあたらせた。

パーシバル中将《ちゅうじょう》は、コーズウェイの西《にし》がわが、一番《ばん》きけんな地域《ちいき》であるとの考《かんが》えから、ゴルドンのオーストラリア軍《ぐん》をそこに配置《はいち》したのだった。

ゴルドン＝ベネット少将《しょうしょう》は、智謀《ちぼう》すぐれた勇猛《ゆうもう》の将軍《しょうぐん》であり、その部下《ぶか》はマレー戦線《せんせん》で、日本軍《にほんぐん》とたたかった経験《けいけん》をもつ精強《せいきょう》である。

その他《た》は、パリス代将《だいしょう》の第《だい》十二インド歩兵旅団《ほへいりょだん》を、予備軍《よびぐん》としていた。予備軍《よびぐん》

シンガポール島全図

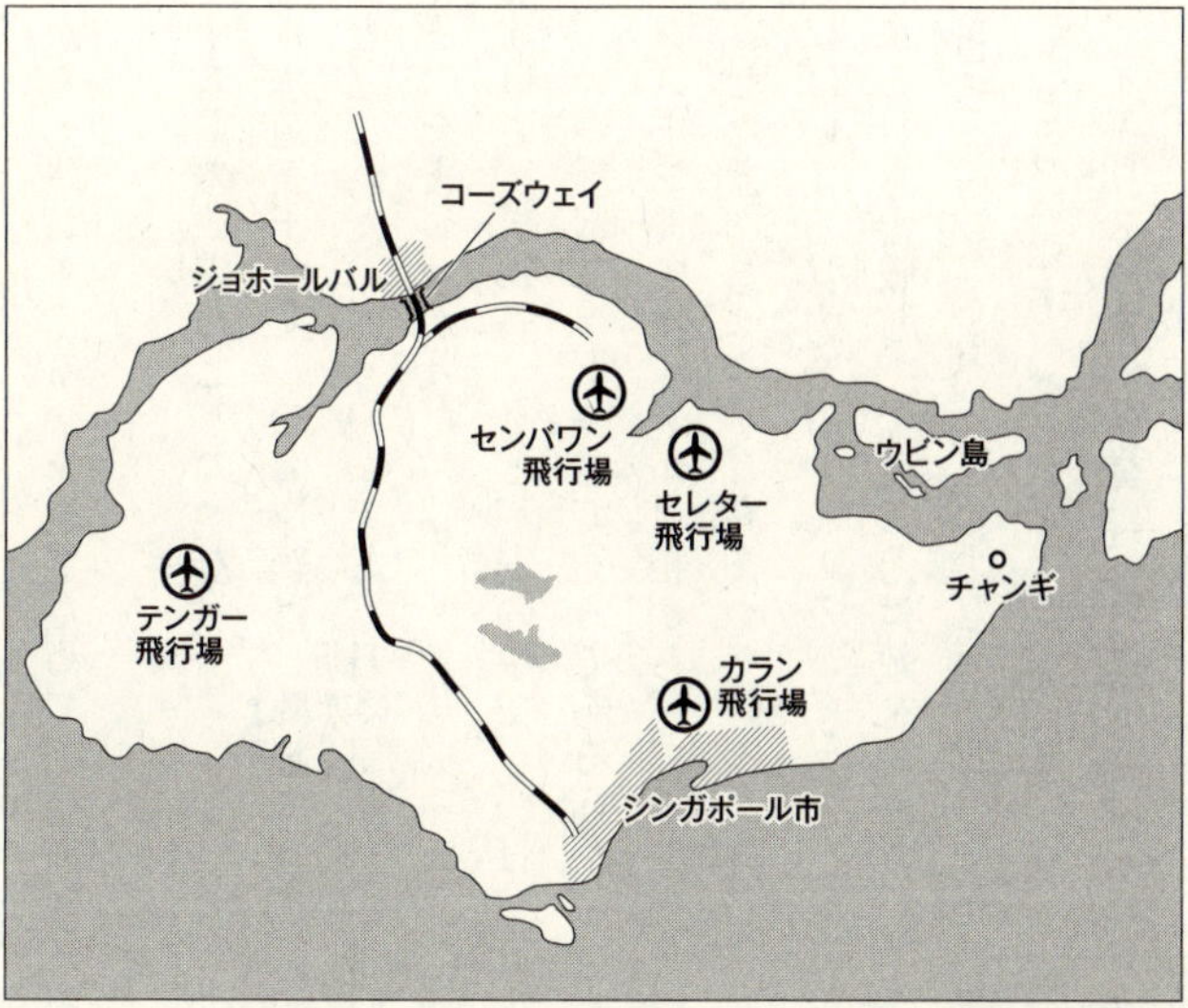
コーズウェイ
ジョホールバル
センバワン
飛行場
セレター
飛行場
ウビン島
チャンギ
テンガー
飛行場
カラン
飛行場
シンガポール市

は、日本軍《にほんぐん》がどこから上陸《じょうりく》してくるかを見《み》さだめて、その地区《ちく》へ増援《ぞうえん》する考《かんが》えであった。

こうして、イギリス軍《ぐん》の準備《じゅんび》もととのった。

今《いま》や、ジョホール水道《すいどう》三十マイルの海岸線《かいがんせん》は、陣地《じんち》でうずまった。大砲《たいほう》と要塞《ようさい》砲《ほう》には、砲弾《ほうだん》が山《やま》と積《つ》まれた。もういつでも、日本軍《にほんぐん》をむかえ打《う》つことができる。今《いま》は、その時《とき》のくるのをまつばかりだ。

あらしの前《まえ》のしずけさ。きんちょうと不安《ふあん》の中《なか》で、一日《にち》一日《にち》がすぎていく。日《に》本軍《ほんぐん》は、いったい、いつ、どこへ上陸《じょうりく》してくるであろうか。

ロンドンのウィンストン＝チャーチル首相《しゅしょう》から、パーシバル中将《ちゅうじょう》へ、電報《でんぽう》がよせられたのは、そうしたきんちょうが、高《たか》まっている二月七日《がつなのか》であった。

貴官《きかん》は、敵《てき》にばいする兵力《へいりょく》をもっている。そして、シンガポール島《とう》は全島《ぜんとう》要塞《ようさい》である。よろしく善戦《ぜんせん》して今度《こんど》こそは敵《てき》をふんさいすべきであろう。いかなるものをぎせいにしても、この戦《たたか》いには勝《か》たねばならず、指揮《しき》官《かん》と上《じょう》級将校《きゅうしょうこう》は、兵《へい》とともに死《し》すべきである。

大英帝国《だいえいていこく》と、イギリス陸軍《りくぐん》の名誉《めいよ》は、今《いま》こそきけんにひんしているのだ。

ロシア人《じん》は、知《し》っておられるごとく、ドイツ兵《へい》と果敢《かかん》にたたかっており、アメリカ人《じん》はフィリピンで、あんなにがんきょうなていこうを、しめしているではないか。わが国《くに》と、わが民族《みんぞく》の名誉《めいよ》は、シンガポールの一戦《せん》にかかっているのである。貴官《きかん》と貴官《きかん》の部下《ぶか》の、力戦敢闘《りきせんかんとう》を切望《せつぼう》する。

シンガポールの黒《くろ》い雨《あめ》

そのすこしまえ、ジョホールバルの、日本軍砲兵陣地《にほんぐんほうへいじんち》前《まえ》の丘《おか》の上《うえ》に、五台《だい》のトラックをつらねて、一中尉《ちゅうい》の指揮《しき》する、ふうがわりな部隊《ぶたい》がとうちゃくしてきた。中尉《ちゅうい》のさしずにしたがって、二、三十名《めい》の兵隊《へいたい》たちが、トラックに積《つ》みこんできた荷物《にもつ》を、いそがしくおろし出《だ》した。荷物《にもつ》は、砲《ほう》でも機関銃《きかんじゅう》でも弾薬《だんやく》でもなく、四角《かく》い大《おお》きいものや、まるいものや、ほそ長《なが》いものや、あまり見《み》かけない品物《しなもの》ばかりであった。

丘《おか》の上《うえ》の、ヤシの林《はやし》の中《なか》で、そうした荷物《にもつ》がとかれていくと、中《なか》から発電機《はつでんき》や、無線電信機《むせんでんしんき》や、風向風速計《ふうこうふうそくけい》や、水銀気圧計《すいぎんきあつけい》などといったものが、つぎつぎと出《で》てきた。

このふうがわりな部隊《ぶたい》は、栂谷内中尉《とがやうちちゅうい》を、班長《はんちょう》とする航空気象班《こうくうきしょうはん》であった。つまり、天候《てんこう》を調《しら》べる部隊《ぶたい》である。

天候《てんこう》と戦争《せんそう》が、どんなにふかい関係《かんけい》にあるかは、飛行機《ひこうき》を例《れい》にとってみれば、よくわかる。

南方《なんぽう》の空《そら》は天気《てんき》が変《か》わりやすく、雲《くも》の発達《はったつ》が複雑《ふくざつ》なうえ、スコールが、毎日《まいにち》のようにやってくる。

ふつうに、入道雲《にゅうどうぐも》といっている積乱雲《せきらんうん》が、にょきにょきそびえていたり、スコールがあったりすると、飛行機《ひこうき》はとてもとびにくいのだ。雲《くも》をさけて、とばなければならず、空路《くうろ》にまようことがよくある。

爆撃機《ばくげきき》などはせっかく、敵《てき》の上空《じょうくう》にとんで行《い》っても、下《した》に雲《くも》が、あつくはっていると、地上《ちじょう》がみえず、目的《もくてき》の所《ところ》に、うまく爆弾《ばくだん》を落《お》とすことができない。

偵察機《ていさつき》は偵察《ていさつ》ができない。このように、敵地《てきち》の空《そら》の天気《てんき》を、よく知《し》るか知《し》らないかは、戦争《せんそう》の勝《か》ち負《ま》けに、えいきょうしてくるのである。

気象班《きしょうはん》は、ちょくせつに敵《てき》とはたたかわないが、たいへん重要《じゅうよう》な役目《やくめ》を、しているわけであった。

栂谷内気象班《とがやうちきしょうはん》は、さっそく器械《きかい》を組《く》み立《た》てると、観測《かんそく》をはじめた。

シンガポール島上空《とうじょうくう》のもようを、くわしく観測《かんそく》して、航空隊《こうくうたい》と砲兵隊《ほうへいたい》とに、それを知《し》らせるのが任務《にんむ》であった。

どこに、どんな雲《くも》があり、どの方角《ほうがく》にスコールがあるか、風《かぜ》はどのくらいの早《はや》さで、どちらへふいているか。

雲《くも》のあつさ、温度《おんど》・風《かぜ》などを、よく知《し》るためには、ゴム気球《ききゅう》をあげるのが、一番手《ばんて》っとり早《ばや》いのだった。が、それは、敵《てき》にこちらの場所《ばしょ》を知《し》らせることになる。計器《けいき》と、それから肉眼《にくがん》と双眼鏡《そうがんきょう》の直接観測《ちょくせつかんそく》によるほかはない。

そのためには、気象班《きしょうはん》は、いつでも高《たか》い所《ところ》に陣《じん》どらなければならない。そこは、敵機《てきき》の目《め》につきやすく、敵《てき》の大砲《たいほう》にねらわれやすい場所《ばしょ》である。

観測《かんそく》をはじめるか、はじめないうちに、早《はや》くもシンガポールから、砲弾《ほうだん》がとんできて、あたりに落《お》ちはじめた。

「発電機《はつでんき》を守《まも》れ。壕《ごう》をほって、発電機《はつでんき》をいれろ。」

発電機《はつでんき》は、気象班《きしょうはん》の将兵《しょうへい》には、生命《せいめい》よりたいせつなものであった。

シャーッ。はげしく空気《くうき》を切《き》る要塞砲弾《ようさいほうだん》のうなり。ダダアーン……、後方《こうほう》に落《お》ちて、土《つち》や砂《すな》がまきあげられ、ザアーッとふり落《お》ちてくる。ぐらぐらっと、大地《だいち》がゆれる。だが、気象班員《きしょうはんいん》は、それぞれの持《も》ち場《ば》をはなれるわけにはいかない。風《かぜ》も雲《くも》も、たえず動《うご》いている、いっときも観測《かんそく》はおこたるわけにいかないのである。

この気象班陣地《きしょうはんじんち》付近《ふきん》に、敵《てき》の砲弾《ほうだん》がはげしくふりそそいでき出《だ》したのは、二月《がつ》七日《なのか》の昼《ひる》ごろからであった。その朝《あさ》から日本軍《にほんぐん》の砲門《ほうもん》が、コーズウェイ東《ひがし》がわのヒース中将《ちゅうじょう》の守備《しゅび》陣地《じんち》へ向《む》けて、いっせいにひらいたからであった。日本軍《にほんぐん》の砲撃《ほうげき》にたいして、イギリス軍砲兵陣地《ぐんほうへいじんち》も、いっせいに火《ひ》ぶたを切《き》ったのである。

ジョホール水道《すいどう》の上空《じょうくう》は、ゆきかう敵味《てきみ》方《かた》の砲弾《ほうだん》の道《みち》となって、シャアー、シャアーとうなりつづけている。日本軍《にほんぐん》の砲撃《ほうげき》は、夜《よる》にはいって、いよいよはげしくなった。

おとり部《ぶ》隊《たい》の近衛《このえ》師《し》団《だん》に、ウビン島《とう》へ上陸《じょうりく》せよという命令《めいれい》がくだった。午前零《ごぜんれい》時《じ》三十分《ぷん》である。

日本軍《にほんぐん》は、ウビン島《とう》に上陸《じょうりく》しつつあり。

ヒース中将《ちゅうじょう》から、パーシバル軍司令官《ぐんしれいかん》のもとへ、あわただしい報告《ほうこく》がとどいた。

「けさからの、ヒース中将《ちゅうじょう》の守備陣地《しゅびじんち》への日本軍《にほんぐん》の砲撃《ほうげき》は、ウビン島《とう》を占領《せんりょう》するためのものだったのですな。」

トランス参謀長《さんぼうちょう》は、ことばをつづけた。

「日本軍《にほんぐん》は、ウビン島《とう》を足《あし》がかりにして、上陸《じょうりく》してくるつもりかと思《おも》われます。」

「おそらくそうだろう。では、パリス代将《だいしょう》の予備軍《よびぐん》を、そっちへまわそう。」

コーズウェイ東方《とうほう》へ、予備軍《よびぐん》が向《む》けられた。

日本軍《にほんぐん》の作戦《さくせん》は、まんまとあたったのである。

そのころ、コーズウェイ西《にし》がわに、敵前上陸《てきぜんじょうりく》する第《だい》十八師団《しだん》と、第《だい》五師団《しだん》の主《しゅ》力部隊《りょくぶたい》は、ジョホールバル後方《こうほう》の、密林内《みつりんない》から、ひそかに海岸《かいがん》へ向《む》かって、移動《いどう》していた。

「おい、見《み》ろよ。シンガポールの空《そら》が、あんなにまっかだ。」

「うわっ、すごいな。」

密林《みつりん》からでてきた将兵《しょうへい》たちは、目《め》をみはった。

シンガポール島《とう》の上空《じょうくう》が、赤《あか》あかと見《み》えだしたのは、一昨日《さくじつ》からであった。

日本空軍《にほんくうぐん》と重砲隊《じゅうほうたい》の砲爆撃《ほうばくげき》を受《う》けて、セレター軍港方面《ぐんこうほうめん》の重油《じゅうゆ》タンクのむれが、もえつづけているのである。

新《あたら》しいタンクにもえうつるたびに、爆発音《ばくはつおん》がとどろき、すさまじい火柱《ひばしら》が立《た》ち、もうもうたる黒煙《こくえん》は、三千《ぜん》メートルの上空《じょうくう》までのぼって、ただよっているのだった。

黒煙《こくえん》は雲《くも》にとどくと、雲《くも》にとけて、しずくになって、シンガポールに黒《くろ》い雨《あめ》をふりそそいだ。

「おい、見《み》てくれ。このとおりだ。シンガポールに行《い》ってくると、黒《くろ》ん坊《ぼう》になっちまう。」

シンガポール攻撃《こうげき》からかえってくると、航空隊《こうくうたい》の搭乗員《とうじょういん》たちは、まず、バケツに頭《あたま》をつっこんだ。それほど、シンガポール上空《じょうくう》には、黒煙《こくえん》がたちこめているのであった。

栂谷《とがや》内気象班《うちきしょうはん》の観測《かんそく》の苦労《くろう》は、なみたいていではない。黒煙《こくえん》は、ジョホール水道《すいどう》の上《うえ》に、黒《くろ》いカーテンとなって、たれさがってきたからである。

今《いま》こそ航空隊《こうくうたい》も砲兵隊《ほうへいたい》も、気象班《きしょうはん》を必要《ひつよう》としているのだ。気象班陣地《きしょうはんじんち》のまわりは、砲弾《ほうだん》のあなだらけになった。兵隊《へいたい》の中《なか》からも、何人《なんにん》かの戦死者《せんししゃ》と負傷者《ふしょうしゃ》をだしていた。配電盤《はいでんばん》にも、水銀気圧計《すいぎんきあつけい》にも、血《ち》しおが、しぶっているのだった。

今《いま》ぞ、この足《あし》でふむ

いよいよ主力部隊《しゅりょくぶたい》の、敵前上陸《てきぜんじょうりく》の時刻《じこく》がせまってきた。第《だい》十八師団《しだん》の師団長《しだんちょう》は、牟田口廉也中将《むたぐちれんやちゅうじょう》であった。牟田口師団長《むたぐちしだんちょう》は、右《みぎ》に侘美《たくみ》少将《しょうしょう》の指揮《しき》する第《だい》五十六連隊《れんたい》を配《はい》し、左《ひだり》には小久大佐《おくたいさ》のひきいる第百《だいひゃく》十四連隊《れんたい》をおいた。中央《ちゅうおう》が、予備隊《よびたい》の第《だい》五十五連隊《れんたい》である。

ひたひたと、波《なみ》のよせるはまべに、部隊《ぶたい》は集結《しゅうけつ》をおえて、こくこくとせまる午《ご》前零時《ぜんれいじ》をまっていた。

今《いま》はもう、だれもものをいう者《もの》はない。マレー半島《はんとう》に上陸《じょうりく》いらい、それが、ただ一つの目標《もくひょう》であったシンガポールの土《つち》を、まもなく、このくつの下《した》にふむのである。しかし、ぶじに、対岸《たいがん》にたどりつけるであろうか。敵陣《てきじん》は、暗黒《あんこく》の水道《すいどう》のかなたに、ぶきみにしずまりかえっている。

月《つき》は、あつい雲《くも》にとざされていた。あたりは、しいんとしずかだ。

牟田口師団長《むたぐちしだんちょう》は、うでどけいをながめた。とけいのはりは午後十一時《ごごじ》を、さそうとしていた。

そのとき、すさまじい音《おん》きょうが、大気《たいき》をびりびりっとふるわせた。ガアーッ、ガアーッと空《そら》を、はげしい音《おと》がかけぬける。日本軍砲兵陣地《にほんぐんほうへいじんち》の百六十門《ひゃくもん》の重砲《じゅうほう》と野砲《やほう》が、いっせいに火《ひ》ぶたを切《き》ったのである。

息《いき》をのんで見守《みまも》る将兵《しょうへい》の目《め》に、対岸《たいがん》一たいに、砲火《ほうか》のさくれつするのが、パッパッパッと花火《はなび》のようにうつった。

その砲撃《ほうげき》のつづいているあいだに、船舶工兵隊《せんぱくこうへいたい》は、舟艇《しゅうてい》の準備《じゅんび》を終《お》えて、岸《きし》にならべた。

「第一回上陸部隊《だいかいじょうりくぶたい》、乗船《じょうせん》せよ。」

砲撃《ほうげき》はやみ、ふたたび無気味《ぶきみ》なしずけさがもどってきた。

午前零時《ごぜんれいじ》。舟艇《しゅうてい》はエンジンをかけず、手《て》こぎでしずかにいっせいに、岸《きし》をはなれていく。

月《つき》は、まだ雲間《くもま》にあった。ジョホール水道《すいどう》の水面《すいめん》だけが、ぼおっとかすかに明《あか》るい。

牟田口師団長《むたぐちしだんちょう》は、化石《かせき》のように、岸《きし》べに立《た》って動《うご》かない。じいっと、やみの中《なか》に目《め》をはなっていた。

(うまく上陸《じょうりく》してくれよ。)

と、ひたすらねんじているのだった。この対岸《たいがん》の相手《あいて》は、猛将《もうしょう》ゴルドン＝ベネット少将《しょうしょう》のひきいる、オーストラリア軍《ぐん》の精鋭《せいえい》である。が、手《て》こぎのろの音《おと》は、まだ、敵《てき》の歩哨《ほしょう》の耳《みみ》に聞《き》こえないらしい。一発《ぱつ》の銃声《じゅうせい》もきこえない。

息《いき》づまるような、時《とき》の流《なが》れである。

零時《れいじ》十分《ぷん》、上陸成功《じょうりくせいこう》の合図《あいず》の青色信号弾《あおいろしんごうだん》が、対岸《たいがん》の空《そら》にあがったのだ。

「おお！　青吊星《あおつりぼし》だ。」

「第《だい》二回部《かいぶ》隊《たい》、前進《ぜんしん》！」

小久《お》連隊長《くれんたいちょう》の舟艇《しゅうてい》は軍旗《ぐんき》とともに対岸《たいがん》へと近《ちか》づいた。と、たちまち、はげしい銃声《じゅうせい》がきこえ、舟艇《しゅうてい》のまわりに、雨《あめ》のように弾丸《だんがん》がふりそそいできた。

つづいて、ヒューーッとうなりをあげて、砲弾《ほうだん》が落下《らっか》しはじめる。ザアーーッ！

と水柱《みずばしら》がまいあがり、滝《たき》の水《みず》のように、軍旗《ぐんき》へ落《お》ちかかってくる。

牟田口師団長《むたぐちしだんちょう》は小久連隊長《おくれんたいちょう》を、のせていった舟艇《しゅうてい》のかえりを、今《いま》か今《いま》かとまっていた。その船《ふね》で、上陸《じょうりく》していく予定《よてい》であった。

「おっ、かえってきたか。軍旗《ぐんき》は、ぶじに上陸《じょうりく》したか。」

ぬっと、そのとき、下弦《かげん》の月《つき》が、雲間《くもま》からすがたをあらわした。岸《きし》べにこぎもどってきた舟艇《しゅうてい》が、血《ち》しおにべったり、そまっているのが、月光《げっこう》の中《なか》でみえる。船舶工兵《せんぱくこうへい》が二名《めい》、船《ふな》ぞこにたおれていた。しかし今《いま》は、その死体《したい》を収容《しゅうよう》しているひまはないのだ。

牟田口師団長《むたぐちしだんちょう》は、戦死者《せんししゃ》に挙手《きょしゅ》の敬礼《けいれい》をして、船《ふね》にのりこんだ。月《つき》の光《ひかり》が、鉄《てつ》帽《ぼう》をにぶく光《ひか》らせる。

上陸部隊《じょうりくぶたい》は、だいぶ苦戦《くせん》をしているらしく、敵《てき》の銃砲声《じゅうほうせい》がさかんに聞《き》こえる。

どしんと、舟艇《しゅうてい》がゆれた。対岸《たいがん》についたのだ。が、その岸《きし》はねん土《ど》の急斜面《きゅうしゃめん》になっていた。足《あし》がかりがない。のぼろうとすると、ずるずるすべる。何《なに》かをつかんで、よじのぼって見《み》れば、それは、たおれた兵《へい》の死体《したい》であった。

「ありがとう。」

思《おも》わず声《こえ》にだしていった。

すぐ目《め》の前《まえ》には、鉄条網《てつじょうもう》がはりめぐらされていた。そのとき、月《つき》は、ふたたび雲《くも》にはいった。あたりはくらくなる。

敵《てき》か味方《みかた》か、わからぬ死体《したい》が、そこいらにころがっていて、うめき声《ごえ》もきこえる。

「ともかく、夜《よ》の明《あ》けないうちに、この敵陣内《てきじんない》を通《とお》りぬけましょう。師団長閣下《しだんちょうかっか》は、軍旗《ぐんき》といっしょにきてください。自分《じぶん》は、歩兵中隊《ほへいちゅうたい》とともに前進《ぜんしん》します。」

そういって、橋本参謀《はしもとさんぼう》が鉄条網《てつじょうもう》をくぐりぬけたときであった。

「あっ、敵襲《てきしゅう》！」

バリ、バリ、バリ……。機銃《きじゅう》の音《おと》とともに、手《しゅ》りゅう弾《だん》がばらばらとふってきた。

「ふせろ。」

ダ、ダ、ダァーン。パッパッパッと火《ひ》がひらめく。ふせたまま、手《しゅ》りゅう弾《だん》のさくれつをまっていた歩兵《ほへい》が、銃《じゅう》に剣《けん》をつけると、

「うわーっ！　うわーっ！」

と、日本軍《にほんぐん》とくいの突撃《とつげき》を、敵《てき》のいるヤシ林《ばやし》へ向《む》かっておこなった。勇《ゆう》かんなオーストラリア軍《ぐん》との白兵戦《はくへいせん》は、やがて、日本軍《にほんぐん》の勝利《しょうり》に終《お》わった。

しかし手《しゅ》りゅう弾《だん》は、ひとりの参謀《さんぼう》の足《あし》をふっとばし、数名《すうめい》の将校《しょうこう》と兵隊《へいたい》を、たおしていた。

「さあ、早《はや》く。前進《ぜんしん》してください。ぐずぐずしていたら、夜《よ》が明《あ》けます。」

橋本参謀《はしもとさんぼう》がはげます。

牟田口師団長《むたぐちしだんちょう》は一部《ぶ》を、戦死者《せんししゃ》と負傷者《ふしょうしゃ》のためにのこしておいて、軍旗《ぐんき》とともに前進《ぜんしん》をはじめる。

密林《みつりん》とゴム林《りん》の中《なか》に、通路《つうろ》がうねうね通《とお》っている。

あかつき前《まえ》の、くらやみの中《なか》で、よく地理《ちり》がわからないままに進《すす》むうち、ようやく夜《よる》はしらじらと明《あ》けてきた。

「敵《てき》だっ！」

先頭《せんとう》をいく中隊《ちゅうたい》が、射撃《しゃげき》をはじめた。

ゴム林《りん》で、朝食《ちょうしょく》をたべていたイギリス軍《ぐん》は、食器《しょっき》を投《な》げとばし、寝具《しんぐ》も装具《そうぐ》も、そこにおいたまま、にげ出《だ》した。

「やあ、ありがたい。チャーチル給与《きゅうよ》だ。えんりょなくごちそうになろうぜ。サンキュウ、サンキュウ！」

はらをへらしている兵隊《へいたい》は、そんなことをいいながら、敵兵《てきへい》ののこした携行食《けいこうしょく》糧《りょう》をたべている。

左前方《ひだりぜんぽう》の遠《とお》くで、夜明《よあ》けとともに、はげしい銃砲声《じゅうほうせい》がわきおこった。

「テンガー飛行場《ひこうじょう》の方角《ほうがく》です。激戦《げきせん》になっているらしい。」

そこには、那須《なす》連隊《れんたい》が向《む》かっているはずであった。

「よし。われわれも、テンガー飛行場《ひこうじょう》を攻撃《こうげき》しよう。」

ヤシの根《ね》かたにこしをおろして、ひと息《いき》いれていた牟田口《むたぐち》師団長《しだんちょう》は、そういうと、立《た》ちあがった。師団長《しだんちょう》のかたにまいたほうたいに、血《ち》がにじんでいる。

いつしか高《たか》くのぼった太陽《たいよう》は、ぎらぎらとかがやき、赤道直下《せきどうちょっか》の二月《がつ》の炎熱《えんねつ》は、身《み》をやくようだ。

シンガポール市街《しがい》の、南西《なんせい》にある貯油《ちょゆ》タンクも、爆発《ばくはつ》をおこしたらしい。黒煙《こくえん》はもうもうとして、市街《しがい》の上空《じょうくう》を、おおいはじめている。

いんいんたる砲声《ほうせい》。敵味方《てきみかた》の飛《ひ》行機《こうき》の爆音《ばくおん》。すさまじい機関銃《きかんじゅう》の音《おと》。ようやくシンガポール島《とう》は、全島《ぜんとう》をあげて、激戦場《げきせんじょう》となろうとしているのであった。

最後《さいご》のとりでブキテマ

「テンガー飛行場《ひこうじょう》が、日本軍《にほんぐん》の手《て》におちた、という報告《ほうこく》がきました。」

パーシバル軍司令官《ぐんしれいかん》の前《まえ》にたったトランス准将《じゅんしょう》の顔色《かおいろ》は、悪《わる》かった。

「なに、テンガーがおちたって！」

パーシバル軍司令官《ぐんしれいかん》は、思《おも》わずいすから、立《た》ちあがっていた。

「日本第五師団《にほんだいごしだん》の攻撃《こうげき》を受《う》けて、ついに……。」

パーシバル軍司令官《ぐんしれいかん》はやせて、せの高《たか》い人《ひと》であった。かれは、へやの中《なか》を右《みぎ》にいき、左《ひだり》にもどりしながら、何《なに》か一心《しん》に考《かんが》えこんでいるふうであった。

チャーチル首相《しゅしょう》の、電報《でんぽう》の中《なか》のことばを思《おも》いだしていたのである。

(指揮官《しきかん》も上級将校《じょうきゅうしょうこう》も、兵《へい》とともに死《し》すべきである。)

パーシバル軍司令官《ぐんしれいかん》は、足《あし》をとめた。

「わたしは、これから、ベネット少将《しょうしょう》の司令部《しれいぶ》をほうもんする。ジープをまわしてくれたまえ。」

トランス参謀長《さんぼうちょう》は、おどろいて、

「ベネット少将《しょうしょう》の司令部《しれいぶ》は、いま、ブキテマの西方《せいほう》であります。あの付近《ふきん》は日本《にほん》軍《ぐん》の砲撃《ほうげき》がさかんです。もし軍司《ぐんし》令官閣下《れいかんかっか》に、万《まん》一のことがあっては……。」

「いや。すぐに少将《しょうしょう》と会《あ》って、これからの防衛作戦《ぼうえいさくせん》を話《はな》し合《あ》わなければならない。ジープを早《はや》く用意《ようい》したまえ。」

猛将《もうしょう》ゴルドン＝ベネット少将《しょうしょう》は、日本軍《にほんぐん》の砲撃《ほうげき》のたびに、ぐらぐらゆれる、ブキテマ西方《せいほう》の、小《ちい》さい建物《たてもの》の中《なか》にいた。さすがに、目《め》は赤《あか》くじゅうけつし、すこしやつれてもいた。

「貴軍《きぐん》の奮闘《ふんとう》を感謝《かんしゃ》する。」

パーシバル軍司令官《ぐんしれいかん》のあく手《しゅ》に、ベネット少将《しょうしょう》は答《こた》えながら、

「奮闘《ふんとう》はしましたが、日本軍《にほんぐん》の攻撃力《こうげきりょく》は、なかなかさかんです。いったい昨夜《さくや》、上陸《じょうりく》してきた日本軍《にほんぐん》の兵力《へいりょく》は、どのくらいですか。」

「ざっと、一万《まん》三千名《ぜんめい》ぐらいだろうと思《おも》う。それから、夜明《よあ》けに一万名《まんめい》ほど、上《じょう》陸《りく》してきている。しかし、ジョホールバルには、まだ近衛師団《このえしだん》がのこっている。

これが、おそらく今夜《こんや》、上陸《じょうりく》してくると思《おも》われる。」

「すると、閣下《かっか》。ますますじょうきょうは、悪《わる》くなってきますね。」

「そうです。そこで、貴官《きかん》のご意見《いけん》をうかがいたいが、わたしの考《かんが》えでは、前線《ぜんせん》の兵力《へいりょく》を後退《こうたい》させて、重要《じゅうよう》な陣地《じんち》へまとめたいと思《おも》う。」

「その重要《じゅうよう》な陣地《じんち》というのは？」

「カラン飛行場《ひこうじょう》と、マックイッチ・ペイアスの、二つの貯水池《ちょすいち》。それから、このブキテマ高地《こうち》。これだけは、どんなことがあっても、敵《てき》の手《て》にわたすわけにはいかない。」

パーシバル軍司令官《ぐんしれいかん》の顔《かお》は、決意《けつい》にひきしまっていた。

「わかりました。」

ゴルドン＝ベネット少将《しょうしょう》は、軍司令官《ぐんしれいかん》に手《て》をさしのべて、いった。

「わがほうにとっても、たいせつな陣地《じんち》は、敵《てき》にとっても、たいせつな陣地《じんち》です。このブキテマは、かならず、わたしが引《ひ》き受《う》けます。きっと、守《まも》りぬいて、お目《め》にかけましょう。まかしておいてください。」

パーシバル軍司令官《ぐんしれいかん》は、ぐっと強《つよ》くあく手《しゅ》した手《て》を、にぎり返《かえ》した。

「ありがとう。貴官《きかん》のことばは、どれくらいわたしを力《ちから》づけてくれたかしれない。」

またも、そのとき、日本軍《にほんぐん》の砲撃《ほうげき》がはじまり、建物《たてもの》がぐらぐらとゆれ出《だ》した。

三日《みっか》ぶりの雨《あめ》が、ふり出《だ》したのは、パーシバル軍司令官《ぐんしれいかん》のジープが、司令部《しれいぶ》へかえりついたころであった。

黒《くろ》い雨《あめ》のしずくが、建物《たてもの》の白《しろ》いかべや、ヤシの葉《は》に、てんてんと、小《ちい》さいしみをつけている。

もえる海《うみ》

二月九日《がつここのか》の日《ひ》が落《お》ちたが、シンガポールの夜空《よぞら》は、いよいよ赤《あか》あかとはえている。

おとり部隊《ぶたい》となっていた近衛師団《このえしだん》の中《なか》で、敵前上陸《てきぜんじょうりく》の先頭《せんとう》を切《き》ったのは、岩畔《いわくろ》連隊《れんたい》の淵少佐《ふちしょうさ》のひきいる第二大隊《だいにだいたい》であった。

淵大隊《ふちだいたい》は、コーズウェイのつけ根《ね》に、奇襲上陸《きしゅうじょうりく》をするはずであったが、暗夜《あんや》しかも潮《しお》の流《なが》れが早《はや》かったために、ずうっと西《にし》の方《ほう》にながされてしまった。

ようやく、船《ふね》のついた岸《きし》べは、マングローブがびっしりおいしげっている。密《みっ》林《りん》をかきわけて行《い》くのと、同《おな》じ苦労《くろう》である。なかなか陸地《りくち》にたどりつけない。そのうえ、ちょうど満潮時《まんちようじ》にあたった。みるみる水面《すいめん》はせりあがっていく。はじめひざまでだった水《みず》は、はらをぬらし、むねまでとどいてきた。

ふかい所《ところ》では、マングローブのえだにとりすがっていなければ、おぼれてしまうのだ。そのおりもおりだった。

「火《ひ》だ。火《ひ》がながれてくるぞう!」

だれかのわめく声《こえ》がする。はっとなって、ふりむくと、爆発《ばくはつ》したタンクから、ながれだす重油《じゆうゆ》に敵《てき》は、火《ひ》をはなったらしい。もえる油《あぶら》が、潮《しお》の流《なが》れにのって、やってきているのである。

そのすさまじい火《ひ》あかりの中《なか》に、こぎ手《て》をたおされて、潮《しお》にただよいながれている、血《ち》ぞめの上陸用舟艇《じようりくようしゆうてい》が、てんてんと見《み》える。

水《みず》と火《ひ》に苦《くる》しめられた淵大隊《ふちだいたい》の半数《はんすう》が、ようやっとコーズウェイにたどりついたのは、夜明《よあ》けに近《ちか》かった。あかつきのバラ色《いろ》の空《そら》に、明《あ》けの明星《みようじよう》がかすかにまたたいている。

陸《りく》にあがった将兵《しょうへい》は、おたがいのすがたを見《み》て、思《おも》わずふき出《だ》してしまった。それこそ、頭《あたま》から足《あし》の先《さき》まで、重油《じゅうゆ》にまみれて、まっ黒《くろ》になっている。目《め》ばかりぎょろぎょろ光《ひか》らせているのだった。だれがだれだか、わからない。

「おうい。大隊長《だいたいちょう》はおれだ。集《あつ》まれい！」

淵少佐《ふちしょうさ》はそう名《な》のって、部下《ぶか》を集《あつ》めた。

「これから、われわれは、ただちにウッドランド高地《こうち》の敵《てき》を攻撃《こうげき》する。前進《ぜんしん》！」

異様《いよう》な黒《くろ》ん坊部隊《ぼうぶたい》の進撃《しんげき》だった。

ちょうど、そのころであった。

イギリス空軍《くうぐん》の戦闘機《せんとうき》、ハリケーン四機《き》に守《まも》られて、一機《き》の輸送機《ゆそうき》が、カラン飛行場《ひこうじょう》に着陸《ちゃくりく》した。

テンガー飛行場《ひこうじょう》は、日本軍《にほんぐん》に占領《せんりょう》されていたし、あとの二つの飛行場《ひこうじょう》は、日本《にほん》軍《ぐん》の砲撃《ほうげき》で、滑走路《かっそうろ》をこわされていた。まだ、どうにか役《やく》にたつのは、このカラン飛行場《ひこうじょう》だけであった。

輸送機《ゆそうき》からおりたったのは、西南《せいなん》アジア軍総司《ぐんそうし》令官《れいかん》のウェーベル大将《たいしょう》であった。

ウェーベル総司令官《そうしれいかん》は、近衛師団《このえしだん》もついに昨夜《さくや》、シンガポールに上陸《じょうりく》した、という報告《ほうこく》を受《う》け取《と》ると、じいっとしておれなくなり、パーシバル軍司令官《ぐんしれいかん》をはげますために、ジャワからやってきたのであった。

ウェーベル総司令官《そうしれいかん》は、でむかえのパーシバル軍司令官《ぐんしれいかん》のジープにのると、ただちにブキテマに向《む》かった。

ブキテマ……、そこは、最後《さいご》のとりでである。しかしこれを守《まも》るゴルドン＝ベネット少将《しょうしょう》の司令部《しれいぶ》は、昨夜《さくや》のうちにブキテマ東南方《とうなんぽう》にさがっていた。

ウェーベルの一行《こう》が、そこにたどりつくかつかないうちに、日本軍《にほんぐん》の爆撃機《ばくげきき》の編隊《へんたい》が、ブキテマ一たいに大爆撃《だいばくげき》をおこなった。

ウェーベル総司令官《そうしれいかん》は、壕《ごう》にもぐりこんで、日本空軍《にほんくうぐん》のすさまじい爆撃《ばくげき》ぶりにきもをひやしながら、パーシバル軍司令官《ぐんしれいかん》から、全戦線《ぜんせんせん》のじょうきょうを聞《き》いた。

ベネット少将《しょうしょう》が、そのときいった。

「総司令官閣下《そうしれいかんかっか》。ごらんなさい。日本《にほん》の飛行機《ひこうき》は、あそこの石油《せきゆ》タンクには、爆弾《ばくだん》を落《お》としません。石油貯蔵所《せきゆちょぞうじょ》だけよけて、爆撃《ばくげき》をしています。日本軍《にほんぐん》は、あの石油《せきゆ》タンクを、むきずで手《て》におさめたいのです。」

それはブキテマ部落《ぶらく》から、三百《びゃく》メートルしかはなれていない所《ところ》にある、大石油《だいせきゆ》タンクであった。

「あのタンクだけは……。」

と、パーシバル軍司令官《ぐんしれいかん》はいった。

「どんなことがあっても、敵《てき》にわたすことはできない。最後《さいご》がきたら、わたしは火《ひ》をつけるつもりです。」

「火《ひ》をつけることを考《かんが》えるよりは、守《まも》りぬくことを、考《かんが》えるべきである。」

ウェーベル総司令官《そうしれいかん》は、たしなめるようにいってから、きっとなって、パーシバル軍司令官《ぐんしれいかん》に向《む》きなおった。

「よろしいか。貴官《きかん》は降伏《こうふく》するなど、ぜったい考《かんが》えてはならない。最後《さいご》の一兵《ぺい》になるまで、日本軍《にほんぐん》とたたかいぬかねばなりませんぞ。わたしはそのことを、貴官《きかん》につたえるために、やってきたのだ。」

それから、ウェーベル総司令官《そうしれいかん》は、他《た》の戦線《せんせん》をみてまわって、将兵《しょうへい》たちをはげました。そしてその夕方《ゆうがた》、飛行艇《ひこうてい》でジャワにかえって行《い》った。

ウェーベル総司令官《そうしれいかん》の出発《しゅっぱつ》を見送《みおく》って、軍司令部《ぐんしれいぶ》にもどってきたパーシバル軍《ぐん》司令官《しれいかん》を、二つの悪《わる》い知《し》らせがまち受《う》けていた。

その一つは、全戦線《ぜんせんせん》にわたって、インド兵《へい》がぞくぞく日本軍《にほんぐん》に降伏《こうふく》していると
いうことと、もう一つは、日本軍《にほんぐん》がブキテマ部落《ぶらく》の近《ちか》くまで、進出《しんしゅつ》してきたとい
う報告《ほうこく》であった。

ウェーベル総司令官《そうしれいかん》にたしなめられたけれども、もう、こうなっては仕方《しかた》がな
かった。

「ブキテマの石油《せきゆ》タンクに、ただちに火《ひ》をつけるよう命令《めいれい》を出《だ》してくれたまえ。」

トランス参謀長《さんぼうちょう》に、そう命《めい》じた。大《おお》タンクに火《ひ》は、はなたれた。二月十日《がっとおか》の夜《よ》
空《ぞら》を、まっかにそめて、タンクはすさまじいほのおをふきあげて、もえはじめた。

激戦《げきせん》のすえに

ブキテマにせまっていたのは、牟田口師団長《むたぐちしだんちょう》のひきいる小久《おく》連隊《れんたい》と、那須《なす》連隊《れんたい》
であった。

「牟田口閣下《むたぐちかっか》。」

ブキテマ高地《こうち》の下《した》に陣《じん》どっている師団長《しだんちょう》を、たずねてきたのは、第《だい》二十五軍作《ぐんさく》戦主任参謀《せんしゅにんさんぼう》の辻中佐《つじちゅうさ》だった。

「いよいよ、あすは紀元節《きげんせつ》です。どうかあすじゅうに、この高地《こうち》を占領《せんりょう》してください。もっとも、敵《てき》さんにも、この高地《こうち》はたいせつですから、あすはきっと、大《だい》攻勢《こうせい》に転《てん》じてくると思《おも》いますが。」

「だいじょうぶだ。なんとかして攻略《こうりゃく》する。しかし、砲兵《ほうへい》がやってきてくれんことには、しょうがない。砲兵《ほうへい》は、いったい、何《なに》をぐずぐずしているんだ。」

「砲兵《ほうへい》の移動《いどう》は、なかなか困難《こんなん》なのです。しかしきょくりょく、いそがせます。このブキテマ高地《こうち》さえうばい取《と》ったら、パーシバルは、きっと、手《て》をあげるにちがいないのです。では、よろしくたのみますよ、閣下《かっか》。」

イギリス軍砲兵隊《ぐんほうへいたい》の、一大砲撃《だいほうげき》がはじまったのは、辻参謀《つじさんぼう》が去《さ》ってから、まもなくだった。

すさまじい砲撃《ほうげき》であった。高地《こうち》一たいに、まるで雨《あめ》のように、ふり落《お》ちてくるのである。みるみる高地《こうち》のすがたが、変《か》わっていった。おそらく数千発《すうせんぱつ》の弾丸《だんがん》が、うちこまれたにちがいなかった。

あたりには、もうもうと砂《さ》じんがたちこめ、空気《くうき》はびりびりふるえた。はげしい砲声《ほうせい》は、耳《みみ》をじいんとしびれさせるようであった。
師団長以下全員《しだんちょういかぜんいん》は、地面《じめん》のくぼみや岩《いわ》かげに、へばりついたままで、身動《みうご》きも
できない。
(この砲撃《ほうげき》は、敵《てき》が攻撃《こうげき》してくる先《さき》ぶれだな。おそらく敵《てき》は大部隊《だいぶたい》をくりだして、
明《あ》け方《がた》から、ぎゃくしゅうしてくるにちがいない。)
地面《じめん》のくぼみで、牟田口師団長《むたぐちしだんちょう》が、そう考《かんが》えているとき、橋本参謀《はしもとさんぼう》が、むこう
のくぼみから、とび出《だ》して、走《はし》りよってきた。
「閣下《かっか》。この砲撃《ほうげき》が終《お》わったら、きっと敵《てき》のぎゃくしゅうがありますよ。しかし、
第五師団《だいごしだん》も、ぞくぞくこの戦線《せんせん》へやってきています。」
思《おも》ったとおりであった。
明《あ》け方《がた》、砲撃《ほうげき》がやむと、戦車《せんしゃ》を先頭《せんとう》に、イギリス軍《ぐん》の大部隊《だいぶたい》が、あらゆる火砲《かほう》
をつかい、ものすごい勢《いきお》いで、高地《こうち》へせめよせてきた。
ブキテマの高地《こうち》・道路《どうろ》・ゴム林《りん》・部落《ぶらく》、いたる所《ところ》ではげしい戦《たたか》いがはじまった。
ほのぼのと、夜《よ》が明《あ》けはなれていく上空《じょうくう》では、敵味方《てきみかた》の飛行機《ひこうき》の空中戦《くうちゅうせん》がくり

広《ひろ》げられている。

いんいんたる砲声《ほうせい》。爆音《ばくおん》。戦車《せんしゃ》のごう音《おん》。爆弾《ばくだん》のさくれつ音《おん》。入《い》りみだれる機《き》関銃《かんじゅう》の音《おと》。手《しゅ》りゅう弾《だん》のさくれつ音《おん》。突撃《とつげき》のかん声《せい》で、もう何《なに》もきこえない。

ブキテマ高地《こうち》のうばいあいを中心《ちゅうしん》に、今《いま》や、一メートルの道路《どうろ》、一けんの家《いえ》、一本《ぽん》のゴム樹《じゅ》をうばいあう死闘《しとう》・血闘《けっとう》がブキテマ一たいにくり広《ひろ》げられたのだ。

あまりにはげしい戦闘《せんとう》のために、敵《てき》も味方《みかた》も、戦死者《せんししゃ》を収容《しゅうよう》できず、負傷者《ふしょうしゃ》も後《うし》ろへさがることができないため、片足《かたあし》になった兵《へい》も、片手《かたて》になった兵《へい》も、なおたたかいつづけているのであった。

ヤシ林《ばやし》のかなたから、太陽《たいよう》はのぼった。二月《がつ》十一日《にち》、紀元節《きげんせつ》の朝日《あさひ》である。

「わが連隊《れんたい》は、これよりぜんめつをかくごして、一七七高地《こうち》に突撃《とつげき》をおこないます。」

那須連隊長《なすれんたいちょう》から師団長《しだんちょう》へ、悲壮《ひそう》な報告《ほうこく》がとどいたのは、午前《ごぜん》六時《じ》三十分《ぷん》であった。

牟田口師団長《むたぐちしだんちょう》は、双眼鏡《そうがんきょう》をとって、高地《こうち》へ向《む》けた。剣《けん》をぬいた連隊長《れんたいちょう》を中心《ちゅうしん》に、全員剣付鉄砲《ぜんいんけんつきてっぽう》をかまえて、高地《こうち》へ突進《とっしん》しているのが見《み》える。朝日《あさひ》にきらきらと銃《じゅう》剣《けん》が光《ひか》っている。まるで秋《あき》の日《ひ》にきらめくススキのほのようだ。

「おお、日《ひ》の丸《まる》だ。」

「高地《こうち》の上《うえ》に、日《ひ》の丸《まる》の旗《はた》がたったぞ。」

「ああ。とうとう高地《こうち》は、わが手《て》におちたぞ。」

うっうっうっと、せぐりあげて、なきだす負傷者《ふしょうしゃ》もいる。日《ひ》の丸《まる》をみあげる将《しょう》兵《へい》の目《め》には、なみだがうかんでいる。

ときに、午前《ごぜん》八時《じ》であった。

さすがの猛将《もうしょう》ゴルドン＝ベネット少将《しょうしょう》も、ついに、ブキテマからたいきゃくをはじめた。

こうして、イギリス軍《ぐん》の最後《さいご》のとりではやぶられた。ブキテマは、日本軍《にほんぐん》の占《せん》領《りょう》するところとなったのである。

パーシバル軍司《ぐんし》令官《れいかん》も、もうていこうをあきらめるよりほかにはないだろう、と判断《はんだん》した山下軍司《やましたぐんし》令官《れいかん》は、これ以上《いじょう》の戦《たたか》いは、むだであるといい、すみやかに降伏《こうふく》するようにという文書《ぶんしょ》を、飛行機《ひこうき》からばらまかせることにした。

そして、しばらく攻撃《こうげき》を見合《みあ》わせて、イギリス軍《ぐん》のでかたをまった。

もえるシンガポール市街《しがい》をみすてて、安全《あんぜん》な土地《とち》へひなんしていく市民《しみん》のおびただしいむれが、この日《ひ》、一日中《にちじゅう》、道路上《どうろじょう》につづいた。

「まだ、パーシバルからは返事《へんじ》がこないか？」

山下軍司令官《やましたぐんしれいかん》は、かたわらの鈴木参謀長《すずきさんぼうちょう》をかえりみた。

「はい、まだ何《なに》も。」

十一日《にち》の夜《よる》がきた。しかし、パーシバル軍司令官《ぐんしれいかん》からの回答《かいとう》はなかった。

「もうやむをえん。明朝《みょうちょう》を期《き》して、全軍《ぜんぐん》は攻撃《こうげき》を再開《さいかい》せよ。」

山下軍司令官《やましたぐんしれいかん》は、だんこ、そう命《めい》じた。

千代田山《ちよださん》の朝《あさ》ぼらけ

十二日《にち》の朝《あさ》がきた。ふたたび、砲声《ほうせい》がとどろきはじめ、爆音《ばくおん》が大空《おおぞら》をおおった。

牟田口師団《むたぐちしだん》は、思《おも》い出《で》の激戦場《げきせんじょう》ブキテマをあとに、シンガポール市街《しがい》の南西《なんせい》パシルパンジャンヒル（丘《おか》）めざして、進撃《しんげき》を開始《かいし》した。

近衛師団《このえしだん》の岩畔連隊《いわくろれんたい》は、占領《せんりょう》している南部水源地《なんぶすいげんち》の高地《こうち》から、前面《ぜんめん》の一〇五高《こう》地《ち》を攻撃《こうげき》することとなった。

攻撃《こうげき》の先陣《せんじん》を受《う》けたまわるのは、山本大隊《やまもとだいたい》である。

勇《ゆう》かんな山本少佐《やまもとしょうさ》は、一昨日《さくじつ》の戦闘《せんとう》で、左足《ひだりあし》に貫通銃創《かんつうじゅうそう》を受《う》けていたが、担架《たんか》にのって大隊《だいたい》の指揮《しき》をつづけているのであった。

午前《ごぜん》六時《じ》、だしておいた斥候《せっこう》がもどってきた。

「なに。一〇五の南《みなみ》がわの前面《ぜんめん》に鉄条網《てつじょうもう》がはってあるというのか。すると、陣地《じんち》があるぞ。よし、向原中隊《むこうはらちゅうたい》は、仲田斥候隊《なかたせっこうたい》を道案内《みちあんない》にして、鉄条網《てつじょうもう》をこわして、敵陣内《てきじんない》にしのびこめ。」

山本大隊長《やまもとだいたいちょう》は命《めい》じた。

マレー時間《じかん》では、午前《ごぜん》四時《じ》である。あかつきのやみは、まだふかい。向原中《むこうはらちゅう》隊《たい》は、こっそり鉄条網《てつじょうもう》にしのびよって、鉄線《てっせん》を切《き》った。どこに陣地《じんち》があり、敵兵《てきへい》がいるのか、あたりは、しいんとしずかである。敵陣内《てきじんない》を中隊《ちゅうたい》は、足音《あしおと》をころして進《すす》む。と、等二線《だいせん》の鉄条網《てつじょうもう》にぶつかった。今度《こんど》のは、がんじょうな屋根《やね》型《がた》である。これをこわす作業《さぎょう》はひまどった。

しだいに、夜《よ》が明《あ》けてくる。

みると、前方《ぜんぽう》はきゅうな斜面《しゃめん》で、高地《こうち》の上《うえ》には、白壁《しらかべ》の一軒家《けんや》があり、銃眼《じゅうがん》があけられている。その前方《ぜんぽう》にも、右《みぎ》にも左《ひだり》にも、トーチカ陣地《じんち》がみえる。思《おも》ったよりすごい陣地《じんち》だ。

この報告《ほうこく》を、伝令《でんれい》から受《う》けると、山本大隊長《やまもとだいたいちょう》は、機関銃中隊長《きかんじゅうちゅうたいちょう》をよんだ。

「敵陣《てきじん》は、かなり手《て》ごわい。機関銃中隊《きかんじゅうちゅうたい》は、すぐさま、向原中隊《むこうはらちゅうたい》の応援《おうえん》にでかけてくれ。」

中村小隊長《なかむらしょうたいちょう》を先頭《せんとう》にして、機関銃中隊《きかんじゅうちゅうたい》が、前線《ぜんせん》にたどりついたとき、ようやく、屋根型鉄条網《やねがたてつじょうもう》に、破壊口《はかいこう》ができあがったところであった。

「機関銃中隊《きかんじゅうちゅうたい》。よくきてくれた。協力《きょうりょく》たのむ。われわれはこれから、屋根型《やねがた》をこえて、突撃《とつげき》にうつる。」

「わかった。援護射撃《えんごしゃげき》は引《ひ》き受《う》けた。」

ポーンと一発《ぱつ》、このとき銃声《じゅうせい》がひびいた。これが合図《あいず》だったのである。

破壊口《はかいこう》へにじりよる向原中隊《むこうはらちゅうたい》めがけて、いっせいに、左右《さゆう》のトーチカ陣地《じんち》の、機関銃《きかんじゅう》が火《ひ》をふいた。

「それっ、あのトーチカだ。うて！」

中村小隊長《なかむらしょうたいちょう》がさけぶ。重機関銃《じゅうきかんじゅう》が、ド、ド、ド、ド……と、おもおもしい音《おと》をたてて、トーチカ陣地《じんち》に集中射撃《しゅうちゅうしゃげき》をくわえる。

「今《いま》だ。進《すす》め！」

向原中隊長《むこうはらちゅうたいちょう》の号令《ごうれい》一下《か》中隊《ちゅうたい》は破《は》壊口《かいこう》へかけだしていく。

「あっ！」

そのとき、重機関銃《じゅうきかんじゅう》の引《ひ》き金《がね》をひいていた射手《しゃしゅ》が、ばったりたおれた。つづいて、となりの機関銃《きかんじゅう》の射手《しゃしゅ》も、うっ、という悲鳴《ひめい》をあげて、のけぞった。しゅんかん、重機関銃《じゅうきかんじゅう》がやんだ。すると、ふたたび、トーチカ陣地《じんち》の機関銃《きかんじゅう》が、もうれつに射撃《しゃげき》を開始《かいし》した。

向原中隊《むこうはらちゅうたい》は、地面《じめん》にふせたまま、顔《かお》もあげられない。

「ああ。あそこのくぼみに狙撃兵《そげきへい》がいるのだ。」

中村小隊長《なかむらしょうたいちょう》はみつけた。

「あそこから、射手《しゃしゅ》をねらっているのだ。」

「小隊長《しょうたいちょう》どの。自分《じぶん》がやっつけに行《い》きます。」

手《しゅ》りゅう弾《だん》を両手《りょうて》につかんで、立《た》ちあがったのは中村上等兵《なかむらじょうとうへい》だった。

ぱっと、上等兵《じょうとうへい》は葉《は》かげからとび出《だ》した。
ダ、ダ、ダ、ダン。
敵《てき》のチェッコ機銃《きじゅう》だ。中村上等兵《なかむらじょうとうへい》は、ぱっとふせる。それからまた、ぱっととび出《だ》す。そうしながら、上等兵《じょうとうへい》は、狙撃兵《そげきへい》のいるくぼみに近《ちか》づいて行《い》った。と、くぼみから、重機《じゅうき》と軽機《けいき》が、気《き》がくるったような、はげしい射撃《しゃげき》を、中村上等兵《なかむらじょうとうへい》めがけてそそぎだした。

「中村《なかむら》を助《たす》けろ。発煙筒《はつえんとう》をうて！」

ドオーン。

もうもうと白煙《はくえん》がわきあがり、あたり一面《めん》が、煙幕《えんまく》に包《つつ》みこまれていく。

中村上等兵《なかむらじょうとうへい》は、山腹《さんぷく》をかけのぼりながら、

「これでもくらえ！」

両手《りょうて》の手《しゅ》りゅう弾《だん》を、くぼみに投《な》げつけた。ごうぜんたるさくれつ音《おん》。ぴたっと、くぼみの重機《じゅうき》と軽機《けいき》はやんだ。

向原中隊《むこうはらちゅうたい》は、このすきに、急斜面《きゅうしゃめん》をよじのぼり、白壁《しらかべ》の家《いえ》に近《ちか》づいていた。いつしか、太陽《たいよう》はもう高《たか》い。

一〇五高地《こうち》の空気《くうき》は、ゆきかう敵味方《てきみかた》の機関銃弾《きかんじゅうだん》にひきさかれて、きなくさい。じりじりと向原中隊《むこうはらちゅうたい》は、斜面《しゃめん》をのぼっていく。何人《なんにん》かがたおされる。その数《かず》が、しだいに多《おお》くなる。

(このままでいたら、じりじりと、ぜんめつしてしまうかもしれない。思《おも》いきって突撃《とつげき》するよりほかはない。)

向原中尉《むこうはらちゅうい》は、かくごをきめた。

「おおい、機関銃《きかんじゅう》。援護《えんご》をたのむぞ。」

さけんでおいて、部下《ぶか》をふりむいた。

「死中《しちゅう》に活《かつ》をもとめるのだ。さあ、おれのあとにつづけ。」

「うわーっ!」

「うわーっ!」

イギリス軍《ぐん》はうき足《あし》だっていた。突撃《とつげき》のかん声《せい》をきくと、ばらばらににげ出《だ》した。

一〇五高地《こうち》を、ついにうばい取《と》った。だが、向原中隊《むこうはらちゅうたい》と機関銃中隊《きかんじゅうちゅうたい》の苦労《くろう》は、それからはじまったのである。

砲撃《ほうげき》だった。小《ちい》さい高地《こうち》へ、集中砲火《しゅうちゅうほうか》は四時間《じかん》もつづいたのだった。さいわい、敵《てき》ののこしていった壕《ごう》があった。

しかし、将兵《しょうへい》は朝《あさ》から、何《なに》もたべていないのである。高地《こうち》には、飲《の》み水《みず》もない。はげしい太陽《たいよう》に、ま上《うえ》からてりつけられたまま、のまず食《く》わずで一日中《にちじゅう》、山頂《さんちょう》にがんばって、ようやく夜《よる》をむかえた。

砲撃《ほうげき》が、やっとやんだ。すると、壕《ごう》の中《なか》から、兵隊《へいたい》たちのいびきが聞《き》こえだした。無理《むり》もなかった。上陸《じょうりく》いらい、二日《ふつか》二《ふた》ばん、ぜんぜんねむっていないのであった。

この一〇五高地《こうち》は、のちに師団《しだん》の中《なか》で、もっともはげしいいくさのあった所《ところ》として、千代田山《ちよださん》という名《な》まえをつけられた。

パーシバルの日記《にっき》から

二月《がつ》十三日《にち》、金曜日《きんようび》。

この日《ひ》は、われわれにとって、まさに厄日《やくび》になった。

この日《ひ》、日本軍《にほんぐん》は、シンガポールの町《まち》の西南《せいなん》、パシルパンジャンヒルに、その主力《しゅりょく》の攻撃《こうげき》をくわえてきた。

ここは、わがほうの防衛線《ぼうえいせん》でも、とくに重要《じゅうよう》な地点《ちてん》であった。ここからは、シンガポールの全市街《ぜんしがい》を、ひと目《め》でみわたせるし、また、われわれの主要《しゅよう》な弾薬庫《だんやくこ》と兵站倉庫《へいたんそうこ》と、陸軍病院《りくぐんびょういん》その他《た》の重要施設《じゅうようしせつ》のあるアレクサンドラ地区《ちく》まで、たった一足《ひとあし》なのであった。

ここにせめよせてきた日本軍《にほんぐん》は、ゼネラルムタグチの指揮《しき》する第《だい》十八師団《しだん》であった。かれらは二時間《じかん》にわたる猛砲爆撃《もうほうばくげき》ののちに、攻撃《こうげき》を開始《かいし》してきた。

この敵《てき》をま正面《しょうめん》に受《う》けたのは、わがマレー連隊《れんたい》であった。この勇《ゆう》かんなる連隊《れんたい》は、十三、十四日《にち》の両日《りょうじつ》にわたって、日本軍《にほんぐん》にはげしくていこうして、文字《もじ》どおり、最後《さいご》の一兵《ぺい》になるまでたたかった。

この日《ひ》の朝《あさ》。ゴルドン＝ベネットのオーストラリア軍《ぐん》も、市街地周辺《しがいちしゅうへん》にまで後退《こうたい》してきた。

昼《ひる》ごろ、わたしはスプーナー海軍少将《かいぐんしょうしょう》のほうもんを受《う》けた。かれは、現在《げんざい》、港内《こうない》にある小型艦艇《こがたかんてい》五十せきをつれて、脱出《だっしゅつ》したいと申《もう》しでてきた。

この五十せきには、三千人《ぜんにん》を収容《しゅうよう》できる。最後《さいご》の集団脱出《しゅうだんだっしゅつ》のこの機会《きかい》に、わたしは三千人《ぜんにん》の人《ひと》を、選《えら》ばなければならなかった。その選《えら》びかたの基準《きじゅん》は、これからの連合軍《れんごうぐん》の戦争《せんそう》すいこうに役立《やくだ》つ技能者《ぎのうしゃ》、ぎゃくにいえば、日本軍《にほんぐん》の捕虜《ほりょ》になると、かれらの戦争行為《せんそうこうい》に利用《りよう》されるおそれがある人びとである。

あわただしく、不安《ふあん》な厄日《やくび》の一日《にち》がくれた。スプーナー海軍少将《かいぐんしょうしょう》は、三千人《ぜんにん》をのせた小型艦艇《こがたかんてい》五十せきを、ひきつれて、夜《よ》ふけのやみにまぎれて、出港《しゅっこう》して行《い》った。しかし、かれらの前途《ぜんと》には、大《おお》きな悲惨《ひさん》な運命《うんめい》がまっていたのである。

あくる十四日《にち》。この不運《ふうん》な艦隊《かんたい》は、スマトラのパレンバン攻撃《こうげき》のために、集結《しゅうけつ》しつつあった日本海軍《にほんかいぐん》の、航空隊《こうくうたい》に発見《はっけん》された。そして、大部分《だいぶぶん》はうちしずめられ、その他《た》は、サンゴ礁《しょう》にのりあげたのである。

今《いま》ぞおちるシンガポール

牟田口師団《むたぐちしだん》がせめたパシルパンジャンヒルには、三つの高地《こうち》があった。標高《ひょうこう》二七〇フィート高地《こうち》と、パンジャン高地《こうち》と、二二六フィート高地《こうち》である。

この三つをせめ取《と》れば、シンガポール市街《しがい》は眼下《がんか》であり、埠頭《ふとう》までは、五キロというきょりである。

十三日《にち》マレー艦隊《かんたい》の、必死《ひっし》のていこうをはねかえして、第《だい》五十六連隊《れんたい》が、まず二七〇フィート高地《こうち》と、パンジャン高地《こうち》をせめおとした。そして、あくる十四日《にち》には、最後《さいご》の二二六フィート高地《こうち》も、第百《だいひやく》十四連隊《れんたい》と第《だい》五十五連隊《れんたい》が、せめとった。

あと埠頭《ふとう》まで、いよいよ一キロとなった。だが、このときイギリス軍砲兵隊《ぐんほうへいたい》は、最後《さいご》のがんきょうなねばりをみせた。

すさまじい砲撃《ほうげき》は、日本軍《にほんぐん》の進路《しんろ》に弾幕《だんまく》をはった。一歩《ぽ》も日本軍《にほんぐん》は、進《すす》めなくなったのである。

いったいイギリス軍《ぐん》の砲弾《ほうだん》は、どれくらいあるのか、うってうって、うちまくってくる。

牟田口師団《むたぐちしだん》は、目《め》と鼻《はな》の先《さき》に、埠頭《ふとう》をみながら、十四日《にち》をおくり、十五日《にち》の朝《あさ》をむかえた。

同《おな》じころ、近衛師団《このえしだん》の国司連隊《くにしれんたい》は、敵《てき》の最後《さいご》の基地《きち》、カラン飛行場占領《ひこうじょうせんりょう》の命令《めいれい》を受《う》けて、飛行場近《ひこうじょうちか》くの高地《こうち》をせめていた。ここにも、イギリス軍《ぐん》の砲弾《ほうだん》は、雨《あめ》のようにふりそそいでいた。

「波多江《はたえ》大隊長《だいたいちょう》どの、負傷《ふしょう》。」

「川上中隊長《かわかみちゅうたいちょう》どのも負傷《ふしょう》。」

第《だい》一線《せん》からは、負傷者《ふしょうしゃ》がひっきりなしに送《おく》られてくる。

「連隊長《れんたいちょう》どの。川上中隊長《かわかみちゅうたいちょう》のかわりには、自分《じぶん》をやってください。」

そう申《もう》し出《で》たのは、妹尾中尉《せのおちゅうい》であった。妹尾中隊《せのおちゅうたい》は、岩畔連隊《いわくろれんたい》からはなれて、国司連隊《くにしれんたい》にぞくしていたのである。

「自分《じぶん》は、パクリでは、生《い》きてジョホールバルは見《み》られないとかくごしていました。ここまで生《い》きていられたいま、なき大柿大隊長《おおがきだいたいちょう》や戦友《せんゆう》を思《おも》うと、どれほどもうけているかわかりません。ぜひ妹尾《せのお》を川上中隊長《かわかみちゅうたいちょう》のかわりに、第《だい》一線《せん》にやってください。」

「そうか。そのかくごなら、きっと攻撃《こうげき》は成功《せいこう》するだろう。よし、行《い》ってくれ。成功《せいこう》をいのっているぞ。」

国司連隊長《くにしれんたいちょう》は、妹尾中尉《せのおちゅうい》の手《て》をかたくにぎりしめた。

妹尾中隊《せのおちゅうたい》は、前線《ぜんせん》へいそぐ。第《だい》一線《せん》には、砲弾《ほうだん》がそこいらじゅう、ところきらわず落《お》ちつづけていた。

イギリス軍陣地《ぐんじんち》の前《まえ》には広《ひろ》いクリークが、ふかぶかと青《あお》い水《みず》をたたえている。正面《しょうめん》からは、せめることはむずかしいとわかった。横《よこ》にまわりこんで、敵《てき》の横《よこ》っぱらをつくよりほかはない。払暁戦《ふつぎょうせん》で、一気《き》につっこんで、この高地《こうち》をせめとろうと考《かんが》えた。妹尾隊《せのおたい》といっしょにつっこむのは、高平機関銃隊《たかひらきかんじゅうたい》である。その後《うし》ろから、塚原中隊《つかはらちゅうたい》が、擲弾筒《てきだんとう》で援護《えんご》することになった。

ほのかに、朝《あさ》の光《ひかり》がただよいはじめる。

はじめに、高平機関銃隊《たかひらきかんじゅうたい》の重機《じゅうき》が、火《ひ》をはいた。妹尾中隊《せのおちゅうたい》は、一発《ぱつ》もうたず、ゴム林《りん》から草原《そうげん》にでて、はいながら敵陣《てきじん》へとにじりよって行《い》く。

全中隊《ぜんちゅうたい》の擲弾筒《てきだんとう》を集《あつ》めて、時期《じき》をまっていた塚原中隊《つかはらちゅうたい》が、いっせいに擲弾筒《てきだんとう》をぶっぱなした。
ダ、ダ、ダァン。
ダ、ダ、ダァン。
「つっこめい！」

うわーっというかん声《せい》をあげて、進《すす》もうとするとき、敵陣内《てきじんない》に白《しろ》いものが、ひらひらと動《うご》くのがみえた。手《て》に手《て》にハンカチをふりながら、ぞろぞろとイギリス兵《へい》が出《で》てきたのである。かけあがる高地《こうち》の上《うえ》から、ああ、シンガポールの市街《しがい》がそこに見《み》える。

「おお、あれだ。あれが、ゆめにまで見《み》たシンガポールの町《まち》だ。」

この高地《こうち》こそ、シンガポールの、最後《さいご》のていこう線《せん》の一角《かく》だったのである。

その夕方《ゆうがた》であった。市街方面《しがいほうめん》にいっていた今井将校斥候《いまいしょうこうせっこう》が、息《いき》をはずませて、かけもどってきた。

「シンガポール陥落《かんらく》です。敵将《てきしょう》パーシバルは、降伏《こうふく》を申《もう》し出《で》てきました。」

一しゅん。だれも声《こえ》をだす者《もの》はなかった。こみあげてくる感慨《かんがい》に、ただぽろぽろと、熱《あつ》いなみだをこぼすだけだ。

むねにつるしている遺骨《いこつ》のはこへ、

「おい、聞《き》いたか。とうとう、シンガポールはおちたぞ。」

生《い》きている友《とも》にいうように、だれかがふるえる声《こえ》でいったとき、はじめて、

「ばんざい！」

の声《こえ》が、あたりからわきあがったのであった。

しかし、牟田口師団《むたぐちしだん》には、まだ、イギリス軍《ぐん》の降伏《こうふく》は、わかっていなかった。埠頭《ふとう》への道《みち》をさえぎる、白壁《しらかべ》の高地《こうち》のイギリス軍《ぐん》にも、弾幕《だんまく》をはっているイギリス軍砲兵隊《ぐんほうへいたい》にも、降伏《こうふく》のことは、まだつたわっていなかったのである。

ここには、なお、はげしい戦《たたか》いがつづけられていた。砲弾《ほうだん》は、いよいよさかんである。

最前線《さいぜんせん》の小久連隊長《おくれんたいちょう》は、橋本参謀《はしもとさんぼう》に決意《けつい》をつげた。

「このままでは、わが連隊《れんたい》は、砲弾《ほうだん》のえじきになって、ぜんめつするほかはない。くらくなるのをまって、いちかばちか連隊《れんたい》は全力《ぜんりょく》をあげて、夜襲《やしゅう》をする。」

そのすこしあとであった。同《おな》じ前線《ぜんせん》の木庭連隊長《こばれんたいちょう》から、牟田口師団長《むたぐちしだんちょう》へ、電話《でんわ》がかかってきた。

「連隊《れんたい》は、今夜《こんや》、ぜんめつをかくごで、夜襲戦《やしゅうせん》を決行《けっこう》し、白壁《しらかべ》の高地《こうち》をうばいとります。」

その電話《でんわ》が切《き》れたすぐあとであった。軍司令部《ぐんしれいぶ》から、急電《きゅうでん》がはいった。

パーシバル軍司令官《ぐんしれいかん》は本日午後《ほんじつごご》一時《じ》、軍使《ぐんし》ニュービギン准将《じゅんしょう》をしたがえて、わが第五師団正面《だいしだんしょうめん》にきたり、全面降伏《ぜんめんこうふく》するむねを、申《もう》しでたり。

ぜんめつをかくごの、夜襲《やしゅう》をおこなおうとしている小久《おく》と木庭《こば》の両連隊《りょうれんたい》に、急使《きゅうし》がとんだ。

「シンガポールはおちたぞ。敵《てき》は降伏《こうふく》したぞ。」

その声《こえ》は、電流《でんりゅう》のように、全部隊《ぜんぶたい》のすみずみまで、たちまちつたわった。

「ばんざい！」

「ばんざい！」

ふるえる声《こえ》でさけびながら、みんなほおをぬらしていた。うれしいのか、悲《かな》しいのか、わけもわからず、ただなけてくるのである。

「おお。おお。」

戦友同士《せんゆうどうし》たがいにだき合《あ》い、たがいのかたに顔《かお》をおしあてて、ないている。負傷者《ふしょうしゃ》も、思《おも》わず傷《きず》をわすれて、こおどりしている。戦死者《せんしゃ》までが、むくむくとおきあがってきそうな感激《かんげき》の一しゅんであった。

いつしか、砲撃《ほうげき》はやんでいた。敵陣《てきじん》も、しんしんとしずまりかえっている。そして、虫《むし》の声《こえ》が、新戦場《しんせんじょう》の夜《よる》をこめて、すだいていた。

イエスか、ノーか

さっきまで、砲声《ほうせい》と爆音《ばくおん》と銃声《じゅうせい》のあらしがふきすさんでいたシンガポール島《とう》は、うそみたいに、今《いま》はいっさいの音《おと》が、消《き》えうせて、しずけさの世界《せかい》に変《か》わっていた。

午後《ごご》七時《じ》。パーシバル軍司《ぐんし》令官《れいかん》は、三人《にん》の幕僚《ばくりょう》をしたがえて、ブキテマ三叉路《さんさろ》の北方《ほっぽう》、三四八高地中腹《こうちちゅうふく》の、フォード自動車会社《じどうしゃがいしゃ》の建物《たてもの》へ、二台《だい》の自動車《じどうしゃ》でやってきた。

自動車《じどうしゃ》には、白旗《しらはた》と、ユニオンジャックのイギリスの国旗《こっき》が、かかげてあった。前《まえ》の自動車《じどうしゃ》からおりたった参謀《さんぼう》のワイルド少佐《しょうさ》が、大《おお》きな白旗《しらはた》をささげ、ニュービギン准将《じゅんしょう》はイギリス国旗《こっき》を、悲痛《ひつう》な顔色《かおいろ》で、しっかりにぎりしめていた。その二つの旗《はた》の下《した》を、パーシバル軍司《ぐんし》令官《れいかん》は、ふし目《め》がちにとぼとぼと歩《ある》いた。

このフォード自動車会社《じどうしゃがいしゃ》の事務所《じむしょ》が、降伏調印《こうふくちょういん》の式場《しきじょう》であった。

山下軍司《やましたぐんし》令官《れいかん》が、十名《めい》の幕僚《ばくりょう》をともなって、ここにやってきたのは、すこしあとであった。山下将軍《やましたしょうぐん》は、くろぐろと日《ひ》やけして、すこしやつれていたが、目《め》だけはいつものようにするどい光《ひかり》をはなっていた。

山下将軍《やましたしょうぐん》を、パーシバル軍司令官《ぐんしれいかん》の一行《こう》は起立《きりつ》して、むかえた。つかつかと山《やま》下将軍《したしょうぐん》は、パーシバル軍司令官《ぐんしれいかん》のもとにより、手《て》をさしだした。

「やあ、ご苦労《くろう》でした。」

パーシバル軍司令官《ぐんしれいかん》はだまって、さし出《だ》された手《て》をにぎった。

七十九日間《にちかん》、たがいに死力《しりょく》をつくして、たたかってきた両将軍《りょうしょうぐん》は、しばらく相《あい》手《て》の顔《かお》を、じっとながめ合《あ》っていた。

山下将軍《やましたしょうぐん》は、次《つぎ》にトランス参謀長《さんぼうちょう》と、次《つぎ》にニュービギン准将《じゅんしょう》と、それからワイルド参謀《さんぼう》にあく手《しゅ》すると、どっかといすにこしをおろした。

ワイルド参謀《さんぼう》が、まずいった。

「われわれは、日本軍《にほんぐん》と停戦協定《ていせんきょうてい》をむすぶために、ここにやってきました。」

「停戦《ていせん》？　ノー、停戦《ていせん》ではない。貴軍《きぐん》が、全面的《ぜんめんてき》に降伏《こうふく》するか、いなか、それだけだ。わたしは日本《にほん》の武士道《ぶしどう》にかけて、イギリス軍《ぐん》の全面降伏《ぜんめんこうふく》かいなか。すなわちイエスかノーか、それ以外《いがい》のことは話《はな》したくない。あなたがたからうけたまわりたいのは、その返答《へんとう》だけである。」

ワイルド参謀《さんぼう》とパーシバル軍司《ぐんし》令官《れいかん》とは、しばらく小《ちい》さい声《こえ》で話《はな》し合《あ》った。

軍政部長《ぐんせいぶちょう》ニュービギン准将《じゅんしょう》は、赤《あか》い腕章《わんしょう》をまいたうでを、むねに組《く》み、ずうっとだまっていた。トランス参謀長《さんぼうちょう》は、ふるえる指先《ゆびさき》をテーブルのはしにかけたまま、落《お》ちくぼんだ目《め》を、じいっととじていた。

やがて、ワイルド参謀《さんぼう》とパーシバル軍司《ぐんし》令官《れいかん》の話《はなし》は終《お》わった。

ワイルド参謀《さんぼう》は立《た》ちあがって、山下将軍《やましたしょうぐん》へ向《む》きなおった。

「イギリス軍《ぐん》は、わが軍《ぐん》は全面的《ぜんめんてき》に降伏《こうふく》をします。」

はじめて、降伏調印書《こうふくちょういんしょ》が、パーシバル軍司《ぐんし》令官《れいかん》の前《まえ》にさし出《だ》された。そのとき、また、ワイルド参謀《さんぼう》がいった。

「おたずねしますが、イギリスの一般市《ぱんし》民《みん》と、婦女子《ふじょし》の生命《せいめい》は、保護《ほご》していただけますでしょうか？」

「むろん。じゅうぶんに保護《ほご》します。」

パーシバル軍司《ぐんし》令官《れいかん》が、まずペンを取《と》って、サインし、三人《にん》が同《おな》じようにサインをした。

山下将軍《やましたしょうぐん》は立《た》ちあがった。

「たいへん、ご苦労《くろう》でした。」

と、パーシバル軍司令官《ぐんしれいかん》の手《て》をにぎった。

ときに二月《がつ》十五日《にち》、午後《ごご》八時《じ》であった。このシンガポール攻略戦《こうりゃくせん》の、おもな戦《せん》果《か》と損害《そんがい》は、次《つぎ》のとおりである。

日本軍《にほんぐん》がとらえた捕虜《ほりょ》、約《やく》十万《まん》（うち白人《はくじん》五万《まん》。）で、

兵器《へいき》は、

各種火砲《かくしゅかほう》　四〇門《もん》
重《じゅう》・軽機関銃《けいきかんじゅう》　二、五〇〇挺《ちょう》
小銃《しょうじゅう》　六五、〇〇〇挺《ちょう》
機関車《きかんしゃ》・貨車《かしゃ》　一、〇〇〇輛《りょう》
自動車《じどうしゃ》　一三、〇〇〇輛《りょう》
戦車《せんしゃ》・装甲車《そうこうしゃ》　二〇〇輛《りょう》
飛行機《ひこうき》　一〇機《き》

日本軍《にほんぐん》の損害《そんがい》

戦死《せんし》　一、七一四名《めい》
戦傷《せんしょう》　三、三七八名《めい》
山下軍司令官《やましたぐんしれいかん》は、シンガポール陥落《かんらく》をいわう入城式《にゅうじょうしき》を、おこなわなかった。
「生《い》きのこった者《もの》に、なんのてがらがあろう。戦《たたか》いは終《お》わったのではない。これからなのだ。」
それが、山下奉文将軍《やましたともゆきしょうぐん》のことばであった。

■もっと知りたい⑦■
山下奉文「イエスか、ノーか」発言の舞台裏

シンガポール陥落に際しては、降伏交渉の場で第二十五軍司令官・山下奉文中将がイギリス極東軍司令官パーシバル中将に放った「イエスか、ノーか」というフレーズがクローズアップされがちです。たとえば、当時の朝日新聞でも、次のように山下奉文が無条件降伏を突きつけた、とする一問一答形式の記事を掲載しています。

〈山下中将　降伏意思があるかどうか、それから聴こう、無条件降伏、イエスかノーか。

パーシバル中将　返答は明朝まで保留されたい。

山下中将　明日、明日とは何だ、日本軍は今夜、夜襲しますぞ、それでもよいか。

パ中将　では日本時間午後十一時半まで待っていただきたい。

山下中将　十一時半、それなら、その時間まで日本軍は攻撃しますぞ。

パ中将　（返事なし）

山下中将　それでもいいか、はっきり聴く、無条件降伏、イエスか、ノーか。

パ中将　イエス。〉（「朝日新聞」昭和十七年二月十七日夕刊）

これを読むと、あたかも山下奉文が高圧的な態度で敗軍の将に迫ったように見えます。

この「イエスか、ノーか」は流行語のように広まって、子どもだった私も友達と遊ぶときに、「おい、相撲をとろうか。イエスか、ノーか」なんて言っていたものです。

ですが、現実は違ったそうです。この点に関して、私はこの交渉の席にいた当事者に取材したことがあります。

杉田一次さんは当時、第二十五軍の情報参謀で、山下・パーシバルの降伏交渉に同席していました。その杉田さん曰《いわ》く、

「『イエスか、ノーか』のエピソードだけだと、山下さんが横柄な人物に

見えてしまうが、決してそんなことはなかった」

実際の交渉はきわめて紳士的に行なわれていたものの、問題がなかったわけでもない。イギリス軍側が用意した通訳が下手で、双方の話が嚙み合わなかったというのです。杉田さんはこれ以前に駐米日本大使館の駐在武官として赴任経験があるアメリカ通で、英語使いでもありました。その杉田さんが交渉の途中から通訳を替わって、やっと意思の疎通が成り立った。ですので、山下奉文の「イエスか、ノーか」という言葉は、拙《つたな》い通訳を介した交渉の場での、シンプルかつ平易な確認作業に過ぎないのだ――これが、杉田さんが明かした事の真相なのです。

このシンガポール攻略戦は、当初二月十一日までに陥落させるという計画でしたが、長引いてしまいました。そのため敵側には十分な砲弾が残っていたのに、日本側は底をつく寸前だったと言います。ですから敵方が白旗を掲げて降伏してきたときには、正直いうとホッとしたそうです。

日本軍は、こうしたギリギリの勝利の歴史を持っています。日露戦争での旅順攻防戦しかり、奉天会戦しかり。

こうして日本軍は、真珠湾攻撃とマレー半島作戦にシンガポール、さらにはフィリピンと、開戦初期の目的を無事達成したのでした。（半藤一利）

8

ジャワ海の決戦

戦雲《せんうん》のジャワ海《かい》

大本営《だいほんえい》は、イギリス・アメリカ・オランダなど連合国《れんごうこく》の、東南《とうなん》アジア方面《ほうめん》にある戦力《せんりょく》を、次《つぎ》のように判断《はんだん》していた。

地域《ちいき》	地上兵力《ちじょうへいりょく》	飛行機《ひこうき》
マレー方面《ほうめん》	八〇、〇〇〇	二〇〇
ビルマ方面《ほうめん》	三五、〇〇〇	五〇
ボルネオ	三、五〇〇	
香港《ホンコン》	一九、〇〇〇	一〇
フィリピン	一六三、〇〇〇	一六〇
グワム島《とう》	一、八〇〇	
蘭領東《らんりょうひがし》インド	七〇、〇〇〇	三〇〇

海軍兵力《かいぐんへいりょく》はインド洋以東《よういとう》に航空母艦《こうくうぼかん》二、水上機母艦《すいじょうきぼかん》四、戦艦《せんかん》四あるいは六、巡洋艦《じゅんようかん》三九、駆逐艦《くちくかん》三五、潜水艦《せんすいかん》五〇。

　またこのほかに、インドにおよそ兵力《へいりょく》五〇万《まん》と飛行機《ひこうき》二〇〇、オーストラリアに三五万《まん》と飛行機《ひこうき》二五〇、ニュージーランドに一〇万《まん》と飛行機《ひこうき》一〇〇がいると判断《はんだん》していた。

　この判断《はんだん》は、だいたい開戦直前《かいせんちょくぜん》の情報《じょうほう》にもとづくものであったが、たいしたあやまりはなかった。しかし、開戦《かいせん》と同時《どうじ》に、マレー方面《ほうめん》でも、ビルマ方面《ほうめん》でも、飛行機《ひこうき》がどしどし送《おく》られてきたので、その兵力《へいりょく》はそうとうにうわまわっていた。

　このうち、連合国海軍《れんごうこくかいぐん》は、イギリス東洋艦隊《とうようかんたい》がマレー沖海戦《おきかいせん》でプリンス＝オブ＝ウェールズとレパルスをうちしずめられ、アメリカのアジア艦隊《かんたい》は、日本《にほん》の比島攻略《ひとうこうりやく》が進《すす》むにつれて、ともにのこりの艦隊《かんたい》を、ジャワ方面《ほうめん》にさがらせて、反《はん》攻《こう》をねらっていた。

　したがって、ジャワ方面《ほうめん》での海戦《かいせん》は、さけられない運命《うんめい》にあったが、昭和《しょうわ》十七年《ねん》二月《がつ》二十七日《にち》、太平洋戦争《たいへいようせんそう》がはじまってから、最初《さいしょ》の艦隊決戦《かんたいけっせん》がおこなわれた。これがスラバヤ沖海戦《おきかいせん》である。

　日本《にほん》としては、この戦争目的《せんそうもくてき》の大半《たいはん》は、オランダ領東《りょうひがし》インド（蘭印《らんいん》）すなわちジャワ・スマトラ・ボルネオ・セレベスなどを占領《せんりょう》することにあった。そこは、ゴムや石油《せきゆ》の産地《さんち》だからである。

しかしジャワをせめるには、フィリピンもマレーも、蘭印《らんいん》のかべになっていて、比島《ひとう》とマレーをおとしいれなければ進《すす》めないのだ。マレー作戦《さくせん》・比島作戦《ひとうさくせん》は、そのためにおこなわれたのである。いわば足《あし》がためである。この二つの作戦《さくせん》は順調《じゅんちょう》に発展《はってん》し、東《ひがし》は一月三十日南部《にちなんぶ》フィリピンからアンボン島《とう》に飛行基地《ひこうきち》を進《すす》め、北《きた》は一月《がつ》二十四日《にち》セレベスのケンダリー飛行場《ひこうじょう》に進《すす》み、西《にし》は二月《がつ》十四日《にち》スマトラのパレンバンに足場《あしば》をつくり、三方面《ほうめん》からジャワ全島《ぜんとう》の制空権《せいくうけん》をうばってしまったのであった。

今《いま》は、ジャワ上陸作戦《じょうりくさくせん》を一気《き》にやってのけるだけである。

ジャワ攻略部隊《こうりゃくぶたい》は、前《まえ》にものべたように、今村均中将《いまむらひとしちゅうじょう》のひきいる第《だい》十六軍《ぐん》で、それは第《だい》二・第《だい》三八・第《だい》四八の三個師団《こしだん》と、混成歩兵《こんせいほへい》五六旅団《りょだん》、砲兵《ほうへい》五個大隊《こだいたい》、戦車《せんしゃ》三個連隊《これんたい》、野《や》戦高射砲《せんこうしゃほう》八八門《もん》からなっていた。

このうち三八師団《しだん》は、香港攻略《ホンコンこうりゃく》が終《お》わってから、四八師団《しだん》は、フィリピンからまわされたものである。

このジャワ攻略部隊《こうりゃくぶたい》は、東部《とうぶ》攻略部隊《こうりゃくぶたい》と西部《せいぶ》攻略部隊《こうりゃくぶたい》の二つにわかれ、東部攻《とうぶこう》略部隊《りゃくぶたい》は、四十一せきの輸《ゆ》送船《そうせん》にのりくみ、それを第《だい》四水雷戦隊《すいらいせんたい》が守《まも》って、二月《がつ》十八日仏領《にちふつりょう》インドシナのカムラン湾《わん》を出発《しゅっぱつ》した。

また西部《せいぶ》攻略部隊《こうりゃくぶたい》は、五十六せきの輸《ゆ》送船《そうせん》にのりくんで二月《がつ》十九日《にち》第《だい》五水雷戦《すいらいせん》隊《たい》に守《まも》られて、フィリピン南部《なんぶ》のホロ島《とう》を出発《しゅっぱつ》した。

この二つの大輸《だいゆ》送船団《そうせんだん》を、さらに、高木武雄海軍少将《たかぎたけおかいぐんしょうしょう》のひきいる東方支《とうほうし》援隊《えんたい》が守《まも》った。支《し》援隊《えんたい》は第《だい》五戦隊旗《せんたいき》艦那《かんな》智《ち》（一万《まん》トン重巡《じゅうじゅん》。二〇センチ砲《ほう》一〇門《もん》。一二センチ高角砲《こうかくほう》四。六一センチ魚雷発射管《ぎょらいはっしゃかん》一二。水上偵察機《すいじょうていさつき》二。）羽黒《はぐろ》（那智《なち》と同じ型《かた》。）第《だい》二水雷戦隊《すいらいせんたい》の旗《き》艦神通《かんじんつう》、駆逐艦潮《くちくかんうしお》ほか六せきからなっていた。

これを連合国《れんごうこく》がわがだまって、指《ゆび》をくわえているわけがない。イギリス・オランダ・アメリカの艦隊《かんたい》を集《あつ》めて、連合艦隊《れんごうかんたい》をつくり、日本艦隊《にほんかんたい》と輸《ゆ》送船団《そうせんだん》を、海《かい》底《てい》のもくずにしてやろうと、ねらっていたのである。

その編成《へんせい》は、次《つぎ》のとおりである。

一、アメリカ西南太平洋艦隊《せいなんたいへいようかんたい》（司令長官《しれいちょうかん》グラスフォード少将《しょうしょう》）。重巡《じゅうじゅん》ヒューストン（九、〇五〇トン。二〇センチ砲《ほう》九門《もん》）。軽巡《けいじゅん》マーブルヘッド（七、〇五〇トン）。駆逐艦《くちくかん》五せき。

二、イギリス東洋艦隊《とうようかんたい》（司令長官《しれいちょうかん》リャリー少将《しょうしょう》）。重巡《じゅうじゅん》エクゼター（八、三九〇〇トン。二〇センチ砲《ほう》六門《もん》）。軽巡《けいじゅん》パース（六、九八〇トン。一五センチ砲《ほう》八門《もん》）。駆逐艦《くちくかん》三せき。

三、オランダ蘭印艦隊《らんいんかんたい》（司令長官《しれいちょうかん》ドールマン少将《しょうしょう》）。軽巡《けいじゅん》デ＝ロイテル（六、四五〇トン）、ジャワ（六、六七〇トン）。駆逐艦《くちくかん》三せき。

この連合艦隊《れんごうかんたい》の指揮官《しきかん》は、オランダの蘭印艦隊司令長官《らんいんかんたいしれいちょうかん》ドールマン少将《しょうしょう》が任命《にんめい》され、デ＝ロイテルが、その旗艦《きかん》に選《えら》ばれた。

オランダは、今《いま》でこそ小海軍国《しょうかいぐんこく》であるが、かっては大海軍国《だいかいぐんこく》であった。十六世《せい》紀《き》の末《すえ》（一五八八年《ねん》）スペインの無敵艦隊《むてきかんたい》（アルマダ）が、イギリス艦隊《かんたい》にやぶれると、オランダは、イギリスともうれつに、海上支配権《かいじょうしはいけん》を争《あらそ》った。そして、一六五二年《ねん》から一六七四年《ねん》までの二十二年間《ねんかん》に、三回《かい》の戦争《せんそう》がおこったが、オランダ海軍《かいぐん》は、名提督《めいていとく》マルチン＝フォン＝トロンプやデ＝ロイテルによって、しばしばイギリス海軍《かいぐん》をなやました。

ことに、ロイテル提督《ていとく》は一六六七年《ねん》六月《がつ》、艦隊《かんたい》をひきいてテームズ河《がわ》をさかのぼり、イギリス軍艦《ぐんかん》二せきをとらえ、六十六せきをやきはらい、ロンドンを砲撃《ほうげき》して、ロンドン市民《しみん》をふるえあがらせた。オランダ軍艦《ぐんかん》デ＝ロイテルは、この提督《ていとく》の名《な》を取《と》ったものである。

その後《ご》、オランダは平和《へいわ》な海外発展《かいがいはってん》に力《ちから》をそそぎ、海軍力《かいぐんりょく》をおこたったので、小海軍国《しょうかいぐんこく》となってしまった。しかし、第二次世界大戦《だいじせかいたいせん》がはじまると、蘭印海軍長官《らんいんかいぐんちょうかん》ヘルフリッヒ中将《ちゅうじょう》が、蘭印艦隊《らんいんかんたい》の再建《さいけん》に力《ちから》をそそいだので、その士気《しき》は、なかなかさかんであった。

また、イギリス軍艦《ぐんかん》のエクゼターは、一九三九年《ねん》十二月《がつ》十三日《にち》、大西洋《たいせいよう》や南太平洋《みなみたいへいよう》であばれまわっていた、ドイツの豆戦艦《まめせんかん》グラーフ＝シュペー号《ごう》を、僚艦《りょうかん》のアジャックスとともに大砲戦《たいほうせん》をまじえ、大破《たいは》して、右《みぎ》にかたむきながらも、シュペー号《ごう》を中立国《ちゅうりつこく》ウルガイの港《みなと》のモンテビデオに追《お》いつめた。シュペー号《ごう》は砲塔《ほうとう》を大破《たいは》していたが、十五日港外《にちこうがい》にでて、みずから爆沈《ばくちん》した。

このように、勇気《ゆうき》のある連合国艦隊《れんごうこくかんたい》なので、日本海軍《にほんかいぐん》も油断《ゆだん》はならなかった。

海《うみ》の通《とお》り魔《ま》

スラバヤ沖海戦《おきかいせん》のまえに、一つの小《ちい》さな海戦《かいせん》があった。一月《がつ》二十三日《にち》の夜《よる》、ボルネオのバリクパパン沖《おき》でおこなわれた海戦《かいせん》である。

ジャワ島《とう》には、オランダ海軍《かいぐん》の軍港《ぐんこう》スラバヤがあった。ここは、ボルネオの南《なん》部《ぶ》から、五百《ひゃく》カイリたらずしかはなれておらず、速力《そくりょく》の早《はや》い巡洋艦《じゅんようかん》なら、一日《にち》でいける。

この軍港《ぐんこう》には、オランダ艦隊《かんたい》のほかに、フィリピンからさがってきたアメリカ艦隊《かんたい》の重巡《じゅうじゅん》ヒューストン、軽巡《けいじゅん》マーブルヘッド・ボイス、駆逐艦《くちくかん》フォード・ポープなど六せきもきていて、日本軍《にほんぐん》にひとあわふかせてやろうと、機会《きかい》をまっていた。

その後《ご》、日本《にほん》の輸送船団《ゆそうせんだん》は、ぞくぞく北《きた》セレベスやボルネオ北部《ほくぶ》などに、すがたをあらわしはじめたので、南《みなみ》セレベスのクーパン港《こう》にうつって、えものの近《ちか》づくのをまった。と、一月《がつ》二十日《にち》の朝《あさ》、このアメリカ艦隊《かんたい》に、みみよりな情報《じょうほう》がはいった。日本船団《にほんせんだん》が、ボルネオのタラカンに集《あつ》まっているというニュースである。

「まてば海路《かいろ》のひよりとは、このことだ。フィリピンのあだを思《おも》いきり打《う》てるぞ。」

アメリカ艦隊《かんたい》の乗組員《のりくみいん》たちは、うでをなでて、時節《じせつ》とうらいをよろこんだ。アメリカ海軍《かいぐん》の飛行艇《ひこうてい》は、毎日広《まいにちひろ》い海《うみ》をとんで、日本船団《にほんせんだん》を偵察《ていさつ》した。その偵察機《ていさつき》が一月《がつ》二十三日《にち》の夜明《よあ》けごろ、マカッサル海峡《かいきょう》を、南《みなみ》へ航海《こうかい》している日本船団《にほんせんだん》を発見《はっけん》した。

この日本船団《にほんせんだん》は、西村少将《にしむらしょうしょう》の第《だい》四水雷戦隊《すいらいせんたい》に守《まも》られた十二せきの船団《せんだん》で、ボルネオのバリクパパンを攻略《こうりゃく》する、坂口部隊《さかぐちぶたい》の将兵《しょうへい》がのっていたのである。

アメリカ艦隊《かんたい》はいさみたって、出撃《しゅつげき》しようとした。と、そのときになって、軽《けい》巡《じゅん》マーブルヘッドは、機関《きかん》にこしょうをおこし、同《おな》じくボイスは浅瀬《あさせ》にのりあげて、出港《しゅつこう》できなくなった。しかし、こんな機会《きかい》はめったにない。タルボット中佐《ちゅうさ》は自分《じぶん》の指揮《しき》する駆逐艦《くちくかん》四せきだけで、出撃《しゅつげき》していった。

このアメリカ駆逐艦《くちくかん》四せきは、旧式《きゅうしき》な四本《ほん》えんとつで、日本《にほん》の第《だい》四水雷戦隊《すいらいせんたい》の旗艦《きかん》である那珂《なか》も、また旧式《きゅうしき》の軽巡《けいじゅん》で、四本《ほん》えんとつであった。この四本《ほん》えんとつが、この海戦《かいせん》では大《おお》きく勝敗《しょうはい》に関係《かんけい》するのである。

バリクパパンは、ボルネオ島《とう》の西岸《せいがん》にある油田《ゆでん》地帯《ちたい》で、マカッサル海峡《かいきょう》をへだてて、セレベス島《とう》がある。セレベス島《とう》の南部《なんぶ》には、ケンダリー飛行場《ひこうじょう》があるが、日本軍《にほんぐん》はまだ、占領《せんりょう》していなかった。この海戦《かいせん》に一日《にち》おくれて、一月《がつ》二十四日《にち》に占領《せんりょう》したが、一日《にち》おくれたことも日本軍《にほんぐん》には不利《ふり》であった。

しかしこんなことは、あとから考《かんが》えることであって、西村少将《にしむらしょうしょう》の第《だい》四水雷戦隊《すいらいせんたい》は、二十三日夜《にちよる》十一時半《じはん》、バリクパパンの港《みなと》について、上陸《じょうりく》を開始《かいし》したのである。

オランダ軍《ぐん》が放火《ほうか》したのか、石油工場《せきゆこうじょう》の一部《いちぶ》と石油《せきゆ》タンクがもえはじめ、赤《あか》いほのおは、天《てん》をこがしていた。

水雷戦隊《すいらいせんたい》は、港《みなと》の外《そと》がわを走《はし》りながら、連合国艦隊《れんごうこくかんたい》の夜襲《やしゅう》にそなえていた。水《すい》雷戦隊《らいせんたい》には、船団《せんだん》を守《まも》るため掃海艇《そうかいてい》四せき、哨戒艇《しょうかいてい》三せき、駆潜艇《くせんてい》三せきもくわわっていたが、このうちの駆潜艇《くせんてい》一せきが、
われ怪船《かいせん》を発見《はっけん》す。

と、司令官《しれいかん》へ知《し》らせてきたが、駆潜艇《くせんてい》はすぐにその怪船《かいせん》を見失《みうしな》ってしまった。つづいて、船団《せんだん》の一番南《ばんみなみ》にいた輸送船《ゆそうせん》の敦賀丸《つるがまる》が、

われ魚雷艇《ぎょらいてい》らしきもの一せきをみとむ。

と、知《し》らせてきた。が、まもなく大爆発《だいばくはつ》をおこし、船火事《ふなかじ》になって、沈没《ちんぼつ》してしまった。いつのまにか、オランダの潜水艦《せんすいかん》二せきも、もぐりこんできていたのである。西村司令官《にしむらしれいかん》は、

敵潜水艦《てきせんすいかん》の不意打《ふいう》ちを受《う》けぬよう、全軍警戒《ぜんぐんけいかい》せよ。

と、警告《けいこく》を発《はっ》した。

陸上《りくじょう》では油田《ゆでん》がもえ、港《みなと》では船《ふね》が火事《かじ》をおこし、くらやみの中《なか》にいた日本《にほん》の船団《せんだん》は、この二つの火《ひ》のあかりで、すがたをあらわしてしまった。敵《てき》にとっては、あつらえむきの燈台《とうだい》である。このとき、港《みなと》の外《そと》にせまっていたアメリカ駆逐隊《くちくたい》の司令《しれい》タルボット中佐《ちゅうさ》は、

「魚雷攻撃用意《ぎょらいこうげきようい》。各艦《かくかん》は魚雷《ぎょらい》を発射《はっしゃ》しおわるまで、砲撃《ほうげき》をひかえよ。最善《さいぜん》をつくせ。」

と命令《めいれい》した。アメリカ駆逐隊《くちくたい》はもえる火《ひ》をみて、港外《こうがい》へしのびよってきたのである。

敵艦隊《てきかんたい》の一せきを十五号掃海艇《ごうそうかいてい》がみつけた。南《みなみ》の方《ほう》から、全速力《ぜんそくりょく》で進《すす》んでくる

四本《ほん》えんとつの黒《くろ》いかげである。敵《てき》か味方《みかた》かはっきりしないので、十五号掃海艇《ごうそうかいてい》の艇長《ていちょう》は、

「あれは、旗艦《きかん》の那珂《なか》ではないかな。那珂《なか》によくにている。」

四本《ほん》えんとつだから、そう思《おも》ったのだ。だが、この黒《くろ》いかげこそ、アメリカ駆《く》逐艦《ちくかん》パロットだったのである。敵味方《てきみかた》の両艦《りょうかん》は、三百《びゃく》メートルくらいのきょりをおいて、すれちがった。

「しまった、敵《てき》だ。しかも四せきだ。」

えんとつは四本《ほん》でも、艦《かん》の形《かたち》はちがうのだ。掃海艇《そうかいてい》はただちに、このことを司《し》令官《れいかん》に報告《ほうこく》したが、アメリカ駆逐隊《くちくたい》は、十五号掃海艇《ごうそうかいてい》に魚雷《ぎょらい》をうちこみ、港内《こうない》へもぐりこんだ。このときは、もう、天《てん》をこがす油田《ゆでん》の火事《かじ》も、船火事《ふなかじ》も消《き》えていた。まっさきに輸送船《ゆそうせん》須磨浦丸《すまのうらまる》が槍玉《やりだま》にあがった。

須磨浦丸《すまのうらまる》は、爆雷《ばくらい》と機雷《きらい》を積《つ》んでいたからたまらない。ごうぜん、大音《だいおん》きょうとともに、ごう沈《ちん》してしまった。日本《にほん》の船団《せんだん》はびっくりした。アメリカ駆逐隊《くちくたい》の夜襲《やしゅう》を、しらないから、海底火《かいていか》山《ざん》でも爆発《ばくはつ》したのかとおどろいたのだ。

十六号掃海艇《ごうそうかいてい》がかけつけて行《い》った。その十六号掃海艇《ごうそうかいてい》に砲弾《ほうだん》がとんできた。五、

六本《ぽん》の水柱《みずばしら》がそびえたち、一弾《だん》が命中《めいちゅう》した。

三十七号哨戒艇《ごうしょうかいてい》も、この駆逐艦《くちくかん》を、那珂《なか》だと思《おも》った。油断《ゆだん》をしているところへ、魚雷《ぎょらい》が命中《めいちゅう》し、電源《でんげん》を切《き》ってしまった。敵《てき》だと気《き》づいたときは、どうしようもなく、つづいて、二本《ほん》の魚雷《ぎょらい》を受《う》けて、沈没《ちんぼつ》した。

つづいて、輸送船呉竹丸《ゆそうせんくれたけまる》が沈没《ちんぼつ》し、朝日丸《あさひまる》・球磨川丸《くまがわまる》が損害《そんがい》を受《う》けた。

旗艦那珂《きかんなか》と部下《ぶか》の駆逐艦《くちくかん》が、全速力《ぜんそくりょく》でかけつけてきたときは、この通《とお》り魔《ま》のようなアメリカ駆逐隊《くちくたい》は、はるか南《みなみ》の方《ほう》へたいきゃくちゅうであった。

この海戦《かいせん》で日本《にほん》がわが受《う》けた損害《そんがい》は、次《つぎ》のとおりである。

（オランダ潜水艦《せんすいかん》によるもの。）沈没《ちんぼつ》＝輸送船《ゆそうせん》一せき。

（アメリカ駆逐艦《くちくかん》によるもの。）沈没《ちんぼつ》＝輸送船《ゆそうせん》三せき・哨戒艇《しょうかいてい》一せき、損傷《そんしょう》＝輸送船《ゆそうせん》二せき。

これにくらべて、アメリカがわは、駆逐艦《くちくかん》に一弾《だん》が命中《めいちゅう》、小火災《しょうかさい》をおこし、四人《にん》が死傷《ししょう》しただけであった。

バリ島沖《とうおき》の海戦《かいせん》

さてここで、話《はなし》をスラバヤ沖海戦《おきかいせん》にもどさなければならないが、もう一つバリ島沖海戦《とうおきかいせん》と、ジャワ沖海戦《おきかいせん》にふれておく必要《ひつよう》がある。

二月三日《がつみつか》塚本中将《つかもとちゆうじようし》指揮《き》の第《だい》十一航空艦隊《こうくうかんたい》は、東部《とうぶ》ジャワの、おもな飛行場《ひこうじよう》を空襲《くうしゆう》した。スラバヤ・マランの両飛行場《りようひこうじよう》だけで、打《う》ちやぶった連合国《れんごうこく》の飛行機《ひこうき》は、八十五機《き》にのぼった。

マジウン・マゲタンなどの飛行場《ひこうじよう》をくわえると、百機以上《ひやつきいじよう》になった。ジャワ全島《ぜんとう》には、まだアメリカ・イギリス・オランダの連合国空軍《れんごうこくくうぐん》三百機《びやくき》がいるだろうと、いわれていたが、西部《せいぶ》ジャワは、海軍《かいぐん》の第《だい》二十二航空戦隊《こうくうせんたい》と、陸軍《りくぐん》の第《だい》三飛行集団《ひこうしゆうだん》が、航空撃滅戦《こうくうげきめつせん》をくりかえしおこなっていたので、二月三日《がつみつか》の大《だい》戦果《せんか》で、ジャワにあった連合国《れんごうこく》の航空兵力《こうくうへいりよく》は、半分以下《はんぶんいか》にへってしまった。

この航空撃滅戦《こうくうげきめつせん》のほかに、索敵機《さくてきき》は、毎日連合国艦隊《まいにちれんごうこくかんたい》のいどころをさがして、とびまわっていたが、四日朝《よっかあさ》ジャワ海《かい》カンゲアン島南方《とうなんぽう》三十カイリの海上《かいじよう》で、十数《すう》せきの連合国艦隊《れんごうこくかんたい》を発見《はっけん》したのである。

ちょうど、雨季《うき》だったから、スコールははげしく、スコールのこないときは、大《おお》きな入道雲《にゅうどうぐも》がそそりたっていて、海上《かいじょう》のそうさはむずかしかったのに、これは日本海軍索敵機《にほんかいぐんさくてきき》のてがらであった。

すでにハワイやマレー沖《おき》の海戦《かいせん》で、日本航空部隊《にほんこうくうぶたい》の威力《いりょく》を知《し》っていながら、このとき連合国艦隊《れんごうこくかんたい》は、一機《き》の飛行機《ひこうき》もつけていなかった。

第《だい》二十二航空戦隊《こうくうせんたい》の爆撃機《ばくげきき》・雷撃機《らいげきき》はときをうつさず、出撃《しゅつげき》した。

先頭《せんとう》はオランダのデ＝ロイテルつづいてジャワ、アメリカのヒューストンなど四せきの巡洋艦《じゅんようかん》に、五せきの駆逐艦《くちくかん》が前後《ぜんご》をかためて、えものをもとめて、スラバヤ軍港《ぐんこう》を出《で》てきたのである。

「第《だい》一中隊《ちゅうたい》は一番艦《ばんかん》、第《だい》二中隊《ちゅうたい》は二番艦《ばんかん》を攻撃《こうげき》せよ。」

指揮官《しきかん》はただちに命令《めいれい》した。雷撃機《らいげきき》の第《だい》一回攻撃目標《かいこうげきもくひょう》は、デ＝ロイテルとジャワに向《む》けられた。

連合国艦隊《れんごうこくかんたい》は主砲《しゅほう》も副砲《ふくほう》も高角砲《こうかくほう》も、全砲門《ぜんほうもん》をひらいてうちまくりながら、ジグザグ運動《うんどう》をはじめた。ジャワ海《かい》は海《うみ》があさいので、しずかだった海《うみ》には、白《しろ》い波《なみ》がおこり、白《しろ》い航跡《こうせき》が、青写真《あおじゃしん》の中《なか》の、白《しろ》い線《せん》のようにみえる。

爆撃隊《ばくげきたい》もまた、つっこんで行《い》ったが、あいにくと雲《くも》が多《おお》く命中弾《めいちゅうだん》がすくない。しかも連合国艦隊《れんごうこくかんたい》は煙幕《えんまく》をはって、必死《ひっし》にのがれようとする。そのうえガソリンものこりすくなく、心配《しんぱい》なので、これ以上《いじょう》の攻撃《こうげき》をつづけることはむずかしい。攻撃部隊《こうげきぶたい》はデ＝ロイテルとヒューストンのかんぱんを小破《しょうは》、小火災《しょうかさい》をおこさせただけで、引《ひ》きあげてしまった。

それから、二週間《しゅうかん》めの二月《がつ》十八日《にち》、第《だい》八駆逐隊《くちくたい》の大潮《おおしお》・朝潮《あさしお》・荒潮《あらしお》・満潮《みつしお》の四艦《かん》は輸送船《ゆそうせん》笹子《ささこ》丸《まる》・相模丸《さがみまる》の二せきを守《まも》ってセレベス島《とう》を出発《しゅっぱつ》し、十九日午前《にちご》零《ぜんれい》時《じ》すぎバリ島沖《とうおき》についた。

バリ島《とう》にも飛行場《ひこうじょう》があり、これを手《て》に入《い》れると、日本軍《にほんぐん》のジャワ作戦《さくせん》は、たいへんべんりになるので、バリ島《とう》を占領《せんりょう》するため、陸軍《りくぐん》を送《おく》ってきたのであった。

連合国《れんごうこく》がわは、あらかじめ日本軍《にほんぐん》のバリ島上陸《とうじょうりく》をしっていた。連合国艦隊司令《れんごうこくかんたいしれい》長官《ちょうかん》ドールマン少将《しょうしょう》は、デ＝ロイテル・ジャワ・トロンプなどのオランダ巡洋艦《じゅんようかん》と、アメリカ駆逐艦《くちくかん》合計《ごうけい》十せきをひきいて、大《おお》いそぎで出撃《しゅつげき》し、十九日《にち》の夕方《ゆうがた》、バリ島《とう》とロンボク島《とう》の間《あいだ》にあるロンボク海峡《かいきょう》に近《ちか》づいた。

その日《ひ》、日本《にほん》の船団《せんだん》は、B17に爆撃《ばくげき》されて、荷物《にもつ》をあげるのに苦心《くしん》し、一時船団《せんだん》はきけんにさらされていた。やっとゼロ戦隊《せんたい》がきて、B17をおいはらったので、午後《ごご》八時ごろ陸《りく》あげ作業《さぎょう》を終《お》わった。そこで夕方《ゆうがた》、相模丸《さがみまる》を守《まも》って、荒潮《あらしお》と満潮《みつしお》が先《さき》に帰途《きと》につき、大潮《おおしお》と朝潮《あさしお》は笹子丸《ささこまる》を守《まも》って、午後《ごご》十一時《じ》五十分《ぷん》に出発《しゅっぱつ》した。

するとまもなく、

「敵巡洋艦《てきじゅんようかん》らしき艦影《かんえい》二つ、南方《なんぽう》にみゆ。」

朝潮《あさしお》の見張員《みはりいん》がつげた。

大潮《おおしお》は前《まえ》を警戒《けいかい》して、二、三キロ前進《ぜんしん》していたが、二せきは敵艦《てきかん》と思《おも》われる、前方《ぜんぽう》の艦隊《かんたい》めがけて、つきすすんで行《い》った。

ドールマン少将《しょうしょう》は、自分《じぶん》の艦隊《かんたい》を第《だい》一次《じ》攻撃隊《こうげきたい》と第《だい》二次《じ》攻撃隊《こうげきたい》にわけていたが、いま前方《ぜんぽう》にあらわれた敵艦《てきかん》は、この第《だい》一次《じ》攻撃隊《こうげきたい》のデ゠ロイテルとジャワ、それにオランダ駆逐艦《くちくかん》ピートハイン、アメリカ駆逐艦《くちくかん》フォードとポープの五せきであった。大潮《おおしお》と朝潮《あさしお》は、この大敵《たいてき》へ向《む》かっていどんで行《い》ったのである。

ところが、ドールマン艦隊《かんたい》は、有力《ゆうりょく》な艦隊《かんたい》でありながら、たいしてうちあいもせず、煙幕《えんまく》をはって、海峡《かいきょう》を北《きた》へにげだした。朝潮《あさしお》は、オランダ駆逐艦《くちくかん》ピートハインにやっとおいつき、千《せん》メートルのきょりで、魚雷《ぎょらい》と大砲《たいほう》で攻撃《こうげき》をはじめた。ピートハインも、ものすごくうち出《だ》した。が、朝潮《あさしお》のはなった魚雷《ぎょらい》が命中《めいちゅう》し、ピートハインは、まっかな火柱《ひばしら》をあげて、たちまちほのおに包《つつ》まれて、沈没《ちんぼつ》した。

「敵巡洋艦《てきじゅんようかん》に魚雷命中《ぎょらいめいちゅう》。沈没確実《ちんぼつかくじつ》なり。」

ただちに、これを報告《ほうこく》したが、朝潮《あさしお》はピートハインを、巡洋艦《じゅんようかん》と思《おも》っていたようである。

それから二十分後《ぷんご》、今度《こんど》は連合国艦隊《れんごうこくかんたい》の第《だい》二次《じ》攻撃隊《こうげきたい》が、海峡《かいきょう》にとつにゅうしてきた。アメリカ駆逐艦《くちくかん》スチュワート・パロット・エドワード・ピルスベリーの四せきと、オランダ巡洋艦《じゅんようかん》トロンプの計《けい》五せきである。発見《はっけん》したのは、またも大《おお》潮《しお》と朝潮《あさしお》で、二たい五と勢力《せいりょく》がおとっていながら、よくたたかった。アメリカ駆《く》逐艦《ちくかん》一せきに一発命中《ぱつめいちゅう》させたが、巡洋艦《じゅんようかん》がいるのを見《み》て、それに目標《もくひょう》を変《か》え、砲《ほう》弾《だん》を集中《しゅうちゅう》した。しかし、そのうちに相手《あいて》を、やみの中《なか》に見失《みうしな》ってしまった。

それからまもなく、今度《こんど》はかけつけてきた荒潮《あらしお》と満潮《みつしお》が、第《だい》二次《じ》攻撃隊《こうげきたい》と出会《であ》った。全速《ぜんそく》ですれちがいながら、はげしい砲戦《ほうせん》をはじめたが、満潮《みつしお》は集中攻撃《しゅうちゅうこうげき》を受《う》けて、かま室《しつ》に命中弾《めいちゅうだん》をくらい、乗組員《のりくみいん》の三分《ぶん》の一にものぼる死傷者《ししょうしゃ》をだした。

敵《てき》はあっというまに、ロンボク海峡《かいきょう》を去《さ》ってしまった。

このとき、バリ島《とう》の北《きた》の方《ほう》にいた、日本《にほん》の軽巡長良《けいじゅんながら》と駆逐艦《くちくかん》が急行《きゅうこう》したが、とうとうまにあわなかった。

このバリ島沖海戦《とうおきかいせん》で、日本《にほん》がわは、敵駆逐艦《てきくちくかん》一せきをうちしずめた。連合国《れんごうこく》がわは、満潮《みつしお》を大破《たいは》させて、勝負《しょうぶ》は終《お》わった。二たい五で、しかもすぐれている敵《てき》にいどんだ、日本駆逐艦《にほんくちくかん》の闘志《とうし》はりっぱであった。

艦隊《かんたい》と艦隊《かんたい》の決戦《けっせん》

ちょうど、このバリ島沖《とうおき》の海戦《かいせん》が、おこなわれた二月《がつ》十九日夜《にちよる》から二十日朝《にちあさ》にかけて、ジャワ東部攻略部隊《とうぶこうりゃくぶたい》はカムラン湾《わん》を、西部攻略部隊《せいぶこうりゃくぶたい》はホロ島《とう》を出発《しゅっぱつ》したのであった。

東部攻略部隊《とうぶこうりゃくぶたい》をのせた、第《だい》四十八師団《しだん》の船団《せんだん》四十一せきは第《だい》四水雷戦隊《すいらいせんたい》・第《だい》二・第《だい》九駆逐隊《くちくたい》に守《まも》られて、南《みなみ》シナ海《かい》を横《よこ》ぎり、バラバック海峡《かいきょう》からセレベス海《かい》に出《で》て、さらにマカッサル海峡《かいきょう》を通《とお》っていった。

　そして二十六日朝《にちあさ》、ボルネオの東南《とうなん》ラウト島《とう》の南《みなみ》で、第《だい》五戦隊《せんたい》（司令官高木少《しれいかんたかぎしょう》将《しょう》）の重巡那智《じゅうじゅんなち》・羽黒《はぐろ》、および第《だい》二水雷戦隊《すいらいせんたい》（司令官田中少将《しれいかんたなかしょうしょう》）の軽巡神通《けいじゅんじんつう》ほか駆《く》逐艦《ちくかん》七せきと出会《であ》い、その日《ひ》午後《ごご》五時《じ》三十分《ぷん》、スラバヤ北西《ほくせい》およそ六十カイリの海上《かいじょう》にたっした。

　これよりすこしまえ、海上警戒中《かいじょうけいかいちゅう》であった第《だい》十一航空艦隊《こうくうかんたい》の索敵機《さくてきき》から、

　　敵巡洋艦《てきじゅんようかん》五せき、駆逐艦《くちくかん》六せき、スラバヤの北西《ほくせい》六三カイリ、針路《しんろ》東《ひがし》、速力《そくりょく》一二ノット。

という報告《ほうこく》がはいった。

　日本《にほん》がわの指揮官高木少将《しきかんたかぎしょうしょう》は、西村少将《にしむらしょうしょう》のひきいる第《だい》四水雷戦隊《すいらいせんたい》にたいして、輸送船団《ゆそうせんだん》を北《きた》の方《ほう》へたちのかせ、戦場《せんじょう》をはなれるように命《めい》じた。輸送船団《ゆそうせんだん》がいては思《おも》うままにはたらけないから、足手《あしで》まといの輸送船団《ゆそうせんだん》を、切《き》りはなしたわけである。

　そして、那智《なち》と羽黒《はぐろ》の水上偵察機《すいじょうていさつき》をとばして、連合国艦隊《れんごうこくかんたい》をつきとめ、行動《こうどう》を見《み》守《まも》らせ、戦場《せんじょう》へいそいだ。

　午後《ごご》五時《じ》三十分《ぷん》、敵味《てきみ》方《かた》のきょりは、およそ四十カイリにつまっていた。

五時四十二分《じ》、《ふん》旗艦那智《きかんなち》の見張員《みはりいん》は、

「敵《てき》みゆ。」

と報告《ほうこく》した。しかしそれは、かなたの水平線《すいへいせん》に、ぽつんと黒《くろ》い点《てん》が、望遠鏡《ぼうえんきょう》にうつっただけであった。それはマストであった。

「西方《せいほう》に展開《てんかい》せよ。」

指揮官高木少将《しきかんたかぎしょうしょう》は、全艦隊《ぜんかんたい》に命令《めいれい》した。そのときは、輸送船団《ゆそうせんだん》に駆逐艦《くちくかん》一せきをつけて、戦場《せんじょう》へかけもどった第《だい》四水雷戦隊《すいらいせんたい》も、かなたにすがたを見《み》せていた。

この第《だい》四水雷戦隊《すいらいせんたい》と第《だい》二水雷戦隊《すいらいせんたい》、第《だい》五戦隊《せんたい》は一本《ぽん》のぼうのような形《かたち》になり、西《にし》に進《すす》んだ。

連合国艦隊《れんごうこくかんたい》は、ドールマン少将《しょうしょう》の旗艦《きかん》デ＝ロイテルが先頭《せんとう》で、イギリスのエクゼター・パース、アメリカのヒューストン、オランダのジャワなど、巡洋艦《じゅんようかん》五せきのあとに駆逐艦《くちくかん》九せきがつづいて、同《おな》じく一本《ぽん》ぼうになり、日本艦隊《にほんかんたい》の南《みなみ》を西《にし》へ進《すす》んでいく。

この連合国艦隊《れんごうこくかんたい》は二日前《ふつかまえ》の二十四日《にち》、日本船団《にほんせんだん》の南下《なんか》をしって、出撃《しゅつげき》してきたのであったが、日本船団《にほんせんだん》はみつからず、日本機《にほんき》からもうれつな爆撃《ばくげき》を受《う》けたのだ。

そして、二十六日《にち》一度《ど》スラバヤへ引《ひ》き返《かえ》したが、オランダ海軍長官《かいぐんちょうかん》ヘルフリッヒ中将《ちゅうじょう》が、

「敵《てき》はバウェアン島西方《とうせいほう》二十カイリにあり、ただちに攻撃《こうげき》せよ。」

と命令《めいれい》したので、燃料《ねんりょう》もつぎたさないで、そうそうに出撃《しゅつげき》してきたのであった。

しかし、悪《わる》いことに、連合国軍《れんごうこくぐん》はジャワ島《とう》があぶなくなると、イギリス陸軍部《りくぐんぶ》隊《たい》はウェーベル元帥《げんすい》とともに、インドに引《ひ》きあげ、アメリカのアジア艦隊司令長《かんたいしれいちょう》官《かん》ハート大将《たいしょう》も、本国《ほんごく》へかえり、アメリカ航空部隊《こうくうぶたい》も、インドにうつりつつあった。

こうして、太平洋戦争《たいへいようせんそう》がはじまっていらい、はじめてであり、また最後《さいご》でもある艦隊《かんたい》と艦隊《かんたい》の決戦《けっせん》になったのである。

この艦隊決戦《かんたいけっせん》は連合国《れんごうこく》がわに強《つよ》みがあった。重巡《じゅうじゅん》二せきと軽巡《けいじゅん》三せきであるのにくらべ、日本艦隊《にほんかんたい》は重巡《じゅうじゅん》二せき、軽巡《けいじゅん》二せきだからである。

しかし、日本《にほん》がわには、那智《なち》と羽黒《はぐろ》の艦載機《かんさいき》があり、それが砲弾《ほうだん》が命中《めいちゅう》したかどうかを知《し》らせるので、力《ちから》からいえば、五分《ぶ》と五分《ぶ》ということもできる。

午後《ごご》五時《じ》四十五分《ふん》。熱帯《ねったい》の大空《おおぞら》は、まだ太陽《たいよう》が高《たか》い。きらりと強《つよ》い光《ひかり》が、水平《すいへい》

線《せん》でひらめいた。三番艦《ばんかん》ヒューストンが発砲《はっぽう》したようだ。つづいてまたぴかり、今度《こんど》は二番艦《ばんかん》エクゼターである。この二艦《かん》は二十センチ砲《ほう》をもっていた。

「うちかたはじめ。」

那智《なち》と羽黒《はぐろ》も、うちはじめた。敵味方《てきみかた》のきょりは、二万二千《まんせん》メートルである。主砲《しゅほう》がうちだされてから、一分《ぷん》ぐらいたたないと、砲弾《ほうだん》は敵艦《てきかん》へとどかない。ヒューストンからうちだした砲弾《ほうだん》は、三千《ぜん》メートルも前《まえ》に、白《しろ》い大《おお》きな水柱《みずばしら》をあげた。

しかし、この敵弾《てきだん》は、だんだん近《ちか》づいてきて、羽黒《はぐろ》・那智《なち》両艦《りょうかん》のまわりに赤《あか》・白《しろ》・青《あお》の大《おお》きな水柱《みずばしら》をたてはじめた。砲弾《ほうだん》に色《いろ》がついていて、これで、たまのあたりぐあいをなおすのだ。敵味方《てきみかた》の砲戦《ほうせん》は、いよいよはげしくなってきた。連合《れんごう》国艦隊《こくかんたい》は、デ＝ロイテルもパースも、うち出《だ》していた。

このとき、西村少将《にしむらしょうしょう》のひきいる第《だい》四水雷戦隊《すいらいせんたい》が、波《なみ》をけたてて、敵艦隊《てきかんたい》へつきすすんで行《い》った。

連合国艦隊《れんごうこくかんたい》の旗艦《きかん》デ＝ロイテルは、命中弾《めいちゅうだん》を受《う》けたが、これはおしくも不発《ふはつ》であった。

「敵《てき》、変針《へんしん》します。」

見張員《みはりいん》がさけんだ。日本艦隊《にほんかんたい》の砲弾《ほうだん》をさけるため、艦首《かんしゅ》を右《みぎ》に向《む》け、左《ひだり》に向《む》けしているのだ。

魚雷発射《ぎょらいはっしゃ》はじめ。

旗艦《きかん》那智《なち》のマストに、旗信号《はたしんごう》があがった。

那智《なち》が四本《ほん》、羽黒《はぐろ》が八本発射《ほんはっしゃ》した。日本海軍《にほんかいぐん》の魚雷《ぎょらい》は、世界《せかい》にほこる九一式《しき》サンソ魚雷《ぎょらい》であった。外国《がいこく》の魚雷《ぎょらい》は、空気魚雷《くうきぎょらい》であったが、日本《にほん》のは、空気《くうき》のかわりにサンソをつかったもので、ひみつの兵器《へいき》であった。

魚雷《ぎょらい》の先祖《せんぞ》はイギリスであり、先進国《せんしんこく》としてほこっていたが、そのイギリスが、太平洋戦争中《たいへいようせんそうちゅう》に日本魚雷《にほんぎょらい》のすばらしい威力《いりょく》におどろいているくらいだ。戦争《せんそう》が終《お》わってまもなくイギリスは、ストーン大佐《たいさ》を団長《だんちょう》に魚雷調査団《ぎょらいちょうさだん》を日本《にほん》にやり、サンソ魚雷《ぎょらい》のなぞをとこうとして、呉工廠《くれこうしょう》で実験《じっけん》させた。

きょり二〇、〇〇〇メートル、速力《そくりょく》四〇ノット、深度《しんど》五メートルで発射《はっしゃ》されたサンソ魚雷《ぎょらい》はみごと一発《ぱつ》で的《まと》に命中《めいちゅう》し、大《おお》きな水柱《みずばしら》をあげた。

「これはおどろいた。イギリスは、魚雷《ぎょらい》では完全《かんぜん》に日本《にほん》にかぶとをぬいだ。」

ストーン大佐《たいさ》はしたをまいていった。

こころみに、日本《にほん》の魚雷《ぎょらい》と、イギリス・アメリカの魚雷《ぎょらい》をくらべると、速力《そくりょく》五〇ノットで、二二、〇〇〇メートル走《はし》り、三ばいの威力《いりょく》をもっていた。はたせるかな、オランダ駆逐艦《くちくかん》コルテノールは、サンソ魚雷《ぎょらい》をくらって、ごう沈《ちん》した。大《たい》気《き》をふるわせる大爆発《だいばくはつ》であった。

また、イギリス軍艦《ぐんかん》エクゼターは羽黒《はぐろ》の砲弾《ほうだん》を受《う》けて、高角砲台《こうかくほうだい》をスポンとぬかれ、さらにそれが火薬庫《かやくこ》に落《お》ちて、一部《ぶ》の火薬《かやく》が爆発《ばくはつ》し、大損害《だいそんがい》をこうむった。

サンソ魚雷《ぎょらい》の凱歌《がいか》

エクゼターは速力《そくりょく》が落《お》ちたので、戦列《せんれつ》をはなれるため、左《ひだり》にまわった。するとつづいて、走《はし》っていたヒューストンとパースは、それがドールマン提督《ていとく》の命令《めいれい》だと思《おも》い、エクゼターにつづいて、左《ひだり》にまわったので、デ＝ロイテルだけが、日本《にほん》軍《ぐん》のもうれつな砲弾《ほうだん》をあびる結果《けっか》となった。

「全軍突撃《ぜんぐんとつげき》せよ。」

高木少将《たかぎしょうしょう》は隊形《たいけい》のくずれた敵《てき》を、ここぞと追《お》いはじめた。が、エクゼターは、イギリス駆逐艦《くちくかん》三せきに煙幕《えんまく》をはらせ、米艦《べいかん》ヒューストンが、勇《ゆう》かんにこれを助《たす》け、日本軍《にほんぐん》の攻撃《こうげき》をくいとめたので、スラバヤ港《こう》へにげこむのに成功《せいこう》した。ドールマン提督《ていとく》は、むきずの巡洋艦《じゅんようかん》を集《あつ》めて、陣容《じんよう》をたてなおした。ふたたび激戦《げきせん》がくりひろげられた。

このとき、一番前《ばんまえ》に突撃《とつげき》していったのは、第《だい》四水雷戦隊《すいらいせんたい》である。ヒューストンは旗艦那珂《きかんなか》を、旧式巡洋艦《きゅうしきじゅんようかん》とあなどってか、集中砲火《しゅうちゅうほうか》をあびせた。那珂《なか》のまわりには、大《おお》きな水柱《みずばしら》が立《た》ちならんだ。

那珂《なか》の奮戦《ふんせん》に勇気《ゆうき》づけられた駆逐隊《くちくたい》は、さらに突進《とっしん》した。駆逐艦《くちくかん》の大砲《たいほう》は小《ちい》さいから、近《ちか》よらなければ、ききめがなかった。

このとき、西村戦隊《にしむらせんたい》の朝雲《あさぐも》と峯雲《みねぐも》は、きょり六千《せん》メートルで、イギリス駆逐艦《くちくかん》二せきとわたり合《あ》った。反航戦《はんこうせん》（すれちがいながら、うちあう。）で、敵味方《てきみかた》のきょりは、五千《せん》メートルから四千《せん》メートルにちぢまった。

朝雲《あさぐも》に十二センチ砲弾《ほうだん》が命中《めいちゅう》した。それは機関部《きかんぶ》だったので蒸気《じょうき》がもれ、あたりには、もうもうたる熱気《ねっき》があふれた。何人《なんにん》かの機関兵《きかんへい》は、蒸気《じょうき》でやけどをしてたおれた。しかも、電気《でんき》が通《つう》じなくなったのか、砲塔《ほうとう》が動《うご》かない。

「うむ、ざんねんだ。」

「ぐずぐずするな。電気《でんき》が通《つう》じなきゃあ、みんなの力《ちから》で動《うご》かせ。」

兵隊《へいたい》たちは、わっしょい、わっしょいとすずなりに砲身《ほうしん》にぶらさがって、動《うご》かしはじめた。このさかんな攻撃精神《こうげきせいしん》は、砲塔《ほうとう》づきの兵隊《へいたい》ばかりではなかった。さっきの敵弾《てきだん》にきずついた負傷兵《ふしょうへい》まで、たまはこびをやり、熱病《ねつびょう》でねていた兵隊《へいたい》まできてきて、

「おれにも、やらせてくれ。」

と、走《はし》りまわったのだ。

朝雲《あさぐも》はすぐに、イギリス駆逐艦《くちくかん》エレクトラに、お返《かえ》しをした。エレクトラは機《き》関《かん》のかまをやられて、航行《こうこう》できなくなってしまった。マレー沖海戦《おきかいせん》でプリンス＝オブ＝ウェールズの沈没《ちんぼつ》を見《み》とどけた、この駆逐艦《くちくかん》も、かっての旗艦《きかん》と、同《おな》じ運《うん》命《めい》をたどらなければならなかった。艦長《かんちょう》メイ中佐《ちゅうさ》は、

「総員《そういん》、退艦《たいかん》せよ。」

と、命令《めいれい》をくだし、乗組員《のりくみいん》たちが、海《うみ》へとびこむのを見《み》ると手《て》をふって、別《わか》れの

あいさつをした。エレクトラは、艦長《かんちょう》をのせたまましずんで行《い》った。

すでにあたりは、夕《ゆう》やみがこくなっていた。高木少将《たかぎしょうしょう》は、部下《ぶか》の全艦《ぜんかん》に集合《しゅうごう》せよと命令《めいれい》した。このままおしきって、もうれつに追撃《ついげき》したら、大勝《たいしょう》したかもしれない。が、打《う》ちもらした敵艦《てきかん》は多《おお》く、もし、この敵艦《てきかん》が夜《よる》にまぎれて、日本船団《にほんせんだん》をおそった場合《ばあい》を考《かん》えると、ひとまず戦闘《せんとう》を中止《ちゅうし》したほうがよいと判断《はんだん》したのであろう。

すると、午後《ごご》八時《じ》五十五分《ふん》ごろ、とつぜん、強《つよ》い青白《あおじろ》い光《ひかり》が、那智《なち》と羽黒《はぐろ》の上空《じょうくう》をてらしだした。連合国艦隊《れんごうこくかんたい》から、うちだされた照明弾《しょうめいだん》であった。いつのまにか、敵艦隊《てきかんたい》はしのびよっていたのである。といっても、きょりは一万《まん》五、六千《せん》メートルはあろう。はたして、つづいてとんできた砲弾《ほうだん》は、那智《なち》の二千《せん》メートル前方《ぜんぽう》に落下《らっか》したのであった。

那智《なち》と羽黒《はぐろ》は、くらやみの中《なか》にのがれたが、どうしたわけか、連合艦隊《れんごうかんたい》は、それ以上攻撃《いじょうこうげき》してこなかった。

明《あ》けて、二十八日午前零時《にちごぜんれいじ》三十三分《ぷん》。

「敵《てき》らしき艦影《かんえい》四せき、左《ひだり》三十度《ど》にみえます。」

那智《なち》の見張員《みはりいん》が、声高《こえたか》く報告《ほうこく》した。

「配置《はいち》につけ。」

けたたましいラッパの音《おと》がなりわたった。ねむっていた将兵《しょうへい》は、いっせいにはねおきて、自分《じぶん》の持《も》ち場《ば》についた。

海《うみ》は、うす明《あか》るい月光《げっこう》をあびてかがやき、夜目《よめ》にもはっきりと、巡洋艦《じゅんようかん》四せきが、白波《しらなみ》をけって、近《ちか》づいてくるのが見《み》える。

連合国艦隊《れんごうこくかんたい》の駆逐艦《くちくかん》のうち、アメリカ駆逐艦《くちくかん》四せきは燃料《ねんりょう》が不足《ふそく》してきたので、スラバヤにかえり、イギリス駆逐艦《くちくかん》ジュピターは、味方《みかた》の機雷《きらい》にふれて、爆沈《ばくちん》し、エンカウンターは、昼《ひる》の戦《たたか》いでしずんだオランダ駆逐艦《くちくかん》の乗組員《のりくみいん》が、波《なみ》のまにまに泳《およ》いでいるのを見《み》つけて、それの救助作業《きゅうじょさぎょう》にあたり、連合国艦隊《れんごうこくかんたい》は駆逐艦全部《くちくかんぜんぶ》を手《て》ばなしてしまったのであった。そのため、かれらは、巡洋艦《じゅんようかん》デ＝ロイテル・ジャワ・ヒューストン・パースの四艦《かん》だけで出撃《しゅつげき》してきたのである。

「砲雷同時戦《ほうらいどうじせん》、用意《ようい》。」

旗艦《きかん》那智《なち》の司令部《しれいぶ》にいる高木少将《たかぎしょうしょう》は、今度《こんど》こそ打《う》ちほろぼしてやろうと、世界《せかい》にほこるサンソ魚雷《ぎょらい》を、この夜戦《やせん》にもつかうことを決心《けっしん》した。

「おもかじ、反転《はんてん》。」

那智《なち》は、敵前《てきぜん》で大《おお》きく、百《ひゃく》八十度《ど》に向《む》きを変《か》えた。二番艦《ばんかん》羽黒《はぐろ》がそれにつづく。

連合国艦隊《れんごうこくかんたい》は、すでに砲門《ほうもん》をひらいていた。砲弾《ほうだん》にまじって照明弾《しょうめいだん》も夜空《よぞら》をとびかい、夜戦《やせん》の砲火《ほうか》は、すさまじくもまたうつくしかった。

「右魚雷戦《みぎぎょらいせん》、用意《ようい》。」

水雷長堀江大尉《すいらいちょうほりえたいい》の顔《かお》が、きゅっと引《ひ》きしまった。

「水雷長《すいらいちょう》、落《お》ち着《つ》いてよくねらえよ。」

高木少将《たかぎしょうしょう》が注意《ちゅうい》をあたえた。それというのも昼《ひる》の戦《たたか》いで、ちょっと失敗《しっぱい》があったからだ。

高木指揮官《たかぎしきかん》は魚雷戦《ぎょらいせん》を命《めい》じ、羽黒《はぐろ》からはすぐに、準備《じゅんび》ができたことを知《し》らせてきた。だが那智《なち》では、まだ準備《じゅんび》ができなかった。

「水雷長《すいらいちょう》、まだできないか。」

先任参謀《せんにんさんぼう》があせって、水雷長堀江大尉《すいらいちょうほりえたいい》をさいそくした。堀江大尉《ほりえたいい》はさけんだ。

「そくしべん、ひらけ。」

そくしべんというのは、魚雷発射管《ぎょらいはっしゃかん》のふたのようなものである。ところが、下《した》

の方《ほう》からは、

「そくしべんひらきません。」

と答《こた》えてくる。先任参謀《せんにんさんぼう》は、

「水雷長《すいらいちょう》、発射用意《はっしゃようい》はまだか。」

「そくしべんひらけ、いそげ。」

水雷長《すいらいちょう》は、またどなる。

「そくしべんひらきません。」

発射管《はっしゃかん》の係《かかり》の下士官《かしかん》は、あせみどろになって、そくしべんをひらこうとするが、ひらかない。

敵《てき》の砲弾《ほうだん》は、ようしゃもなくふりそそいでくる。ぐずぐずしてはいられない。

「発射《はっしゃ》はじめ。」

たまりかねた先任参謀《せんにんさんぼう》は、那智不発《なちふはつ》のまま、羽黒《はぐろ》から魚雷《ぎょらい》を発射《はっしゃ》したのだった。

あとで調《しら》べてみると、係《かかり》の下士官《かしかん》はあがってしまい、いっぱいにひらいたそくしべんを、さらにひらこうとして、まわしていたのだとわかった。戦場《せんじょう》では、このような失敗《しっぱい》はよくある。それはやはり、あがってしまうからだが、水雷長《すいらいちょう》は面目《めんもく》を失《うしな》ってしまった。

しかし、今度《こんど》はよかった。それに昼《ひる》の戦《たたか》いで発射《はっしゃ》しなかったので、魚雷《ぎょらい》は羽黒《はぐろ》よりたくさんある。羽黒《はぐろ》は、四本《ほん》しか発射《はっしゃ》できなかったが、那智《なち》は八本《ほん》を発射《はっしゃ》した。

連合国艦隊《れんごうこくかんたい》は、まだ日本艦隊《にほんかんたい》の魚雷発射《ぎょらいはっしゃ》に気《き》がつかない。那智《なち》と羽黒《はぐろ》は、魚雷《ぎょらい》を命中《めいちゅう》させるために、気《き》のない主砲戦《しゅほうせん》をつづけながら、魚雷《ぎょらい》の命中《めいちゅう》をまった。

五分《ふん》、六分《ぷん》、十分《ぷん》、十三分《ぷん》――。かなたでぴかりと光《ひか》ったかと思《おも》うと、まっかな火柱《ひばしら》があがった。一番艦《ばんかん》デ＝ロイテルが、大爆発《だいばくはつ》をおこしたのだ。つづいて、四番艦《ばんかん》ジャワが火《ひ》の手《て》をあげて、沈没《ちんぼつ》した。連合国艦隊指揮官《れんごうこくかんたいしきかん》ドールマン少将《しょうしょう》は、
貴艦《きかん》たちは、デ＝ロイテルとジャワの救助《きゅうじょ》をなすにおよばず、バタビヤに向《む》かわれたし。

と、無電《むでん》を打《う》って、旗艦《きかん》とともに、ジャワ海《かい》の波間《なみま》に消《き》えていった。

じつに、みごとなサンソ魚雷《ぎょらい》の威力《いりょく》であった。沈没《ちんぼつ》した軍艦《ぐんかん》からは、重油《じゅうゆ》が海面《めん》にながれてただよい、それに火《ひ》がついて、えんえんとほのおは、あたりをてらしている。何《なに》か地《じ》ごくの火《ひ》を思《おも》わせる、無気味《ぶきみ》な光景《こうけい》であった。

このとき日本艦隊《にほんかんたい》が、もうれつに突撃《とつげき》して、もっと攻撃《こうげき》をつづけていたら、連《れん》合国艦隊《ごうこくかんたい》をぜんめつさせることが、できたかもしれないが、すでに敵《てき》ののこりの艦隊《かんたい》は、やみの中《なか》にすがたを消《け》していた。

この海戦《かいせん》であげた、日本艦隊《にほんかんたい》の戦果《せんか》は、巡洋艦《じゅんようかん》二せきを打《う》ちしずめ、一せきを大破《たいは》、駆逐艦《くちくかん》二せきを打《う》ちしずめるという、かがやかしいものであった。これにたいし、日本艦隊《にほんかんたい》は駆逐艦朝雲《くちくかんあさぐも》が大破《たいは》し、立往生《たちおうじょう》したていどで、一方的《ぽうてき》な大勝利《だいしょうり》であった。

これも、サンソ魚雷《ぎょらい》の力《ちから》におうところが大《おお》きいのである。魚雷《ぎょらい》は、エンジンを動《うご》かすために、石油《せきゆ》をつかっていた。石油《せきゆ》をもやすものは、空気中《くうきちゅう》のサンソであるが、この空気《くうき》を日本《にほん》の魚雷《ぎょらい》は、サンソに変《か》えたのである。それは空気《くうき》よりも、サンソがよくもえるからである。もちろん、魚雷《ぎょらい》にサンソをつかうことは、魚雷《ぎょらい》が兵器《へいき》として取《と》りあげられた明治初年《めいじしょねん》から、各国《かっこく》で考《かんが》えられていたにちがいない。

しかしこれには、きけんがあった。じゅんすいのサンソは爆発物《ばくはつぶつ》であるからだ。サンソのそばで、火《ひ》をもてあそんだらたちまち爆発《ばくはつ》して、人間《にんげん》などふっとばしてしまう。それだけの威力《いりょく》をもっているから、あぶないのである。

イギリスやドイツ、アメリカの海軍《かいぐん》では、この研究《けんきゅう》で大《おお》ぜいの実験員《じっけんいん》を、何度《なんど》も死《し》なせたので、ついにサンソ魚雷《ぎょらい》を、作《つく》るのをあきらめてしまった。だけど日《に》本《ほん》の海軍《かいぐん》は、もくもくと研究《けんきゅう》をつづけ、とうといぎせい者《しゃ》を出《だ》したけれども、ついに成功《せいこう》して、実戦《じっせん》につかえるようにしたのである。

ともあれ、このスラバヤ沖海戦《おきかいせん》の勝利《しょうり》は、サンソ魚雷《ぎょらい》の勝利《しょうり》といっても、よいくらいであった。

しかし、この海戦《かいせん》のため、陸軍《りくぐん》の上陸部隊《じょうりくぶたい》は、上陸《じょうりく》を一日《にち》のばし、三月《がつ》一日《にち》に、第《だい》四十八師団《しだん》と坂口部隊《さかぐちぶたい》は、スラバヤの西方《せいほう》にあるクラガン付近《ふきん》に敵前上陸《てきぜんじょうりく》した。

そして四十八師団《しだん》は、三月六日《がつむいか》午後《ごご》六時《じ》、スラバヤを占領《せんりょう》し、また坂口部隊《さかぐちぶたい》は、スラカルタ・ジョクジャカルタ・スマランと進撃《しんげき》し、八日《ようか》には要港《ようこう》チラチャップを占領《せんりょう》したのである。

■もっと知りたい⑧■

こうして酸素魚雷は海軍「三種の神器」になった

ジャワ島には当時のオランダ領東インドの首都バタビアがありました。現在の地名でいえば、インドネシアのジャカルタです。

このジャワ島上陸作戦において注目すべきは、この過程で起きた海戦です。

ジャワ海戦は、大別すると四度の海戦で構成されています。一月二十四日のバリクパパン海戦、二月二十日のバリ島沖海戦、二月二十七日のスラバヤ沖海戦、そして三月一日のバタビア沖海戦ですね。しかしバリクパパン海戦については、アメリカ・オランダ軍がほぼ無傷なのに対して、日本軍は輸送船四隻、哨戒艇一隻を失う敗北を喫したために、昭和十七年当時は発表されませんでした。

太平洋戦争ではいくつもの海戦が繰り広げられましたが、このジャワ海戦には特異な点があります。

じつは太平洋戦争においては、海戦とはいえども、目覚しい戦果を上げ、勝負の帰趨を決するのは航空機爆撃の成果でした。ところが、この海戦では敵味方双方の巡洋艦が華々しく大砲を撃ちあう大規模な戦闘が展開されたことが特筆すべき点の一つです。それも停泊中ではなく、航行しながらの砲撃戦を繰り広げたのは、太平洋戦争の中でも、この海戦くらいです。

そして、その大砲が互いにほとんど命中せず、魚雷が大きな役割を果たしたというのが二点目です。

この海戦で活躍した魚雷は日本海軍の酸素魚雷です。これは列強諸国に先立って日本が昭和八年に開発に成功します。いわばメイド・イン・ジャパンの最先端兵器で、射程距離は二万メートルと一般的な魚雷の数倍もあります。それまでの魚雷は、日露戦争時の日本海海戦では水雷艇が放ったように、敵艦と数百メートルくらいに肉薄した間合いで効果を発揮する兵器でしたが、この酸素魚雷の登場によって長距離での攻撃が可能になったのです。

従来の魚雷は、圧縮空気で発射させるので、魚雷が海中を走ると、空気中の窒素が水泡となって噴出されました。そのため、海中を進む魚雷の軌道が、水面に浮かび上がる水泡の軌道から敵に見つかってしまうという欠点もありました。酸素魚雷は、その点も解消されているので、敵に見つかる恐れもないのです。

日本海軍にとって、この酸素魚雷に加えて零式戦闘機、中型攻撃機が三種の神器ともいうべき主力兵器でした。そして、こうした兵力の登場によって、海上での戦い方は格段に変化したのです。　（半藤一利）

9　ジャワ平定戦

バタビヤ沖海戦《おきかいせん》

よく晴《は》れあがった空《そら》には、満月《まんげつ》に近《ちか》い月《つき》がのぼって、バンタム湾《わん》を明《あか》るくてらしていた。

湾内《わんない》には、パンジャン島《とう》と、バービー島《とう》、そのほかいくつかの小島《こじま》があったが、それには、海《うみ》からあがるうすいもやがかかって、すみ絵《え》のようにうつくしいかげをつくっていた。

昭和《しょうわ》十七年《ねん》（一九四二年《ねん》）二月《がつ》二十八日《にち》の深夜《しんや》、日本《にほん》の輸送船団《ゆそうせんだん》五十六せきは、このバンタム湾《わん》にしんにゅうし、三月《がつ》一日午前零時《にちごぜんれいじ》を期《き》して、上陸《じょうりく》を開始《かいし》したのである。

そのとき、とつぜんに船団《せんだん》のま上《うえ》に、ぱっとまっかな照明弾《しょうめいだん》が打《う》ちあげられた。あたりは、ま昼《ひる》のように明《あか》るくなり、船団《せんだん》のすがたを、さらけ出《だ》した。つづいて、青《あお》・白《しろ》の二色《しょく》の照明弾《しょうめいだん》が打《う》ちあげられ、砲弾《ほうだん》もはれつしはじめた。

「敵《てき》だ。」

上陸《じょうりく》をはじめたばかりの日本船団《にほんせんだん》はあわてふためいた。上陸開始《じょうりくかいし》まもないときで、戦闘準備《せんとうじゅんび》はできていない。ことに陸軍《りくぐん》の兵隊《へいたい》は、海戦《かいせん》はにがてなのだ。

「陸《りく》にあがれば、こっちのものだが、船《ふね》の上《うえ》じゃ、どうしようもないな。」

「よりによって、こんなところをおそうとは、敵《てき》も死《し》にものぐるいなんだなあ。」

「いまに、ひとあわふかせてやるさ。」

兵隊《へいたい》たちは、口《くち》ぐちにがやがやいっては、照明弾《しょうめいだん》にてらしだされた海上《かいじょう》を、みつめている。

と、佐倉丸《さくらまる》がごうぜんと、大音《だいおん》きょうをたてて、爆発《ばくはつ》し、赤《あか》い火柱《ひばしら》をあげたかとみるまに、海《うみ》にのまれてしまった。ごう沈《ちん》であった。

「ちきしょう、敵艦《てきかん》は、どこからうっているのだ。」

たしかに艦砲射撃《かんぽうしゃげき》と思《おも》われるが、その敵艦《てきかん》は、見《み》えなかった。それもそのはずである。連合国艦隊《れんごうこくかんたい》生きのこりの、アメリカ重巡洋艦《じゅうじゅんようかん》ヒューストンと、イギリス軽巡洋艦《けいじゅんようかん》パースの二艦《かん》が、バンタム湾《わん》の東水道《ひがしすいどう》を、ネコのようにしのびよってきて、それぞれ二〇センチと、一五センチの主砲《しゅほう》をあびせてきたのである。

ヒューストンの艦長《かんちょう》ルックス大佐《たいさ》は、勇《ゆう》かんであった。ヒューストンは、二月《がつ》四日《よっか》、ジャワ航空撃滅戦《こうくうげきめっせん》のとき、ジャワ海《かい》カンゲアン島南方《とうなんぽう》三十カイリの海上《かいじょう》で、日本海軍航空隊《にほんかいぐんこうくうたい》の攻撃《こうげき》を受《う》け、後《うし》ろの砲塔《ほうとう》に爆弾《ばくだん》が命中《めいちゅう》し、三連装《れんそう》の二十センチ砲《ほう》は、破《は》壊《かい》されていた。

それでいながら、スラバヤ沖海戦《おきかいせん》にも、デ＝ロイテル・エクゼターなどといっしょに奮戦《ふんせん》したのだ。そのときは、前《まえ》の方《ほう》の二砲塔《ほうとう》六門《もん》でたたかったのであった。そしてそのときも、日本海軍《にほんかいぐん》の砲弾《ほうだん》をあびているのだが、スラバヤ沖海戦《おきかいせん》のあと、バタビヤへ入港《にゅうこう》すると、息《いき》をつくひまもなく、イギリスの軽巡《けいじゅん》パース、オランダの駆逐艦《くちくかん》エベルツエンをひきいて、出港《しゅっこう》したのであった。重油《じゅうゆ》と砲弾《ほうだん》をすこし積《つ》んだだけで、水《みず》や食料品《しょくりょうひん》を積《つ》むひまもないほどあわただしかった。というのも、連合国《れんごうこく》のジャワ島防衛司令部《とうぼうえいしれいぶ》は、

「ヒューストン艦長《かんちょう》は、英艦《えいかん》パースをあわせて指揮《しき》し、チラチャップへ回航《かいこう》せよ。」

と命《めい》じたからであった。

チラチャップ港《こう》は、ジャワ海《かい》の反対《はんたい》がわ、インド洋《よう》にあるジャワ島《とう》の要港《ようこう》である。司令部《しれいぶ》はここで、インド洋《よう》にある連合国《れんごうこく》の船《ふね》を、守《まも》らせる目的《もくてき》であった。

チラチャップに行《い》くには、スンダ海峡《かいきょう》を通《とお》っていくのが近《ちか》いし、日本艦隊《にほんかんたい》に出《で》会《あ》うきけんもすくないと思《おも》われた。そこでヒューストンは、パースとエベルツェンをひきいて、出発《しゅっぱつ》したのだが、バンタム湾《わん》の入《い》り口《ぐち》にかかると、かなたに、たくさんの日本輸送船団《にほんゆそうせんだん》がひしめき、上陸《じょうりく》の準備《じゅんび》をしているのを発見《はっけん》した。

輸送船団《ゆそうせんだん》がいる所《ところ》には、かならず艦隊《かんたい》がつきそっている。輸送船団《ゆそうせんだん》を攻撃《こうげき》することは、虎穴《こけつ》にはいって虎児《こじ》を得《う》るのと同《おな》じようにきけんなことだ。が、ルックス艦長《かんちょう》は、

「なぐりこめ。」

と、命令《めいれい》したのだ。しかし、日本《にほん》の艦隊《かんたい》は、ヒューストンを見《み》のがしていたわけではなかった。

西部《せいぶ》ジャワ攻略部隊《こうりゃくぶたい》の第《だい》二師団《しだん》と、第《だい》十六軍司《ぐんし》令官今村均中将《れいかんいまむらひとしちゅうじょう》（のち大将《たいしょう》）をのせた五十六せきの船団《せんだん》は、陸軍《りくぐん》の第《だい》三飛行集団《ひこうしゅうだん》と、海軍《かいぐん》の第《だい》七戦隊《せんたい》の一艦《かん》（重巡最上《じゅうじゅんもがみ》と三隈《みくま》）および駆逐艦《くちくかん》五せき、第《だい》五水雷戦隊《すいらいせんたい》（軽巡名取《けいじゅんなとり》と駆逐艦《くちくかん》七せき）に守《まも》られていた。二月《がつ》二十八日夜《にちよる》バンタム湾《わん》についたが、これを守《まも》る艦隊《かんたい》は、湾《わん》の入《い》り口《ぐち》から外《そと》がわに向《む》かって、ただちに警戒《けいかい》をはじめたのであった。

バンタム湾《わん》の東《ひがし》の入《い》り口《ぐち》を警戒《けいかい》していたのは、第《だい》十一駆逐隊《くちくたい》の吹雪《ふぶき》であった。吹雪《ふぶき》はビマ島東方《とうとうほう》から、黒《くろ》いかげとなって走《はし》ってくるヒューストンと、パースを見《み》つけた。

敵巡洋艦《てきじゆんようかん》らしきもの、二せきみゆ。

電信員《でんしんいん》に報告《ほうこく》させながら、もうれつなスピードで、あとを追《お》った。敵艦《てきかん》の行《ゆ》く手《て》には、味方《みかた》の船団《せんだん》五十四せきがいかりを入《い》れているから、それを攻撃《こうげき》されたらひとたまりもないと気《き》が気《き》ではなかったのだ。

ヒューストンとパースと駆逐艦《くちくかん》エベルツエンが、湾内《わんない》にはいってきたとき、まっさきにていこうしたのは、第《だい》二号掃海艇《ごうそうかいてい》であった。しかし、掃海艇《そうかいてい》の小《ちい》さな大《たい》砲《ほう》や機関銃《きかんじゆう》では、びくともしない相手《あいて》である。第《だい》二号掃海艇《ごうそうかいてい》は、たちまち打《う》ちしずめられてしまった。

それをみて、日本船団《にほんせんだん》のそばにいた駆逐艦旗風《くちくかんはたかぜ》と春風《はるかぜ》が、すぐに煙幕《えんまく》をはって、船団《せんだん》をそのかげにかくした。

「あの、目《め》ざわりな駆逐艦《くちくかん》をうて。」

ヒューストンは、旗風《はたかぜ》と春風《はるかぜ》めがけて、大砲《たいほう》をうちこんだ。そして副砲《ふくほう》は、雨《あめ》のように船団《せんだん》へとびはじめた。

このとき、バンタム湾《わん》の、ずっと沖《おき》の方《ほう》にいた、第七戦隊《だいせんたい》の最上《もがみ》と三隈《みくま》が、やっと湾口《わんこう》の西《にし》の入《い》り口近《ぐちちか》くにせまってきた。連合国艦隊《れんごうこくかんたい》はバンタム湾《わん》の岸《きし》よりに、日本船団《にほんせんだん》を攻撃《こうげき》して、東《ひがし》の湾口《わんこう》から出《で》て行《い》こうとしたが、そこには第五水雷戦隊《だいすいらいせんたい》の十一せきが、パンジャン島《とう》めざしてせまっていた。

ヒューストンは島《しま》をまわって、西口《にしぐち》へ向《む》かった。パースもエベルツエンも、それにしたがった。三隈《みくま》と最上《もがみ》の二十センチ砲《ほう》がほえはじめた。きょりは一万《まん》メートルであった。

空《そら》に光《ひか》っていた、大《おお》きな月《つき》が消《き》えていた。いつのまにか雲《くも》がでて、月《つき》をかくしていた。その曇天《どんてん》の夜《よる》の空《そら》で、敵味方《てきみかた》の砲弾《ほうだん》は、色《いろ》とりどりの流星《りゅうせい》のように、東《ひがし》から西《にし》へ、西《にし》から東《ひがし》へと、とびかっていた。

司令官《しれいかん》も泳《およ》ぐ

「初弾命中《しょだんめいちゅう》。」

重巡最上《じゅうじゅんもがみ》のかんぱんでは、見張員《みはりいん》の景気《けいき》のいい声《こえ》がひびいていた。

これに気《き》をよくした砲塔《ほうとう》では、

「今度《こんど》もあたれよ。」

と、つぎつぎにたまをこめては発射《はっしゃ》した。

「右舷魚雷戦用意《うげんぎょらいせんようい》。」

「発射《はっしゃ》はじめ。」

三隈《みくま》と最上《もがみ》から、例《れい》のサンソ魚雷《ぎょらい》が発射《はっしゃ》された。吹雪《ふぶき》も何本《なんぼん》かの九一式《しき》サンソ魚雷《ぎょらい》を発射《はっしゃ》した。

先頭艦《せんとうかん》の三隈《みくま》には、ヒューストンの砲弾《ほうだん》が落下《らっか》したが、たいしたことはなかった。

「魚雷命中《ぎょらいめいちゅう》。」

二番《ばん》めを走《はし》っていた、イギリスの軽巡《けいじゅん》パースが、大《おお》きな水柱《みずばしら》をあげ、ほのおに包《つつ》まれた。パースに、四本《ほん》の魚雷《ぎょらい》が命中《めいちゅう》したのだ。

ヒューストンにも、魚雷《ぎょらい》は命中《めいちゅう》したが、かたむいたままでまだしずんではいなかった。三隈《みくま》と最上《もがみ》の主砲《しゅほう》が、ヒューストンの頭上《ずじょう》にふりそそいだ。

艦長《かんちょう》ルックス大佐《たいさ》は、艦橋《かんきょう》で指揮《しき》をとっていたが、砲弾《ほうだん》のはへんをあびて、戦死《せんし》した。勇者《ゆうしゃ》にふさわしい、そうれつな戦死《せんし》であった。そしてヒューストンも、この勇者《ゆうしゃ》の死《し》を悲《かな》しむように、午前《ごぜん》一時《じ》四十六分《ぶん》ついに沈没《ちんぼつ》したのであった。パースはそれより、十一分前《ぷんまえ》に沈没《ちんぼつ》していた。

オランダ駆逐艦《くちくかん》エベルツエンは、たくみに戦場《せんじょう》をのがれ、スンダ海峡《かいきょう》に出《で》たが、あみをはっていた日本《にほんく》駆逐艦《ちくかん》二せきに見《み》つかって、攻撃《こうげき》され、みずから浅瀬《あさせ》にのりあげて、降伏《こうふく》した。

この海戦《かいせん》で、日本艦隊《にほんかんたい》は、連合国艦隊《れんごうこくかんたい》の巡洋艦《じゅんようかん》二せきを打《う》ちしずめたが、日本《にほん》がわも二号掃海艇《ごうそうかいてい》一せきと七千《せん》トンの佐倉丸《さくらまる》がごう沈《ちん》、竜城《りゅうじょう》・ほうらい丸《まる》は大破《たいは》てんぷく、竜野丸《たつのまる》は大破《たいは》し、海岸《かいがん》にのりあげた。輸送船《ゆそうせん》は、計《けい》四せきの損害《そんがい》である。

輸送船《ゆそうせん》のうち竜城《りゅうじょう》は、陸軍《りくぐん》がとくべつに作《つく》った輸送指揮船《ゆそうしきせん》で、この船《ふね》には、第《だい》十六軍司令官今村中将《ぐんしれいかんいまむらちゅうじょう》はじめ、ジャワ上陸戦《じょうりくせん》を指導《しどう》するえらい人《ひと》たちが、たくさんのっていた。

海戦《かいせん》がはじまったころ、今村中将《いまむらちゅうじょう》は、第《だい》二回《かい》の上陸部隊《じょうりくぶたい》といっしょに上陸《じょうりく》するので、軍《ぐん》そうをととのえて、竜城《りゅうじょう》のかんぱんにのこっていた。

ちょうど、午前《ごぜん》一時《じ》をすこしすぎたころ、遠《とお》く海《うみ》の方《ほう》で、ぴかり、ぴかりと光《ひか》るものを見《み》た。やがて、いんいんと砲声《ほうせい》が聞《き》こえてきた。音《おと》より光《ひかり》のほうが早《はや》いから、ぴかっと光《ひか》ってから、何秒《なんびょう》かして、大砲《たいほう》の音《おと》が聞《き》こえてくるのである。砲弾《ほうだん》は、光《ひかり》の尾《お》を引《ひ》いてとびかうので、まるで花火合戦《はなびがっせん》のようにうつくしく見《み》えた。

「あの大砲《たいほう》を、船団《せんだん》にうちこまれたら、たいへんだなあ。」

今村中将《いまむらちゅうじょう》は、そばにいる田中副官《たなかふくかん》を、返《かえ》り見《み》ながらいった。第《だい》十六軍司令官《ぐんしれいかん》として、今村中将《いまむらちゅうじょう》はなによりも、船団《せんだん》の部下《ぶか》たちのことが、心配《しんぱい》であったろう。

この最初《さいしょ》の砲声《ほうせい》は、ヒューストンが、日本《にほん》の第《だい》二号掃海艇《ごうそうかいてい》を打《う》ちしずめたときのものであった。

ヒューストンとパースは、そのあと船団《せんだん》を、攻撃《こうげき》しはじめた。佐倉丸《さくらまる》が、大《おお》きな火柱《ひばしら》をあげてごう沈《ちん》した。この二せきの敵艦《てきかん》は、日本船団《にほんせんだん》に砲弾《ほうだん》をあびせながら、パンジャン島《とう》を一《ひと》まわりしたわけである。そしてそこで、日本艦隊《にほんかんたい》の三隈《みくま》と最上《もがみ》にねらわれ、大激戦《だいげきせん》をおこなったのだ。

パースとヒューストンは、まもなく打《う》ちしずめられた。その大《おお》きな火《ひ》の手《て》をみながら、竜城《りゅうじょう》のかんぱんでは、将兵《しょうへい》たちが思《おも》わず、

「ばんざい、ばんざい。」

と、両手《りょうて》をあげて、よろこんでいた。

「あっ、魚雷艇《ぎょらいてい》だ。」

だれかのさけぶ声《こえ》がした。となりにいた大型輸《おおがたゆ》送船《そうせん》が、しずみかけた。魚雷《ぎょらい》が命中《めいちゅう》したようだ。今村中将《いまむらちゅうじょう》は、はっとした。そのとき中将《ちゅうじょう》ののっていた竜城《りゅうじょう》も、ドカンと大《おお》きな音《おと》がして、すごい地《じ》しんのようにゆれた。船《ふね》には、戦車《せんしゃ》やトラックや大砲《たいほう》が積《つ》んであるので、それがまた、ものすごい音《おと》でころがった。竜城《りゅうじょう》は、すぐに大《おお》きくかたむいた。

上《じょう》かんぱんまで海水《かいすい》があらっている。たくさんの将兵《しょうへい》は、まるでつき落《お》とされるように、海《うみ》へついらくした。中将《ちゅうじょう》もまた、軍刀《ぐんとう》をかた手《て》に海《うみ》にはいった。

「閣下《かっか》、早《はや》く船《ふね》から遠《とお》のいてください。船《ふね》の下《した》になっては、たいへんです。」

田中副官《たなかふくかん》の大声《おおごえ》が、聞《き》こえてきたが、むねとせなかにカポック（浮袋《うきぶくろ》）をつけ、重《おも》い日本刀《にほんとう》をもって、長《なが》ぐつをはいている中将《ちゅうじょう》は、からだが思《おも》うように動《うご》かせな

かった。

今村中将《いまむらちゅうじょう》は、自分《じぶん》であらわした『バンドン城下《じょうか》のちかい』という文章《ぶんしょう》の中《なか》で、次《つぎ》のように語《かた》っている。

もうすぐ、五十六才《さい》という年《とし》おいた肉体《にくたい》では、思《おも》うようにならず、すでに五、六百人《ぴゃくにん》はみな、船《ふね》から遠《とお》ざかっているのに、自分《じぶん》だけは五、六メートルしか進《すす》んでいなかった。このときほど、わかさをうらやましく思《おも》ったことはない。

そのうちに上陸用舟艇《じょうりくようしゅうてい》が走《はし》ってきて、泳《およ》いでいる将兵《しょうへい》を助《たす》けはじめた。が、中将《ちゅうじょう》の方《ほう》には、なかなか船《ふね》がこない。

ふと見《み》ると五、六人《にん》つかまっているいかだが、ながれてきた。いかだといっても自動車《じどうしゃ》を船《ふね》に積《つ》むとき、ぐらつかぬように作《つく》った木《き》のわくで、あぶなっかしいしろものである。岸《きし》までは二千《せん》メートルもあるのだ。

しずみかけた竜城《りゅうじょう》のまわりを、上陸用舟艇《じょうりくようしゅうてい》がぐるぐるまわっている。いかだにつかまっている兵隊《へいたい》たちは、声《こえ》をそろえて、

「おうい、おうい。」

と、その船《ふね》へよびかけた。

やっと舟艇《しゅうてい》が近《ちか》づいてきて、みなを助《たす》けあげたが、重油《じゅうゆ》のながれている海《うみ》を泳《およ》いできたので、頭《あたま》から足《あし》の先《さき》まで、アフリカ土人《どじん》のように黒《くろ》くなり、だれがだれやら、わからなかった。それでも、船《ふね》がすこし進《すす》んでから、やっと舟艇長《しゅうていちょう》が気《き》づいたらしく、

「軍司《ぐんし》令官閣下《れいかんかっか》でありますか。」

「そうだよ。おかげで助《たす》かった、ありがとう。」

今村中将《いまむらちゅうじょう》は、気《き》さくに礼《れい》をいった。舟艇長《しゅうていちょう》はすっかりおそれいってしまい、

「早《はや》く閣下《かっか》であることを、知《し》らせてくだされば、ずうっと先《さき》に、お引《ひ》きあげするのでありました。つい気《き》がつかず、おくれてしまいました。」

そういって、わびた。

「いやいや、上陸《じょうりく》すればすぐ、敵《てき》につっこまなけりゃあならん。わかい人《ひと》が先《さき》だ。」

中将《ちゅうじょう》は、わびている舟艇長《しゅうていちょう》を、反対《はんたい》になぐさめるような口《くち》ぶりである。

中将《ちゅうじょう》がとけいを見《み》ると、二時《じ》でとまっていた。何時《なんじ》だときくと、四時《じ》半《はん》だとい

う。今村中将《いまむらちゆうじよう》は重油《じゆうゆ》の海《うみ》を、二時間半《じかんはん》も泳《およ》いだり、いかだにつかまって、海《うみ》につかっていたのであった。

濁流《だくりゆう》をこえて

第十六軍司令官今村中将《だいじゆうろくぐんしれいかんいまむらちゆうじよう》は、午前五時《ごぜんごじ》ごろバンタム湾《わん》の岸《きし》についた。ようやく、あたりが見《み》えるくらい、明《あか》るくなっていた。

田中副官《たなかふくかん》が「司令官《しれいかん》が上陸《じようりく》された。」と、走《はし》りまわって知《し》らせたので、岡崎参謀長以下《おかざきさんぼうちよういか》、先任参謀《せんにんさんぼう》その他《た》の司令部員《しれいぶいん》も、つぎつぎに集《あつ》まってきた。

そこでバンタム部落《ぶらく》の、ヤシ林《ばやし》の中《なか》に露営《ろえい》して、司令部《しれいぶ》をもうけ、ただちに指揮《しき》をとった。

しばらくすると、みんなは手《て》や首《くび》すじを、ぼりぼりかき出《だ》した。重油《じゆうゆ》にかぶれたのである。

まっ黒《くろ》にそまった軍服《ぐんぷく》もシャツもぬいで、さきに上陸《じようりく》した人《ひと》たちから、シャツとズボンをかりて着《き》たが、それもすぐに黒《くろ》くそまった。

重油《じゅうゆ》はひふの中《なか》にまで、しみこんでいるのである。

夕方《ゆうがた》になって、やっと兵隊用《へいたいよう》の服《ふく》がついたので、みんなはそれに着《き》がえて、兵隊《たい》の位《くらい》をあらわす階級記章《かいきゅうきしょう》を、よごれた服《ふく》からはずしてつけた。軍司令官《ぐんしれいかん》の今村《いまむら》中将《ちゅうじょう》だけは、兵隊《へいたい》の服《ふく》ではおかしいので、田中副官《たなかふくかん》が、きはつ油《ゆ》を一《ひと》かんつかって、中将《ちゅうじょう》の軍服《ぐんぷく》をごしごしあらった。それをかわかして、着《き》てもらった。

そのあいだにも、丸山中将《まるやまちゅうじょう》のひきいる第《だい》二師団《しだん》の主力《しゅりょく》は、スンダ海峡《かいきょう》ぞいのセラン市《し》へ向《む》かって、進撃《しんげき》していた。

ジャワは、ちょうど雨季《うき》の終《お》わりで、一番《ばん》むし暑《あつ》いときであった。スコールが多《おお》く、スコールが晴《は》れると、頭《あたま》からなさけようしゃもなく、太陽《たいよう》がてりつけた。

連合軍《れんごうぐん》は、ジャワ方面《ほうめん》におよそ七万《まん》の兵《へい》をおいていたが、たいきゃくするときに、道《みち》をこわしたり、大木《たいぼく》をたおして道《みち》にならべたりして、ぼうがいし、これには日本軍《にほんぐん》もなやまされた。

熱帯《ねったい》では、道路《どうろ》の両《りょう》がわに、街路樹《がいろじゅ》のなみ木《き》があって、熱《ねつ》と光《ひかり》をふせいでいた。このなみ木《き》は、どれも直径《ちょっけい》一メートル高《たか》さ三〇メートル以上《いじょう》の大木《たいぼく》である。それを、火薬《かやく》をつかって、打《う》ちたおし、道路《どうろ》に横《よこ》たえているのだ。たおれた木《き》は、二、三メートルおきにあった。しかも火薬《かやく》をつかったので、道路《どうろ》はあなぼこだらけとなり、自動車《じどうしゃ》も自転車《じてんしゃ》も、通《とお》れないのだった。

マレー戦線《せんせん》で、効果《こうか》をあげた自転車部隊《じてんしゃぶたい》も、ここではさっぱり役《やく》にたたなかった。兵隊《へいたい》たちは大木《たいぼく》を一つ一つまたいで進《すす》まなければならなかった。

橋《はし》もまたこわされていた。これも、火薬《かやく》がつかってあるので、川《かわ》ぞこふかく爆《ばく》破《は》されていて、日本軍《にほんぐん》の工兵隊《こうへいたい》は苦労《くろう》した。橋《はし》をかけようとしても、くいがぬかるみにどこまでもめりこんで、用意《ようい》したふつうのくいでは、役《やく》にたたないのだ。

またガソリンスタンドにも、いろいろなしかけがしてあった。石油《せきゆ》にめぐまれているジャワには、自動車《じどうしゃ》も多《おお》く、それだけに道《みち》はりっぱであった。アスファルト道路《どうろ》が、えんえんと百《ひゃく》キロもつづいているのである。

そのアスファルト道路《どうろ》のそばには、ところどころにガソリンスタンドがあった。スタンドのガソリンタンクには、松《まつ》やにが投《な》げこまれてあって、知《し》らずにそれを、自動車《じどうしゃ》につかうと、二、三時間《じかん》でエンジンがだめになってしまう。

アスファルト道路《どうろ》には、鉄《てつ》で作《つく》ったとげがばらまいてあった。自動車《じどうしゃ》や自転車《じてんしゃ》のタイヤをパンクさせるし、この敵《てき》のぼうがい作戦《さくせん》には、兵隊《へいたい》たちも腹《はら》をたてた。

「こんな子《こ》どもだましの、いたずらをしやがって、あいつら日本兵《にほんへい》をなめていやがるな。」

見《み》えない敵《てき》へ、げんこつをふりあげる者《もの》もいた。

第《だい》二師団長《しだんちょう》丸山中将《まるやまちゅうじょう》は、このような道《みち》を、まききゃはんと地下《じか》たびで、兵隊《へいたい》といっしょに歩《ある》いて進《すす》んだ。炎天下《えんてんか》のアスファルト道路《どうろ》を、一本《ぽん》一本《ぽん》たおれた木《き》をまたいで進《すす》んだ師団長《しだんちょう》は、おそらく丸山中将《まるやまちゅうじょう》だけであったろう。

ことにセラン市《し》の東《ひがし》の、チジュン河《がわ》の線《せん》にでると、橋《はし》のこわれかたは、いっそうひどくなっていた。

ジャワでは、大《おお》きな川《かわ》はほとんど、ジャワ海《かい》の方《ほう》にながれている。ジャワの屋《や》根《ね》である中央山脈《ちゅうおうさんみゃく》は、東《ひがし》から西《にし》へ走《はし》っているが、インド洋《よう》がわは、海岸《かいがん》まで山《やま》がせまっているのだ。だから、ジャワ海方面《かいほうめん》は平野《へいや》が多《おお》いのである。しかし川《かわ》は川《かわ》ぞこがふかいので、橋《はし》は谷間《たにま》にかけるように、高《たか》い橋《はし》くいが必要《ひつよう》であった。敵《てき》はそれを爆破《ばくは》して、たいきゃくしているので、工兵隊《こうへいたい》は苦労《くろう》するのである。雨季《うき》の川《かわ》は水《みず》かさをまし、水《みず》のふかさが、五メートル以上《いじょう》ある所《ところ》もめずらしくない。黄《き》色《いろ》や褐色《かっしょく》ににごった水《みず》が、とうとうとながれているさまはすさまじかった。

兵隊《へいたい》たちは工兵隊《こうへいたい》が橋《はし》をかけるまで、何日《なんにち》もまつわけにはいかないから、つなをわたして、それにつかまってわたったり、泳《およ》いでわたったりした。このためながされて、おぼれ死《し》んだ兵隊《へいたい》もあった。

ただ一つの例外《れいがい》は、那須部隊《なすぶたい》だけである。那須部隊《なすぶたい》はメラク海岸《かいがん》から上陸《じょうりく》したが、ただちに山地《さんち》よりボイテンゾルグへ向《む》かって進撃《しんげき》した。

ボイテンゾルグにはオランダ東《ひがし》インド総督《そうとく》のぜいたくなうつくしい官邸《かんてい》があった。もう一つ有名《ゆうめい》なのは、ここに世界《せかい》一といわれる熱帯植物園《ねったいしょくぶつえん》があることだ。ここへ行《い》くとちゅうにバマラヤンという村《むら》がある。ここはチジュン河《がわ》の上流《じょうりゅう》で、ダムと大《おお》きな橋《はし》があった。この橋《はし》を爆破《ばくは》されたら、何日《なんにち》も足《あし》どめにされてしまうので、那須部隊長《なすぶたいちょう》は一個小隊《こしょうたい》を先発《せんぱつ》させて、橋《はし》の爆破《ばくは》をふせごうとした。

橋《はし》にはすでに、ダイナマイトがしかけられていた。これに点火《てんか》しようと、オランダ軍《ぐん》の自動車《じどうしゃ》が走《はし》ってきた。敵味方《てきみかた》は橋《はし》のむこうとこちらで、ぱったり出会《であ》ったわけである。そのとき早《はや》く、那須部隊《なすぶたい》の小隊長《しょうたいちょう》は、

「うてっ。」

と、機関銃射撃《きかんじゅうしゃげき》を命《めい》じた。弾丸《だんがん》は、敵《てき》の自動車《じどうしゃ》の運転手《うんてんしゅ》をたおした。自動車《じどうしゃ》はと

まった。

「つっこめ。」

小隊《しょうたい》は敵《てき》をみなごろしにして、この橋《はし》をむきずのまま占領《せんりょう》したのであった。日本軍《にほんぐん》の戦死者《せんししゃ》は、上等兵《じょうとうへい》一名《めい》であった。戦友《せんゆう》たちは墓《はか》をたて、心《こころ》づくしの野花《のばな》をそなえて、進撃《しんげき》していった。

ボイテンゾルグには、三千《ぜん》のオーストラリア軍《ぐん》がいた。那須部隊《なすぶたい》はこの敵《てき》をむこうにまわして、戦《たたか》いをつづけた。

いっぽう、今村中将《いまむらちゅうじょう》の軍司令部《ぐんしれいぶ》は、二日夕方《ふつかゆうがた》セラン市《し》に前進《ぜんしん》した。セラン市《し》はバンタム州《しゅう》の首都《しゅと》である。夜《よる》になると連合国軍《れんごうこくぐん》の飛行機《ひこうき》がきて爆撃《ばくげき》したが、たいした損害《そんがい》はなかった。三日朝《みっかあさ》、この軍司令部《ぐんしれいぶ》へ次《つぎ》のような電報《でんぽう》がはいった。

東海林部隊《しょうじぶたい》は、一日正午《にちしょうご》カリジャチ飛行場《ひこうじょう》を占領《せんりょう》、戦利品《せんりひん》をえた。なお部《ぶ》隊《たい》の一部《ぶ》はブロワカルタおよびクルワン橋《ばし》に向《む》かい前進中《ぜんしんちゅう》。本朝《ほんちょう》、敵《てき》の戦《せん》車《しゃ》・装甲自動車《そうこうじどうしゃ》二十台《だい》、バンドンよりカリジャチへ向《む》け北進中《ほくしんちゅう》。

蘭印《らんいん》、無条件降伏《むじょうけんこうふく》

東海林部隊《しょうじぶたい》は、第《だい》三十八師団《しだん》二百《ひゃく》三十連隊長《れんたいちょう》東海林大佐《しょうじたいさ》のひきいる歩兵《ほへい》二個《こ》大隊《だいたい》、山砲《さんぽう》一個《こ》大隊《だいたい》の部隊《ぶたい》で、バタビヤの東《ひがし》のエレタン付近《ふきん》に上陸《じょうりく》した。

この部隊《ぶたい》の任務《にんむ》は、バンドンとカリジャチ飛行場《ひこうじょう》を攻撃《こうげき》することであった。ジャワ作戦《さくせん》がはじまるまえ、陸海軍《りくかいぐん》の航空部隊《こうくうぶたい》は全島《ぜんとう》のあちこちにある飛行場《ひこうじょう》をおそって、連合国《れんごうこく》の航空兵力《こうくうへいりょく》をつぶしていた。それでもまだ島内《とうない》にはそうとうの飛行機《ひこうき》がのこっていた。ことにカリジャチはバンドンを守《まも》る大飛行場《だいひこうじょう》であり、しかもオーストラリア軍《ぐん》の二個師団《こしだん》が、数日前《すうじつまえ》チラチャップに上陸《じょうりく》して応援《おうえん》にかけつけてきているという情報《じょうほう》があった。

そこへ、わずかな兵力《へいりょく》の東海林部隊《しょうじぶたい》がせめて行《い》くのは、どうみても冒険《ぼうけん》である。軍司令部《ぐんしれいぶ》も師団司令部《しだんしれいぶ》も心配《しんぱい》した。

オランダ軍《ぐん》は、すこしの本国兵《ほんごくへい》のほかに、現地《げんち》で集《あつ》めたインドネシア兵《へい》で、戦《せん》力《りょく》もたいして、気《き》にするほどのこともないが、オーストラリア軍《ぐん》はヨーロッパ戦《せん》線《せん》でも、勇《ゆう》かんにたたかっている部隊《ぶたい》であり、しかも東海林部隊《しょうじぶたい》の何倍《なんばい》という兵《へい》力《りょく》である。うっかりすれば、あなに落《お》ちこむと同《おな》じ運命《うんめい》となる。

しかし東海林部隊《しょうじぶたい》は、勇《ゆう》かんにも三月《がつ》一日朝《にちあさ》、カリジャチ飛行場《ひこうじょう》付近《ふきん》にとつにゅうし、戦火《せんか》をまじえたすえ、正午《しょうご》にはこれを占領《せんりょう》したのである。部隊《ぶたい》はさらに、スバンに向《む》かったが、このときオランダ・オーストラリアの連合軍《れんごうぐん》は、戦車《せんしゃ》・装《そう》甲自動車《こうじどうしゃ》三十数台《すうだい》をともなう有力部隊《ゆうりょくぶたい》で、もうれつにうち返《かえ》してきた。悪《わる》いことには、戦闘機《せんとうき》までがでてきて、低空銃撃《ていくうじゅうげき》をあびせた。東海林大佐《しょうじたいさ》は軍刀《ぐんとう》を引《ひ》きぬいて、

「ジャワにほねを、うずめるつもりでたたかえ。」

部下《ぶか》をはげまし、みずから先頭《せんとう》にたった。そのとき、頭《あたま》の上《うえ》に十数機《すうき》の爆音《ばくおん》がとどろいた。はっとして見《み》あげると、つばさには、あざやかな日《ひ》の丸《まる》のしるしがついている。

「隼《はやぶさ》だ。隼《はやぶさ》だ。」

兵士《へいし》たちの意気《いき》はあがった。兵士《へいし》たちのいうとおり、それは加藤隼戦闘隊《かとうはやぶさせんとうたい》であった。まず敵機《てきき》を血《ち》まつりにあげ、つきすすんでくる戦車《せんしゃ》めがけて急降下《きゅうこうか》する。

先頭《せんとう》の戦車《せんしゃ》が引《ひ》っくり返《かえ》った。つづいて、次《つぎ》の戦車《せんしゃ》も三番《ばん》めの戦車《せんしゃ》も、隼《はやぶさ》の超低空銃撃《ちょうていくうじゅうげき》を受けて、戦車《せんしゃ》と戦車《せんしゃ》をぶっつけて、大《だい》こんらんにおちいっている。

「今《いま》だ。つっこめ。」

東海林大佐《しょうじたいさ》は、隼《はやぶさ》に気《き》をとられて、戦車砲《せんしゃほう》を空《そら》に向《む》けている連合軍《れんごうぐん》へ、思《おも》いきった突撃《とつげき》をおこなった。連合軍《れんごうぐん》はなだれをうって、敗走《はいそう》した。

こうして二日《ふつか》の昼前《ひるまえ》、スバンを占領《せんりょう》した東海林部隊《しょうじぶたい》は、さらにレンバンにとつにゅうしたが、七日《なのか》午後《ごご》十時《じ》半《はん》ごろ、白旗《しらはた》をかかげたオランダ軍《ぐん》の軍使《ぐんし》が東海林《しょうじ》部隊《ぶたい》をおとずれた。

この軍使《ぐんし》はバンドン防衛司令官《ぼうえいしれいかん》ベスマン少将《しょうしょう》からの使《つか》いで、停戦《ていせん》を申《もう》しこんできたのである。

いっぽう、東部《とうぶ》ジャワのクラガンから上陸《じょうりく》した坂口部隊《さかぐちぶたい》はスカルタ・ジョクジャカルタをおとしいれ、三月八日《がつようか》チラチャップを占領《せんりょう》したが、ここにもコックス少将《しょうしょう》の軍使《ぐんし》がおとずれて、降伏《こうふく》を申《もう》し入《い》れてきた。

同《おな》じく東部《とうぶ》ジャワ攻略部隊《こうりゃくぶたい》の第《だい》四十八師団《しだん》はラモンガン・タリッセーを占領《せんりょう》し、いよいよ、スラバヤの総攻撃《そうこうげき》にうつろうとしている八日《ようか》午前《ごぜん》十一時《じ》、軍使《ぐんし》のほうもんを受《う》けた。

そこで第《だい》四十八師団長土橋中将《しだんちょうつちはしちゅうじょう》は、戦闘指令所《せんとうしれいじょ》でジャワ州知事《しゅうちじ》と会見《かいけん》したが、らちがあかないので、諸隊《しょたい》にスラバヤとつにゅうを命《めい》じ、同日《どうじつ》午後《ごご》六時《じ》同市《どうし》を占《せん》領《りょう》した。

こうしてジャワ島《とう》は、東《ひがし》も西《にし》も、上陸《じょうりく》して一週間《しゅうかん》めにはこれを平定《へいてい》した。このため今村軍司令官《いまむらぐんしれいかん》はカリジャチ飛行場《ひこうじょう》にある飛行学校《ひこうがっこう》で、オランダの陸軍長官《りくぐんちょうかん》ボールテン将軍《しょうぐん》と会見《かいけん》した。その席《せき》で今村軍司令官《いまむらぐんしれいかん》は、敵将《てきしょう》ボールテン将軍《しょうぐん》にたいし、

「貴下《きか》は今《いま》からかえって、ただちに停戦命令《ていせんめいれい》を全軍《ぜんぐん》につげ、あす午前中《ごぜんちゅう》に貴下《きか》みずから、バンドン放送局《ほうそうきょく》より全蘭印部隊《ぜんらんいんぶたい》にたいし、無条件降伏《むじょうけんこうふく》を命《めい》ずる放送《ほうそう》をおこなうようにされたし。」

と命《めい》じた。

ボールテン将軍《しょうぐん》は翌九日朝《よくここのかあさ》十時《じ》半《はん》、無条件降伏《むじょうけんこうふく》を全軍《ぜんぐん》に報告《ほうこく》したが、その声《こえ》はいたましく、敗戦《はいせん》の悲《かな》しみがあふれていて、人《ひと》びとの心《こころ》を打《う》った。

このジャワ作戦《さくせん》で、日本軍《にほんぐん》があげた戦果《せんか》は、次《つぎ》のとおりである。

捕虜《ほりよ》　九三、〇〇〇名《めい》（うち将校《しようこう》二、〇〇〇名《めい》）ほかにアメリカ・イギリス・オーストラリア兵《へい》一一、〇〇〇名《めい》。
ほかく品《ひん》　飛行機《ひこうき》一七七機《き》、火砲《かほう》九四〇門《もん》、重機関銃《じゆうきかんじゆう》四、二二八丁《ちよう》、小銃《しようじゆう》・拳銃《けんじゆう》八〇、七七八丁《ちよう》、照空燈《しようくうとう》五、一五三台《だい》、戦車《せんしや》・装甲車《そうこうしや》一、〇五九輛《りよう》、自動車《じどうしや》九、五〇〇台《だい》、鉄道車輛《てつどうしやりよう》九、一〇八台《だい》。
日本軍《にほんぐん》　戦死《せんし》八四〇名《めい》、戦傷《せんしよう》一、七八四名《めい》。

今村将軍《いまむらしようぐん》とヒツジ

ジャワ全島《ぜんとう》は、連合国陸軍《れんごうこくりくぐん》の無条件降伏《むじようけんこうふく》により、こうして平定《へいてい》されたが、ここでもう一度《ど》、海軍《かいぐん》のことに話《はなし》をもどさなければならない。それはスラバヤ沖海戦《おきかいせん》で、日本海軍《にほんかいぐん》に打《う》ちもらされたイギリスの重巡《じゆうじゆん》エクゼターと、駆逐艦《くちくかん》エンカウンター、アメリカ駆逐艦《くちくかん》ポープの三せきのことである。

二月二十八日《がつにち》オランダの海軍長官《かいぐんちようかん》ヘルフリッヒ中将《ちゆうじよう》は、ジャワ島《とう》がきけんになると、

「貴艦《きかん》は、セイロン島《とう》へぬけでられたし。」

と、エクゼター艦長《かんちょう》ゴードン大佐《たいさ》に命《めい》じた。エクゼターはさっそく、エンカウンターとポープの二駆逐艦《くちくかん》をひきいて、スラバヤを出発《しゅっぱつ》した。

セイロン島《とう》はインドの南《みなみ》にあり、そのころ、イギリスの統治《とうち》を受《う》けていた島《しま》であった。そこへ行《い》くには、ジャワ海《かい》からスンダ海峡《かいきょう》を通《とお》り、インド洋《よう》にでる道《みち》と、バリ島《とう》のそばを通《とお》ってインド洋《よう》にでる道《みち》の二つがあったが、ゴードン大佐《たいさ》はスンダ海峡《かいきょう》を選《えら》んだ。

三月《がつ》一日《にち》午前《ごぜん》十一時《じ》五分《ふん》、スンダ海峡《かいきょう》が近《ちか》くなり、はるかかなたには、スマトラの大密林《だいみつりん》の一部《ぶ》がぼうっと見《み》えはじめたころである。エクゼターの見張員《みはりいん》は、

「敵艦《てきかん》らしき大型艦《おおがたかん》二せき見《み》ゆ。」

と、報告《ほうこく》した。

この二せきは日本《にほん》の第《だい》五戦隊《せんたい》の重巡《じゅうじゅん》足柄《あしがら》と妙高《みょうこう》であった。エクゼターは、ただちに艦首《かんしゅ》を南《みなみ》に向《む》けてにげようとした。しかしそこには、同《おな》じ第《だい》五戦隊《せんたい》の重巡《じゅうじゅん》那《な》智《ち》と羽黒《はぐろ》が、警戒《けいかい》にあたっていた。エクゼターは不運《ふうん》にも日本艦隊《にほんかんたい》四せきに、はさみ打《う》ちされてしまったのである。

午前《ごぜん》十一時《じ》五十五分《ふん》、まず足柄《あしがら》と妙高《みょうこう》が、砲撃《ほうげき》を開始《かいし》した。きょり二万《まん》三千《ぜん》メートル。それから四十分後《ぷんご》に、今度《こんど》は那智《なち》と羽黒《はぐろ》が砲門《ほうもん》をひらいた。

エクゼターは煙幕《えんまく》をはって、のがれようとしたが、十分後《ぷんご》には、数発《すうはつ》の命中弾《めいちゅうだん》を受《う》け、大《おお》きな火柱《ひばしら》をあげて、もえはじめた。さらに日本《にほん》の駆逐艦《くちくかん》がせまって、魚雷《ぎょらい》をはなち、エクゼターはついに、そのすがたをジャワ海《かい》にしずめていった。

ドイツの戦艦《せんかん》グラーフ＝シュペー号《ごう》をモンテビデオ港《こう》に追《お》いつめて自爆《じばく》させた、栄光《えいこう》にかがやくエクゼターも、その最期《さいご》は悲壮《ひそう》であった。

駆逐艦《くちくかん》エンカウンターは、日本《にほんくちくかん》駆逐艦により、ポープは日本海軍《にほんかいぐん》の飛行機《ひこうき》により、それぞれ打《う》ちしずめられたが、それは、エクゼターが沈没《ちんぼつ》してから一、二時間《じかん》のちのことであった。

こうしてジャワは、陸《りく》も海《うみ》も、完全《かんぜん》に日本軍《にほんぐん》によって占領《せんりょう》された。長《なが》いあいだ、オランダの植民地《しょくみんち》として支配《しはい》されてきた、原住民《げんじゅうみん》のインドネシア人《じん》は、日本軍《にほんぐん》を気持《きも》ちよくむかえた。

大本営《だいほんえい》は第《だい》二師団《しだん》・第《だい》三十八師団《しだん》を、次《つぎ》の戦場《せんじょう》であるソロモン諸島方面《しょとうほうめん》に向《む》け、ジャワ島《とう》には軍政《ぐんせい》をしいた。軍政《ぐんせい》とは軍人《ぐんじん》が政治《せいじ》をみることで、第《だい》十六軍司令官《ぐんしれいかん》今村均《いまむらひとし》中将《ちゅうじょう》は、昭和《しょうわ》十七年《ねん》十一月《がつ》ラバウルの第《だい》八方面軍司《ほうめんぐんし》令官《れいかん》に転任《てんにん》するまで、首都《しゅと》バタビヤ（今《いま》のジャカルタ）にとどまった。

ジャワには、平和《へいわ》がよみがえってきた。今村中将《いまむらちゅうじょう》は心《こころ》のあたたかい人《ひと》で、その人格《じんかく》が政治《せいじ》にもあらわれていた。

たとえばほかの占領地《せんりょうち》では、捕虜《ほりょ》になった連合国軍人《れんごうこくぐんじん》や敵国人《てきこくじん》は、捕虜収容所《ほりょしゅうようじょ》やキャンプに入《い》れたが、今村中将《いまむらちゅうじょう》は収容所《しゅうようじょ》やキャンプに入《い》れないで自由《じゆう》にくらさせた。一部《ぶ》では、このやりかたは手《て》ぬるいといわれたが、中将《ちゅうじょう》はたとえ戦争中《せんそうちゅう》でも、人間《にんげん》の自由《じゆう》を重《おも》んじていたようである。

バタビヤやバンドンや、ジョクジャカルタやチラチャップの町《まち》を、金《きん》ぱつのオランダ婦人《ふじん》と、目《め》の青《あお》い白人《はくじん》の男性《だんせい》が、手《て》を組《く》んで歩《ある》くすがたが見《み》られた。町《まち》には戦争《せんそう》のくらいかげが失《うしな》われていた。

今村中将《いまむらちゅうじょう》は昭和《しょうわ》十八年《ねん》五月《がつ》、陸軍大将《りくぐんたいしょう》にすすみ、やがて終戦《しゅうせん》をむかえた。

本間雅晴《ほんままさはる》・山下奉文《やましたともゆき》・原田熊吉《はらだくまきち》の各軍司令官《かくぐんしれいかん》は、戦犯《せんぱん》にとわれて死刑《しけい》になったが、今村大将《いまむらたいしょう》だけは、死刑《しけい》にならなかった。はじめ今村大将《いまむらたいしょう》はオーストラリア軍《ぐん》の手《て》で戦争裁判《せんそうさいばん》にかけられ、十年《ねん》の刑《けい》を受《う》けたが、オランダでも裁判《さいばん》を受《う》けることになり、昭和《しょうわ》二十三年《ねん》四月《がつ》ジャワの刑務所《けいむしょ》にうつされた。

さて裁判《さいばん》がはじまると、弁護士《べんごし》はじめ法廷《ほうてい》にでた参考人《さんこうにん》のオランダ人《じん》は、

「大将《たいしょう》はジャワ占領中《せんりょうちゅう》、すこしも不法《ふほう》なおこないをしていない。むしろたいへん、寛大《かんだい》でさえあった。」

と、口《くち》をそろえて証言《しょうげん》した。さらには裁判長《さいばんちょう》までが、検事《けんじ》のいう死刑《しけい》を不当《ふとう》とし、職《しょく》を投《な》げうつかくごで、論《ろん》じ争《あらそ》った。その結果《けっか》、大将《たいしょう》はついに無罪《むざい》となった。これはオランダ人《じん》に正義《せいぎ》の士《し》が、多《おお》かったことを物語《ものがた》っているが、また大将《たいしょう》の人格《じんかく》の勝利《しょうり》でもあった。

この裁判《さいばん》ののち、今村大将《いまむらたいしょう》はオーストラリアの裁判《さいばん》できまった十年《ねん》の刑《けい》に服《ふく》するため、マヌス島《とう》に行《い》こうとしたが、オーストラリアは、

「今村《いまむら》は、マヌス島《とう》に行《い》かなくてもよい。すぐに東京《とうきょう》の巣鴨刑務所《すがもけいむしょ》へいって服役《ふくえき》すべし。」

と命令《めいれい》した。

大将《たいしょう》は昭和《しょうわ》二十四年《ねん》（一九四九年《ねん》）十二月《がつ》二十四日《にち》、バタビヤから船《ふね》にのった。波止場《はとば》にはたくさんのインドネシア人《じん》が、紙《かみ》で作《つく》った日《ひ》の丸《まる》の旗《はた》をふり、

「今村将軍《いまむらしょうぐん》、さようなら。」

声《こえ》をかぎりにさけび、手《て》や旗《はた》をふって、別《わか》れをおしんだ。だが今村大将《いまむらたいしょう》は、日本《にほん》へかえっても、明《あか》るい顔《かお》は見《み》せなかった。

「たくさんの戦犯《せんぱん》に問《と》われている部下《ぶか》を、島《しま》にのこして、自分《じぶん》だけ東京《とうきょう》で、ぬくぬくと服役《ふくえき》できるものではない。せめて刑期《けいき》が終《お》わるまで、部下《ぶか》といっしょにくらしたい。」

今村大将《いまむらたいしょう》はそういって、オーストラリアの政府《せいふ》にねがいでて、昭和《しょうわ》二十五年《ねん》（一九五〇年《ねん》）三月《がつ》ビスマルク諸島《しょとう》の小島《こじま》マヌスへかえって行《い》った。

オーストラリアでの刑《けい》は、部下《ぶか》からたくさんの戦犯《せんぱん》をだした、という責任《せきにん》を問《と》われたもので、マヌス島《とう》には、二百《ひゃく》五十余名《よめい》のもとの部下《ぶか》がいた。戦争《せんそう》が終《お》わってすでに五年《ねん》、それでもなお、大将《たいしょう》は、元軍司令官《もとぐんしれいかん》としての責任感《せきにんかん》から、老齢《ろうれい》七十才《さい》に近《ちか》い身《み》で、熱帯《ねったい》の南《みなみ》のはての島《しま》へ、かえって行《い》ったのだ。

しかも大将《たいしょう》は、ダイコン・ネギ・ナス・カボチャなど、たくさんの野菜《やさい》の種《たね》を、あさぶくろいっぱいにつめて、ほかのおみやげといっしょにせおい、旧陸軍《きゅうりくぐん》の防暑服《ぼうしょふく》に身《み》をかためたすがたで、日本《にほん》を出発《しゅっぱつ》したのであった。

「わしはヒツジをわすれてきた。だから、ヒツジの所《ところ》へかえる。」

大将《たいしょう》の顔《かお》はしずかだが、心《こころ》はあたたかさにあふれていた。大将《たいしょう》が、島《しま》にいるもとの部下《ぶか》たちに、大《おお》よろこびでむかえられたことは、いうまでもない。

そして島《しま》にいること三年《ねん》。ほかの戦犯《せんぱん》といっしょに巣鴨《すがも》にうつされ、昭和《しょうわ》二十九年《ねん》(一九五四年《ねん》)十一月《がつ》、刑《けい》が終《お》わって出所《しゅっしょ》したが、このような人《ひと》を、ほんとうの名将《めいしょう》というのであろう。

■もっと知りたい⑨■
今村均大将の穏やかな「軍政」の真実

このジャワ平定戦によって、南方作戦の第一段階が完了します。ここでは、第十六軍司令官・今村均大将の軍政についてお話ししようと思います。

今村さんはこのジャワ派遣軍総司令官から、のちにラバウルの第八方面軍司令官に転じ、終戦後は戦争犯罪人として軍事裁判にかけられました。ラバウルにおけるオーストラリア軍による戦争裁判では禁錮十年の刑を受けただけでなく、オランダによる裁判では「絞首刑」の宣告が予定されていたそうです。

しかし、弁護側のみならず、参考人として出廷したオランダ人たちは、口をそろえて「戦闘においても、占領中においてもなんら不法行為なし」と証言したのでした。検事は当然ながら死刑を求刑したいのですが、裁判長がその職を賭してまで、憎んでも余りあるはずの日本軍の大将を救うために法廷で争ったのです。敗戦国の司令官に対する処遇としては、異例中の異例です。

今村さんがジャワの司令官だった一年間は、穏やかな軍政だったと、当時従軍記者として赴任していた大宅壮一さんも、戦後述懐していました。今ではインドネシア国歌となっている「インドネシア・ラヤ」という歌があります。「偉大なるインドネシア」という意味のこの民族独立歌は、オランダ統治時代には禁止されていましたが、日本統治時代には推奨したんです。しかも日本国内でレコードを作ってインドネシア人に配ったりまでしたそうです。

大本営はその統治スタイルに懸念を示し、軍務局長の武藤章中将を派遣して視察させます。武藤は「もっと締めろ。こんな自由奔放なのは許せない」とものすごい剣幕で噛み付くものの、「大東亜共栄圏の方向性では、これが正しい」と今村さんも一歩も引かない。視察を続けて実態を把握するうちに武藤も「なるほど、シンガポールやフィリピンでの統治よりもずっといい」と最終的には納得して帰国したのです。

のちにインドネシア独立後の初代大統領となるスカルノが、オランダ統治政府によって収監されていたのをいち早く解放し、日本統治に協力を求めたのも今村さんの功績です。

太平洋戦争の日本の目的が東南アジアにおける植民地解放だという主張はいまも根強く残っていますが、開戦の詔勅にあるように「自存自衛」があくまでも本義。しかし、今村大将のジャワ軍政をつぶさに見てみると、その一面があったことは否定できないのかもしれません。

（半藤一利）

■巻末解説■
真珠湾攻撃決定に至るまでの陸・海軍の暗闘

半藤一利

太平洋戦争開戦に至る政治的交渉や外交関係については専門の研究も数多く、他ですでに語り尽くされていると思いますので、ここでは「日本の陸軍と海軍は、太平洋戦争を軍事的にどう考えて、位置づけていたのか」という視点から整理してみましょう。

★悪化する日米関係

日本にとっての対米、対英関係は昭和十五年末頃からかなり悪化していました。それは、アメリカが日米通商航海条約の廃棄を予告した、昭和十四年末に始まります。当時の日本は石油や錫など資源の多くをアメリカからの輸入に依存していました。条約の延長にこぎつけない限り、日本は資源の補給路を断たれ、立ち行かなくなるのは明白でした。げんに昭和十五年九月には、アメリカが屑鉄の対日全面禁輸に踏み切っています。

ちなみに、当時のアメリカの原油産出量は、日産三百八十四万バレル。対する日本はわずかに五千二百バレルで、アメリカは日本の七百四十倍の原油産出量をほこっていました。いいかえると、日本の一年分の産出量を、アメリカは半日で生産することができたのです。

日本は莫大な量の石油をアメリカからの輸入に全面的に依存し、それを備蓄してきました。備蓄量は陸軍が約百二十万キロリットル、海軍は九百七十万キロリットル、そして民間が七十万キロリットルです。乏しい産出量を補うべく、資源貧国日本は営々と備蓄を続けていたのでした。

もしアメリカが石油禁輸政策をとって石油の備蓄がなくなれば、軍艦や飛行機、戦車などの武力は無力化されてしまいます。これが日本の陸海軍が最も恐れていた事態で、戦わずして降伏を余儀なくされます。

★開戦待ったなし

最悪の事態を回避するために、日本は通商航海条約の再締結にこぎつけるべく、昭和十六年春から外交交渉を再開しますが、アメリカから色よい返事が得られません。

その間、軍部では、対米戦争も覚悟せよ、という空気が次第に醸成されていきました。太平洋戦争の絵図を陸海軍がいつ描いたのかは諸説ありますが、私が一番信憑性があると思う説は、陸軍参謀本部と海軍軍令部、双方の参謀が初めて顔を合わせて討議した、十六年四月十七日です。この日は、海軍側の素案をたたき台として両方の参謀が討議した結果、「対南方施策要綱」を策定しました。ポイントは次の点です。

〈大東亜共栄圏建設の途上に於て帝国の当面する対南方施策の目的は帝国の自存自衛の為速かに総合国防力を拡充するに在り〉

陸海双方が合意したこの要綱で明らかにされたことは、開戦目的が「大東亜共栄圏の建設」であると同時に「自存自衛のため」ということです。

そして、自存自衛のためにやむを得ず武力行使する場合についても陸海軍で討

議して、次の二点に限るとしたのです。すなわち、
① アメリカ、イギリス、オランダの対日禁輸によって帝国の自存を脅威せられた場合
② アメリカが単独もしくはイギリス、オランダ、中国などと協同して、帝国に対する包囲態勢を逐次加重し、帝国国防上忍び得ざるに至る場合
ちなみに②は後のＡＢＣＤ包囲網の原型となりました（ただ、このＡＢＣＤ包囲網という言葉は、軍部ではなくマスコミがつけた名称ですが）。

この対南方施策要綱は、陸海軍双方の軍人官僚である参謀たちが捻り出した作戦計画でしたが、世界情勢は、日本の想定を上回る急速なスピードで激変していきました。

六月二十二日にドイツがソ連に侵攻し、独ソ戦の火蓋が切って落とされたことで世界情勢は一変しました。

これに対して、日本は七月二日の御前会議において、「情勢の推移に伴う帝国国策要綱」を決定し、次の方針を定めます。

〈一、帝国は世界の情勢変転の如何に拘らす大東亜共栄圏を建設し以て世界平和

の確立に寄与せんとする方針を堅持す

二、帝国は依然支那事変処理に邁進し且自存自衛の基礎を確立する為南方進出の歩を進め又情勢の推移に応し北方問題を解決す

三、帝国は右目的達成の為如何なる障害をも之を排除す〉

このように、南方進出という目的達成のためには「如何なる障害をも之を排除す」という強い決意を固めたのです。

もし戦争になった場合、アメリカからの石油輸入が断たれた日本は、次善の策を東南アジアに求めなければなりません。蘭領東インドや仏領インドシナが産油国ですが、これらの国々は宗主国の体力が疲弊しているので日本が抑えやすいと目論んだわけです。

しかし日本軍がここへ進駐するにはフィリピンやマレー半島のシンガポールを突破しなければなりません。フィリピンは実質的にアメリカ領ですし、マレー半島もイギリス統治が進んでいます。

★対立する陸海軍

ここで、陸軍と海軍の間で見解が分かれました。

陸軍はマレー攻略、なかでもシンガポールを最重要ターゲットとして攻略することを主張します。しかし、シンガポールはイギリスが鉄壁を誇る、難攻不落の陣地です。

一方の海軍では、戦力集中が容易なフィリピン方面に主力を投入し、そこからオランダ領東インドに進駐するのが合理的だとする声が大勢を占めました。シンガポールを落とすには二～三ヵ月かかる恐れがある。それゆえにまずはフィリピンから蘭印を経て時計回りに進攻し、資源を確保し、最後にシンガポールへと進軍する――これが理に適《かな》っているというのです。

要するに、南方の石油を確保するためには「シンガポール最優先」の陸軍と、「フィリピン最優先」の海軍の間で意見が真っ二つに割れて、大論争になるのです。

そしてもう一点、米英の連携をめぐる認識でも、陸軍と海軍は対立します。シンガポール攻略戦を開始したとき、イギリスが応戦するのは当然ですが、その際に果たしてアメリカがイギリスに加担するか否か？　アメリカも一緒に立つので日本の戦況は危ういという認識を示した海軍に対して、陸軍はフィリピンに手を出さなければアメリカは静観して、イギリスと共同歩調をとることはない、という立場を譲らなかったのです。

つまり、アメリカとイギリスの対日関係について、「可分論」をとる陸軍に対して、海軍は「不可分論」をとって、真っ向から対立したのです。同時に、陸海軍双方の共通認識は、最終的にはシンガポール攻略が必要で、そのためには航空機の発着拠点を確保するための南部仏印進駐は欠かせない、という計画でした。

★第三の秘策だった山本五十六案

ところが、南方をめぐる攻略法で対立する陸海軍の主張と、まったく異なる考えを秘めていた人物がいました。連合艦隊司令長官・山本五十六大将です。

「そもそも日本の思惑通りに、アメリカの太平洋艦隊が南方に進攻してくるだろうか？」

という、アメリカ側の情勢分析に基づいた根本的な疑問です。

ハワイの主力艦隊が南方に進むコースは、広い太平洋上で何通りも考えられます。オーストラリア北岸を迂回する可能性もあれば、フィリピンの北側を進む選択肢だって十分にありえます。寡兵であらゆる可能性に対処しなければ日本の勝ち目はない状況にもかかわらず、一点にだけ戦力を傾注するのは危険で、現実的でないという主張でした。

シンガポール攻略戦に全兵力を投入しているときに、米艦隊が日本本土に大空襲をかけてきたら、どう対処したらいいのか。むしろ、ハワイにいる米主力艦隊に先制攻撃を加えて壊滅的なダメージを負わせ、後方を安泰にしたうえで、その後ゆったりと南方へ進軍すべし——これが山本五十六の秘策、まさにコペルニクス的転回でした。

山本五十六が真珠湾攻撃の構想を固めたのはいつかというと、昭和十五年十一月下旬だとされています。まずは敵の主力艦隊を叩くほうが、その後に南方作戦に踏み出すときに余裕をもてる——これが作戦の大筋ですが、この方向性を強く打ち出したのはかなり早いと思います。

山本五十六はもちろん今後、戦争を遂行していく上で石油の確保が最重要課題だと認識していた。つまり、エネルギーの主体は石炭ではなく石油だと。海軍にとってこれからの海戦の最大の兵力が潜水艦と飛行機であり、それには石油は欠かせません。戦艦など床の間の掛け軸に過ぎない、ということに逸早《いちはや》く気付いたのです。

この構想を踏まえて、飛行機で敵の主力艦を攻撃するという計画を提案した最初は、昭和十六年一月七日、及川古志郎海軍大臣へ宛てた「戦備に関する意見」と題した書簡でした。ですが、ここで小さな綻《ほころ》びが生じます。

及川海軍大臣と山本五十六は、及川が海軍兵学校三十一期、山本が三十二期と一期違いで知らない仲ではありません。それでこの極秘書簡となったのでしょうが、海軍の組織系統からいえば、軍令部総長に具申すべき内容でした。海軍大臣から軍令部総長にこの話が伝わることはなかったのです。

結局、山本が真珠湾攻撃計画を正式に表明するのは七月を待たねばなりませんでした。

これは海軍内で猛反発を受けました。

海軍内では、太平洋上で来航するアメリカ艦船を迎え撃って、大鑑巨砲の艦船決戦で勝負を決める、いわゆる〝邀撃漸減《ようげきぜんげん》作戦〟が明治以来の伝統的な戦術だとされていたからです。山本案は、この伝統的戦術とはまったく相容れません。

じつはハワイ攻撃に関して海軍内では、昭和十六年九月十七日にごく少数の関係者だけで図上演習が行なわれました。その結果はアメリカ軍の勝利でした。日本軍が空母四隻（赤城、加賀、蒼龍、飛龍）で真珠湾に攻撃を仕掛けるのですが、ハワイの北方から真珠湾に接近していくと、攻撃予定の前日には敵の飛行艇によって発見されてしまいます。そのため日本軍は、機動部隊が艦載機三六〇機で急襲せざるを得なくなり、大惨敗を喫してしまいます。アメリカの戦艦四隻撃沈、一隻大破、空母四隻のうち二隻を撃沈するなどの戦果をあげたものの、日本側はより甚大な被害を被っています。空母四隻のうち二隻を撃沈され、二隻が小破。その二隻も翌日には追撃を受けて、結局空母全隻と搭載していた飛行機の全てを失うという悲惨な結果に終わったのです。

演習の統監をしていた連合艦隊参謀長・宇垣纏少将は驚いて再演習を命じましたが、結果はさして好転せず、失う空母の数が半減したものの、大損害には変わりませんでした。

それだけに、この〝大博打〟は陸海軍内でも秘中の秘、軍上層部の限られた者しか知らされていなかったのです。一説には、時の総理・東条英機も真珠湾攻撃の詳細は知らなかったといわれています。

しかし、この報告を受けた山本五十六は、当然のように激怒しました。図上演習を「要らざること」と批難したうえで、

「軍令部は（真珠湾作戦を）博打だというが、博打でも投機でもない。この攻撃作戦なくしては、戦争遂行はありえないのだ。むしろ泥沼の日中戦争で国力が疲弊しつくしたまま、対英米戦争に突入することのほうが博打ではないか。ハワイ作戦は必ず成功する。もし失敗するようなことがあれば、戦争そのものを即時やめるべきだ」

と啖呵《たんか》を切るのです。

「自分が連合艦隊司令長官であるかぎり、ハワイ作戦は断行する。これなくして対米戦争に勝機はない。全艦隊とも幾多の無理や困難があろうが、ハワイ作戦はぜひにもやるのだ、必ず成功させるのだという積極的な考えで準備を進めてもらいたい」

この山本五十六の決死の覚悟の下、本格的な準備に取り掛かったのは十月七日

のことでした。

具体的には主力空母六隻をハワイに投入するという大胆な策でした。当時の日本海軍は空母を一〇隻保有していましたが、その数には激しい戦闘に耐えられない空母、たとえば練習用や飛行機の積載量が少ないものが四隻も含まれています。つまり主力の正規空母のすべてを真珠湾に投入することは、裏返せば南方海域における海軍力が著しく低下することを意味します。南方海域がまさに「空き家」になってしまうのです。

陸軍にすれば大量の輸送船団が南洋で敵の攻撃に晒《さら》される危険が増すのですから、当然のように反対しますが、山本五十六は断固として譲りません。

★南方作戦への懸念

この間、八月一日にアメリカが石油の対日全面禁輸に踏み切り、政治外交的にも開戦は必至の状況でした。石油の確保には南方進出、兵力派遣は待ったなしでしたが、問題はその上陸作戦支援の戦力が決して潤沢ではなかったことです。イギリスがプリンス・オブ・ウェールズという最新鋭戦艦をシンガポールに派遣しているのに対して、日本の護衛艦隊の戦力ダウンは著しく、投入される戦艦二隻はいずれもロートル艦なのです。

振り返れば、この南方作戦は博打としか思えません。開戦時の陸海軍部隊編成を見れば明らかなように、南方軍の編成は脆弱です。陸軍の部隊は、第十四軍、十五軍、十六軍、二十五軍に加えて、第三、第五の二つの飛行部隊のみで、他の主力は関東軍や北支方面など中国大陸に派遣しています。海軍も北支方面に三つの艦隊を出しているほか、連合艦隊として第一から第六までの六艦隊に加えて、第一、第十一の航空艦隊を傾注しています。南遣艦隊はわずか一部隊に過ぎませんでした。

★「総辞職も辞さず」の決意

こうした戦力的にギリギリの状況下で、山本五十六はハワイ作戦決行の意思を固めていきます。

十月十九日には連合艦隊先任参謀の黒島亀人大佐を軍令部に派遣しました。黒島は、山本五十六の確固たる決意と、空母六隻による真珠湾攻撃の作戦案を携えて、眦《まなじり》を決して軍令部幹部と対峙したのです。

「ハワイ作戦は戦理に反している。危険きわまりない」と一顧だにしない軍令部幹部たちに対して、

「いや戦理を超えた作戦ゆえ、敵の想定も超えている。それゆえ成功の算は大きい」

と一歩も譲らず、最後には伝家の宝刀を抜いたのです。

「山本長官は、ハワイ作戦を職を賭してでも断行すると主張している。もし、この案が容れられないのであれば、皇国の防衛にもはや責任が持てないので、職を辞するほかない。われわれ幕僚も総辞職する」

本来ならば連合艦隊司令長官は自らの意思で辞職などできません。天皇から任命される親任官なので、総辞職云々《うんぬん》はブラフです。しかし、ここに山本五十六の意気込みを見ることができます。

平行線を辿った議論は、最終的に軍令部総長・永野修身大将に委ねられました。

「山本長官がそれほどまでに自信があるというのなら、希望通り実行してもらおう」

こうして、真珠湾攻撃作戦が正式に決定されたのでした。

これが海軍の伝統的な策でないことはいうまでもありません。ところが、多くの反対意見を押さえつけて敢行された真珠湾攻撃が大成功しました。そして真珠湾開戦からの約三ヵ月は、南方戦線を含めて日本は連戦連勝で意気揚がりましたが、その内実はスムーズどころか、綱渡りに近かったのです。作戦成功がすべて僥倖《ぎょうこう》であったことは本書でご覧のとおりなのです。

★自存自衛か、大東亜共栄圏か

少し横道に逸《そ》れますが、十一月五日、海軍では軍令部総長永野修身から連合艦隊司令長官山本五十六に対して大海令第一号という命令を出します。

〈一、帝国は自存自衛の為十二月上旬米国英国及蘭国に対し開戦を予期し諸般の作戦準備を完整するに決す
二、連合艦隊司令長官は所要の作戦準備を実施すべし
三、細項に関しては軍令部総長をして之を指示せしむ〉
この文言に注目して下さい。「自存自衛のため」であることが明言されている

一方で、「大東亜秩序」や「大東亜共栄圏」という、陸軍が錦の御旗よろしく掲げているお題目は、海軍にはまったく含まれていないのです。

ところが陸軍の大陸命五六四号では、参謀総長杉山元大将から南方軍総司令官寺内寿一大将に対して、「大本営は帝国の自存自衛を全うし大東亜の新秩序を建設するため南方洋域の攻略を企図す」と命じている。この期に及んでも陸軍はあくまで「大東亜共栄圏」に固執しているのです。

のちの「開戦の詔勅」をめぐっても、「自存自衛」という文言は盛り込まれましたが、東亜新秩序とか大東亜共栄圏、あるいは植民地の解放といった文言は刻まれませんでした。これを盛り込むか否かを巡っても大もめにもめました。結局はなくなりましたが、東亜新秩序や植民地解放という文言を謳《うた》っておいたほうが、のちに戦争目的を明確化させるためにも良かったのではないかと思います。すべてが終わったあとに、アジア諸国から「日本のおかげで植民地解放が達成された」と賞賛されても、戦後処理のプロセスの中では、後の祭りなんですね。

★半藤少年の回想

こうして昭和十六年十二月八日を迎えました。

真珠湾開戦時、私は十一歳、いまの小学校にあたる国民学校五年生でした。東京の下町・向島に住んでいましたが、十二月八日は霜柱が立つほどの寒い朝でした。朝からラジオでは軍艦マーチが鳴り響いていて、親父にたたき起こされたことを覚えています。

「日本はとんでもないことを始めたぞ。これで日本は四等国になる。だから、今のうちに勉強をしておけ」

これが親父の第一声でした。うちの親父は変わり者でしたので、日本はこの戦争に負けるに違いないと直感したのかもしれません。その日、普段どおりに学校へ行くと、先生方が興奮していたものでした。対米戦争が始まったのですから、いくら暢気《のんき》な日本人でも大変なことが始まった、という認識はあったのです。

徐々にニュースが流れはじめました。マレー半島上陸作戦が成功したというニュースは昼過ぎ頃だったはずですし、真珠湾への奇襲攻撃が成功したことが分かったのは、その日の夜のことでした。それからの興奮は物凄いものでしたね。

前年の昭和十五年頃から新聞も戦意発揚で煽りつづけていて、「アメリカ恐るるに足らず」というムードは醸成されていましたが、対米戦争への不安を多くの日本人が抱いていたことは間違いありません。そして、実際に戦争に突入することになるとは思っていなかった人が大半だったはずです。

太平洋戦争のいろいろな作戦の是非を巡っては、いまだに賛否両論があります。なかでも代表的なのが、山本五十六による真珠湾攻撃などというバカげたことを実行したから日本は負けたのだ、という意見です。山本は愚将だという意見はかなり多いのです。

しかし、丁寧にみてみると、陸海軍双方の意見がまとまらず紛糾したなかで、第三の候補として浮上し採用された山本五十六案でしたが、もしこの山本のアイディアがなかったらどうなったのでしょう。シンガポール重点主義の陸軍とフィリピンから時計回りの海軍とが、そっぽを向き合ったまま戦ったのでしょうか。山本案が採用されたのは真珠湾攻撃のわずか六週間前です。さらに紛糾が続いたことは間違いなく、戦い方もガラリと違っていたはずです。

ですから、山本五十六案を実施せずに、従来の陸海軍それぞれ勝手な作戦を踏襲していたら南方作戦も成功裏には終わらなかったのではないか、と私は考えます。ですので、あえて実行した真珠湾攻撃で敵の主力を徹底的に叩いたことの功績は大きいのです。

つまり、山本五十六案は瓢簞《ひょうたん》から駒ではありましたが、それだけに陸軍と海軍の対立構造をいっぺんに解決させたのです。ここにも幸運の女神の微笑があった、というほかありません。

★アメリカ戦史研究家も驚愕した大勝利

このように、日本軍の開戦は、真珠湾を筆頭に、マレー半島、フィリピンの三本柱で開始しましたが、準備不足にもかかわらずすべて成功してしまいました。これは後年のことですが、アメリカの海戦史研究家でピューリッツァー賞も受賞したサミュエル・モリソンが『太平洋戦争アメリカ海軍作戦史』のなかで、開戦初期の日本の進撃は、まるでタコの脚のようにアチコチに伸びていって成功した、と驚嘆しています。とにかく分散した小さな兵力で連戦連勝をとげたのです。

昭和三十九年に実際モリソンにインタビューしたとき、あらためてその賛嘆の

言葉を私は聞きました。世界の戦史家のほとんどすべてがこれに同意していると
も言っていました。その大成功の歴史ストーリーが本書というわけです。

巻末関連年表 1941〜1945

部分は本巻関係部分

年	月日	太平洋戦争関連	日本国内情勢	海外情勢
1941（昭和16）	1月8日		陸軍、戦陣訓を示す	
	1月10日			独ソ新協定成立
	1月22日		翼賛選挙法成立	
	2月11日		野村吉三郎大使、アメリカ到着	
	3月1日		畑俊六、支那派遣総司令官に任命 国防保安法公布	
	3月12日		松岡洋右外相、独伊訪問の途につく	
	3月27日			松岡外相、ヒトラーと会見
	4月1日		小学校を国民学校に改称	
	4月9日		伏見宮軍令部総長辞任し、後任に永野修身	
	4月13日		日ソ中立条約調印	
	4月16日		野村大使、ハル米国務長官と交渉開始	

[illegible]			スターリン、ソ連元首になる
6月22日			独ソ戦開戦
7月1日		全国の隣組で常会はじまる	
7月2日		御前会議で「帝国国策要綱」決定	
7月12日			英ソ軍事協定成立
7月18日		第三次近衛文麿内閣成立	
7月25日			在米日本資産を凍結
7月28日	日本軍、南部仏印進駐		
8月1日			米、対日石油全面禁輸
8月12日			米英、大西洋憲章発表
8月29日			ヒトラー・ムッソリーニ会談。欧州新秩序建設の共同声明
9月6日		御前会議で「帝国国策遂行要領」決定。10月末を日途に対米英蘭戦の準備完整	
9月7日			英空軍、ベルリンを大空襲

年	月日	太平洋戦争関連	日本国内情勢	海外情勢
1941（昭和16）	10月2日			ドイツ軍、モスクワ総攻撃開始
	10月15日		ゾルゲ事件	
	10月18日		東条英機内閣成立	
	11月15日		兵役法施行令改正を公布	
	11月22日		国民勤労報国協力令を公布	
	11月26日		ハル・ノート提示。日米交渉決裂へ	
	12月1日		御前会議で対米英蘭戦開始を決定。開戦日を12月8日とする	
	12月2日	「ニイタカヤマノボレ」発信		
	12月6日			ドイツ軍、モスクワ攻略挫折
	12月8日	米英に宣戦布告 ハワイ真珠湾を奇襲 マレーのシンゴラ・パタニに上陸、山下奉文司令官も第二次上陸部隊と共にシンゴラへ進駐		
	12月10日	マレー沖海戦。海軍航空部隊がイギリス戦艦プリンス・オブ・ウェールズとレパレスを撃沈		

	1[illegible]月1[illegible]日			独伊、対米宣戦布告
			物資統制令公布	
	12月21日	日本、タイと攻守同盟を結ぶ		
	12月22日			チャーチル・ルーズベルト会談
	12月25日	日本軍、香港を陥落		
1942（昭和17）	1月1日			連合国がワシントンで共同宣言調印
	1月2日	日本軍、マニラ市占領		
	1月11日	マレー半島のクアラルンプール陥落		
	1月22日	大本営、南方軍にビルマ作戦開始を命令		
	1月23日	ラバウルに上陸、西飛行場で激しい交戦ののち占領		
	1月31日	ジョホールバル占領		
	2月1日		衣料の点数切符制実施	
	2月2日		大日本婦人会発足	
	2月4日	ジャワ沖海戦で、連合国の艦隊を撃破		
	2月12日			英独軍、ドーバー沖で大海戦
	2月14日	陸軍落下傘部隊パレンバンに降下		
	2月15日	日本軍、シンガポール占領		

年	月日	太平洋戦争関連	日本国内情勢	海外情勢
1942（昭和17）	2月19日	バリ島沖海戦で、敵艦隊を撃退		
	2月27日	スラバヤ沖海戦で、連合国の艦隊を撃破		
	2月28日		連絡会議で「新秩序を建設すべき大東亜地域」を決定	
	3月1日	バタビア沖海戦 日本軍、ジャワ島上陸		
	3月5日	日本軍、バタビア占領		
	3月7日		戦争指導の大綱を決定	
	3月9日	蘭印、無条件降伏		
	3月11日	マッカーサー大将、コレヒドール島を脱出		
	3月14日	日本軍、ジャワ入城		
	3月29日			独英軍が北海で海戦
	4月3日	日本軍、バターン半島を総攻撃		
	4月6日		東条首相、対インド声明を発表	
	4月11日		陸軍省、「南方占領地の建設方針」を発表	
	4月18日		東京・名古屋・神戸にアメリカ軍機襲来、本土が初空襲を受ける	

4月1[illegible]日	マッカーサー大将、西南太平洋連合軍司令官に就任		
4月26日			ドイツ総統ヒトラーが完全独裁権を掌握
4月29日	日本軍、ビルマ占領		ヒトラーとムソリーニが会見
4月30日		翼賛選挙	
5月7日	コレヒドール島陥落 珊瑚海海戦		
5月10日	ミンダナオ島を完全占領		
5月20日		翼賛政治会の結成。一国一党の時代に	
5月26日		日本文学報国会設立	
5月29日		小磯国昭大将、朝鮮総督就任	
6月5日	ミッドウェー海戦。日本、主力空母四隻失う		
6月8日	日本軍、アッツ島上陸		
7月25日	日ソ中立維持を堅持とドイツに通告		
8月1日		北部軍司令官に樋口季一郎中将、関東軍参謀長に笠原幸雄中将が就任	
8月7日	米海兵隊、ガダルカナル島に上陸		

年	月日	太平洋戦争関連	日本国内情勢	海外情勢
1942（昭和17）	8月8日	第一次ソロモン海戦		
	8月13日			米、マンハッタン計画（原爆製造計画）着手
	8月14日		フィリピン方面軍最高司令官に田中静壱中将が就任	
	8月17日		支那派遣軍総参謀長に河辺正三中将、中部軍司令官に後宮淳大将が就任	
	8月19日	日本軍、チモール島を完全平定		
	8月22日			ドイツ軍、スターリングラードで総攻撃
	8月24日	第二次ソロモン海戦		
	9月1日		大東亜省新設決定。これに反対した東郷茂徳外相が辞任	
	9月12日	日本軍、ガダルカナル島に総攻撃を開始するも失敗		
	9月26日	日本軍、ニューギニア方面からの撤退開始		
	10月22、23日	日本軍、ガダルカナル総攻撃を再開するも失敗		

	1月2日			連合軍、エル・アラメインで反攻開始
	10月26日	南太平洋海戦		
	11月1日		大東亜省設置	
	11月10日	南太平洋方面強化のため第八方面軍を新設、司令官に今村均中将が就任		
	11月12日	第三次ソロモン海戦		
	11月19日			ソ連軍、スターリングラードで大反攻
	12月8日	ニューギニアのバサブア守備隊五百人が玉砕		
1943（昭和18）	1月14日			米英、カサブランカ会談
	2月2日			スターリングラードのドイツ軍降伏
	2月7日	日本軍、ガダルカナル島から撤退完了		
	2月23日		「撃ちてし止まむ」のポスター5万枚配布	
	3月7日		言論報国会設立	
	4月7日	フロリダ沖海戦		
	4月18日	山本五十六連合艦隊司令長官、ソロモン上空で戦死		
	5月29日	アッツ島守備隊二千五百人玉砕		

年	月日	太平洋戦争関連	日本国内情勢	海外情勢
1943（昭和18）	6月25日		学徒に勤労動員令	
	7月25日			イタリアのムッソリーニ首相失脚、逮捕
	7月29日	日本軍、キスカ島から撤退		
	9月8日			イタリア、無条件降伏
	9月23日		25歳未満の未婚女子に勤労挺身隊を動員	
	9月30日	大本営、絶対国防圏を設定		
	10月21日		出陣学徒の壮行会	
	11月5日	大東亜会議開催		
	11月6日		大東亜共同宣言発表	
	11月23日	米大機動部隊の太平洋海域に出撃 マキン、タラワの日本軍守備隊玉砕		
	11月27日			米英中、対日カイロ宣言に署名
	12月10日		学童の縁故疎開を促進	
1944（昭和19）	1月18日		緊急国民勤労動員方策要綱および学徒勤労動員方策要綱を発表	
	2月17日	米機動部隊、トラック島を猛攻撃		
	3月8日	日本軍、インパール作戦開始		

6月6日			連合軍、ノルマンディー上陸作戦
6月15日	米軍、マリアナ諸島サイパン島に上陸		
6月16日	米軍B29爆撃機、北九州襲来		
6月19日	マリアナ沖海戦。日本海軍、惨敗		
7月4日	インパール作戦失敗で中止		
7月7日	サイパン島の日本軍守備隊三万人玉砕		
7月18日		東条内閣総辞職	
8月4日		政府、一億国民総武装を決定	
8月21日	グアム島の日本軍玉砕		
8月25日			連合軍、パリ入城
10月12日	大本営、台湾沖航空戦で事実に反した「大戦果」を発表		
10月18日		満十八歳以上の男子を兵役に編入することを決定	
10月20日	米軍、レイテ島上陸		
10月24日	レイテ沖海戦		
10月25日	神風特攻隊初出動		
11月7日			ルーズベルト、米大統領に四選

年	月日	太平洋戦争関連	日本国内情勢	海外情勢
1945（昭和20）	1月19日		イタリア政府、対日同盟を破棄	
	2月4日			米大統領ルーズベルト、英首相チャーチル、ソ連首相スターリンがヤルタ会談
	2月19日	米軍、硫黄島上陸		
	3月10日	東京大空襲		
	4月1日	米軍、沖縄本島上陸		
	4月7日		鈴木貫太郎内閣誕生	
	4月12日			米大統領ルーズベルト死去
	4月22日			ソ連戦車隊、ベルリン市街に突入
	4月30日			ヒトラー自決
	5月7日			ドイツ、無条件降伏
	6月8日		御前会議で本土決戦方針を決定	
	6月18日	米軍、日本上陸作戦決定		
	6月22日	天皇、御前懇談会で和平工作を提示 ソ連仲介の和平工作はじまる		

6月2[illegible]日	沖縄戦集結を連合軍が宣言	義勇兵役法公（一億総特攻）	
7月17日			米英ソ、独ポツダムで会談
7月26日			ポツダム宣言発表
8月6日	広島に原爆投下		
8月8日	ソ連、対日宣戦布告		
8月9日	長崎に原爆投下		
8月14日		御前会議でポツダム宣言受諾の最終決定	
8月15日		玉音放送	
8月28日	米軍、日本本土上陸を開始。米艦隊が横須賀入港		
8月30日	マッカーサー、厚木飛行場に着陸		
9月2日	ミズーリ号艦上で降伏文書調印		

本書には今日では不適切とされる表現がありますが、執筆当時の時代状況、著作者人格権に鑑み、原則として底本を尊重しました。しかしながら、とりわけ差別や偏見を助長しかねない記述については、著作権継承者と相談のうえ、一部割愛しました。ご理解賜りますようお願い申し上げます。

（文春文庫部）

単行本　「ジュニア版太平洋戦史1～4」（集英社刊、昭和三十七年）を再編集し、改題しました。

DTP制作　ジェイ　エスキューブ

文春文庫

学《まな》びなおし太平洋戦争《たいへいようせんそう》1
徹底検証《てっていけんしょう》「真珠湾作戦《しんじゅわんさくせん》」

定価はカバーに
表示してあります

2017年5月10日　第1刷

監　修　半藤《はんどう》一利《かずとし》
著　者　秋永芳郎《あきながよしろう》・棟田《むねた》　博《ひろし》
発行者　飯窪成幸
発行所　株式会社　文藝春秋

東京都千代田区紀尾井町 3-23　〒102-8008
TEL　03・3265・1211
文藝春秋ホームページ　http://www.bunshun.co.jp
落丁、乱丁本は、お手数ですが小社製作部宛お送り下さい。送料小社負担でお取替致します。

印刷製本・大日本印刷
Printed in Japan
ISBN978-4-16-790860-7

（　）内は解説者。品切の節はご容赦下さい。

半藤一利
指揮官と参謀
コンビの研究

陸海軍の統率者と補佐役の組み合わせ十三例の功罪を分析し、個人に重きを置く英雄史観から離れて、現代の組織における真のリーダーシップ像を探り、新しい経営者の条件を洗い出す。

は-8-2

半藤一利
漱石先生ぞな、もし

『坊っちゃん』『三四郎』『吾輩は猫である』……誰しも読んだことのある名作から、数多の知られざるエピソードを発掘。斬新かつユーモラスな発想で、文豪の素顔に迫ったエッセイ集。

は-8-4

半藤一利
戦士の遺書
太平洋戦争に散った勇者たちの叫び

太平洋戦争に散った軍人たちの遺書をもとに、各々の人物像、死の背景にまで迫った感動作。彼らの遺したことばから、日本人とは、国とは、家族とは何かが浮き彫りにされる。（阿川弘之）

は-8-6

半藤一利
ノモンハンの夏

参謀本部作戦課、関東軍作戦課。このエリート集団が己を見失ったとき、悲劇は始まった。司馬遼太郎氏が果たせなかったテーマに、共に取材した歴史探偵が渾身の筆を揮う。（土門周平）

は-8-10

半藤一利
ソ連が満洲に侵攻した夏

日露戦争の復讐に燃えるスターリン、早くも戦後政略を画策する米英、中立条約にすがってソ満国境の危機に無策の日本軍首脳――百万邦人が見棄てられた悲劇の真相とは。（辺見じゅん）

は-8-11

半藤一利
【真珠湾】の日

昭和十六年十一月二十六日、米国は日本に「ハル・ノート」を通告、外交交渉は熾烈を極めたが、遂に十二月八日に至る。その時時刻々の変化を追いながら、日米開戦の真実に迫る。（今野　勉）

は-8-12

（　）内は解説者。品切の節はご容赦下さい。

半藤一利
日本のいちばん長い日　決定版
昭和二十年八月十五日。あの日何が起き、何が起こらなかったのか？　十五日正午の終戦放送までの一日、日本政府のポツダム宣言受諾の動きと、反対する陸軍を活写するノンフィクション。

は-8-15

半藤一利
日本国憲法の二〇〇日
敗戦時、著者十五歳。新憲法の策定作業が始まり、二百三日後、「憲法改正草案要綱」の発表に至る。この苛酷にして希望に満ちた日々を、歴史探偵が少年の目と複眼で描く。（梯　久美子）
は-8-17

半藤一利　編著
日本史はこんなに面白い
聖徳太子から昭和天皇まで、その道の碩学16名がとっておきの話を披露。蝦夷は出雲出身？　ハル・ノートの解釈に誤解？　大胆仮説から面白エピソードまで縦横無尽に語り合う対談集。

は-8-18

半藤一利
漱石俳句探偵帖
一流のユーモア、理想と孤独。漱石の最も自由な気持ちが満ちた17文字からは、時代の空気、誰もが知るあの名作の意外な背景が見えてくる。楽しいエピソード満載、傑作歴史エッセイ集。

は-8-19

半藤一利
ぶらり日本史散策
新発見・開戦直後の山本五十六の恋文から聖徳太子と温泉、坂本龍馬人気のうつりかわりの理由まで。日本史の一場面を訪ね、ユーモアたっぷりに解説したこぼれ話満載。

は-8-20

半藤一利
あの戦争と日本人
日露戦争が変えてしまったものとは何か。戦艦大和、特攻隊などを通して見据える日本人の本質。「昭和史」「幕末史」に続き、日本の大転換期を語りおろした〈戦争史〉決定版。

は-8-21

（　）内は解説者。品切の節はご容赦下さい。

保阪正康
瀬島龍三
参謀の昭和史
太平洋戦争中は大本営作戦参謀、戦後は総合商社のビジネス参謀、中曾根行革では総理の政治参謀。激動の昭和時代を常に背後からリードしてきた実力者の六十数年の軌跡を検証する。
ほ-4-3

山本　又・保阪正康　解説
二・二六事件蹶起将校 最後の手記
二・二六事件蹶起将校の首魁・安藤輝三から、事件のことを書き残してくれと頼まれた山本又予備役少尉による衝撃の獄中手記。事件直前に蹶起趣意書から削られた一文とは何か？
ほ-4-7

堀　栄三
大本営参謀の情報戦記
情報なき国家の悲劇
太平洋戦争中は大本営情報参謀として米軍の作戦を次々と予測的中させて名を馳せ、戦後は自衛隊情報室長を務めた著者が稀有な体験を回顧し、情報に疎い組織の欠陥を衝く。（保阪正康）
ほ-7-1

松本清張
日本の黒い霧
（上下）
占領下の日本で次々に起きた怪事件。権力による圧迫で真相は封印されたが、その裏には米国・ＧＨＱによる恐るべき謀略があった。一大論議を呼んだ衝撃のノンフィクション。（半藤一利）
ま-1-97

松本清張
昭和史発掘　全九巻
厖大な未発表資料と綿密な取材で、昭和の日本を揺るがした諸事件の真相を明らかにした記念碑的作品。「芥川龍之介の死」「五・一五事件」「天皇機関説」から「二・二六事件」の全貌まで。
ま-1-99

柳田邦男
零式戦闘機
太平洋戦争における日本海軍の主力戦闘機であった零戦。外国機を凌駕するこの新鋭機開発に没頭した堀越二郎を中心とする若き技術者の足跡を描いたドキュメント。（佐貫亦男）
や-1-1

湯浅　博
歴史に消えた参謀
吉田茂の軍事顧問　辰巳栄一
戦前は、英米派として対米開戦派と戦い、戦後は吉田茂とともに陸上自衛隊の礎を築いた男。彼の武器は情報（インテリジェンス）だった！　名参謀の姿が鮮やかに蘇る！（中西輝政）
ゆ-11-1